역사적 인물들의 뒤안길을
周易으로 풀어 본

周易秘傳

怪師 백운곡 編著

明文堂

머 리 말

　세상을 살아가는 데 있어 세 가지 원칙이 있다. 그것은 어떻게 살아 왔는가? 어떻게 살고 있는가? 어떻게 살아갈 것인가 하는 것이다. 또한 세상이 윤회되기 위해서는 하늘·사람·땅(三才)이 존재해야 하는 게 근본적인 섭리인 것이다. 그러므로 인체는 상체 중완하체로 시공적 차원에서는 상원(上元)·중원(中元)·하원(下元)이 존재하며 가정적으로는 위로는 부모, 아래로는 자녀, 위아래 중간에는 부부가 있게 되고 매사에 시작과 경과 그리고 결과 등으로 분류되며 단 하루의 구분도 아침·낮·저녁으로 되듯이 어느 것 하나도 천인지(天人地), 삼대근원(三大根元)을 초월할 수가 없다.
　우리네 삶이 모두 현실에만 치우치다 보니 과거도 미래도 잊고 살 때가 많다. 더욱이 요즘같이 정신적으로는 빈곤하고 물질적으로는 풍요로운 시기에는 귀중한 말 한마디, 귀중한 경험, 더 나아가서는 선인들의 행적이나 말들이 절실히 요구되며 선인들이 남겨놓은 지혜로운 삶의 바탕은 유구한 세월이 지나도 그 빛을 잃지 않고 있다.
　요즘처럼 정신적으로 난맥상을 이루고 있는 뭇사람들에게 필자로서 양심을 걸고 할 수 있는 작은 선물이라면 무엇이겠는가? 그것은 스승으로 믿을 수 있는 정성을 다한 한 권의 책일 것이다.

　그리하여 필자는 수년간 자료수집과 탐문취재 등을 통하여 본서를 세상에 내놓게 된 것이다. 그리고 모든 사물은 각각 주인이 따로 정해져 있듯이 필자가 아무리 심혈을 기울인 저서라 해도 그 책이 빛을 제대로 발휘하여 세상에 소금이 되기까지는 출판사의 노력없이는 절대 불가능하다. 그래서 본서도 수년간 주인을 찾아 헤매다가 독자의 저변 확대를 위해 물심 양면으로 애쓰시는 명문당 김동구(金東求) 사장님의 특별한 노력에 의해서 출간된 것이다. 더욱이 필자가 쓴 「인생육십진비법」·「신수보감(身數寶鑑)」·「주역신단학(周易神斷學)」 이외에도 많은 저서가 발행될 것으로 예상되므로 더없는 영광으로 생각한다.

　끝으로 본서가 독자 여러분의 교본으로, 스승으로, 정신적 지주로 남아 있기를 진심으로 바라는 바이다.

1994년 1월
삼각산 우거에서 백운곡

■ 차 례

- 머리말
- 도사(道師) 삼천갑자 동방삭과 좌원방/9
- 성(性)교육 받는 황제/17
- 괘사(卦師) 소강절(邵康節)의 기행(奇行)/31
- 시집간 누이가 쫓겨옴(雷澤歸婦)/49
- 주자선생의 고민거리/52
- 와신당담(臥薪嘗談)에 얽힌 이야기/56
- 여근곡(女根谷)의 비화(秘話)/59
- 도선대사(道詵大師)의 예언/63
- 걸승과 금관(金棺)의 이야기/69
- 귀재(歸才) 이도사(李道師)/86
- 기인(奇人) 토정선생(土亭先生)/119
- 기인(奇人) 남사고(南師古)/124

차 례

- 김치(金緻)와 심기원(沈器遠)/129
- 서산대사(西山大師)와 사명당(四溟堂)의 도술시합/133
- 동해비와 미수선생/148
- 정역(正易)과 후천개벽시대(後天開闢時代)/155
- 머슴의 파자(破字) 풀이/159
- 암행어사와 역학사/165
- 기인(奇人) 강태공(姜太公)/177
- 사석(謝石) 선생/192
- 사주팔자(四柱八字)/207
- 옥근삼타야(玉根三打也)/227
- 옥문에 있는 쥐 이빨/231
- 기인(奇人) 용수쟁이 노인/234
- 천리(天理)를 헤아린 괘사(卦師)와 전봉준/245

■ 차 례

- 충절녀(忠節女) 논개(論介)/249
- 의리의 사나이 임꺽정(林巨正)/255
- 박소령 역전비화/260
- 하늘은 알고 있었을까/264
- 팔괘(八卦)로 본 고(故) 박대통령 사주/267
- 괴사를 울린 한탄강의 물귀신/271
- 내 동생이 남편과 불륜을/277
- 옥근을 씻는 남자/282
- 죽음앞에서의 아쉬움/287
- 지옥문을 두드리는 사람들/291
- 괴짜 인생 괴사(怪師)의 괴담/298
- 어느 광인(狂人)의 회상(回想)/308
- 하늘 천(天)자와 순자의 운명/313
- 저자 후기/316

도사(道師) 삼천갑자 동방삭과 좌원방(左元放)

　지금부터 2천4백～5백년경 중국 한나라(前漢) 시대의 이야기이다.
　몇 백년을 살았다고 하는 삼천갑자 동방삭(본명 만청자(曼淸子))이란 사람이 우주만물의 이치를 깨닫기 위해 심산유곡에서 선도(仙道)에 열중하고 있었다. 때마침 나라에서 그를 필요로 해 그를 찾기 위한 수많은 군사들이 산골짝을 샅샅이 뒤지고 있는데 동방삭은 태연자약하게 물방울이 떨어지는 어두컴컴한 석굴(石屈)에서 천리안(千里眼)의 도술을 통해 이미 군사들의 동태를 파악하고 있었다. 군사들은 동방삭이 거처하고 있는 석굴 근처에까지, 와와하고 몰려들었지만 깎아지른 듯이 험난한 절벽 위에 굴이 있어 아무도 그 굴에 들어가지 못하였다. 그러자 묘안을 생각한 장수가 활촉을 이용하여,
　'지금 임금(漢武帝)께서 선사(仙師)님을 급히 모셔오라는 어명을 받고 왔소이다'

는 내용의 서신을 굴안으로 쏴 올렸다. 그러자 동방삭은 날아
온 화살을 왼손으로 잡아 그 화살대에 긴 손톱을 이용하여
　　'그대 군사들 보다 내가 먼저 갈것이오(君軍我身先臨)'
란 답서를 써 굴 밖에 있는 장수에게 입바람을 통해서 날려보
냈다. 답서를 받은 장수는 동방삭의 뜻을 금방 이해하고 곧 말
머리를 돌려 궁성으로 향했다. 동방삭이 있는 산에서 궁성까지
는 며칠 동안 걸리는 먼 거리였다. 동방삭은 긴 백발을 휘날리
며 축지법으로 단숨에 궁성 뜰 앞에 학이 내려앉듯 살포시 내
려 앉았다. 임금(무제)은 동방삭을 보더니 반가운 표정을 하며
동방삭에게 이렇게 말했다.
　　"내가 침식을 취하고 있는 대궐 처마에 구리종(銅鍾)을 매달
아 놓았는데 이상하게 한두 달 전부터 종을 아무도 치지 않음
에도 불구하고 스스로 울려 괴상망칙한 생각이 드는데 왜 우는
지 그 까닭또한 알 길이 없어 선사를 부르게 된 것이오."
라고 근심어린 어조로 말을 했다. 듣고만 있던 동방삭이 임금
에게,
　　"그렇다면 그 구리로 종을 만들 때 그 구리는 모두 다 어디
서 구하셨사옵니까?"
라고 묻자 임금은 구리산이라는 곳에서 캐어다 만든 것이라고
대답했다. 그러자 동방삭은 자신의 몸을 바르게 하고 두 손을
합장하여 천리통(千里通)이란 술법으로 구리산 한쪽이 무너져
내려 앉아 있음을 보고는 깜짝놀랐다. 동방삭은 자신이 본 바
를 그대로 임금께 알려주자 임금은 깜짝 놀란 얼굴을 하면서
뭣인가 믿어지지 않는 듯이 신하를 불러 구리산이 과연 무너졌

⚏ ⚏ ⚏ ⚏

는가를 알아보도록 명하였다. 그리고 동방삭의 말대로 무너진 게 사실이라면 그 원인이 무엇인가를 동방삭에게 엄중한 자세로 물었다. 그러자 동방삭은 바른 자세로 다시 한 번 몸을 가다듬은 뒤

"구리종이 우는 것은 구리산이 무너졌기 때문인데 본래 땅의 기운(地氣)이란, 사람으로 비유하면 어머니와 아들과 같은 인연이옵니다. 이를테면 어머니라고 할 수 있는 구리산이 무너졌기 때문에 아들격인 구리종이 따라서 울게 된 것입니다. 그런데 미혹한 인간들은 그 까닭을 알지 못한 채 종이 저절로 울린다고들 하고 있을 뿐입니다."

하며 너털웃음을 지었다.

"그러므로 산이란 것도 우리 인간들과 같이 풍수학(風水學)에서 용(龍)이라고 일컬어 부르는 혈맥이란 것이 있어서이옵니다."

동방삭이 이렇게 설명을 하자 임금은 신기한 듯,

"그러면 인간은 그 뿌리를 시조(始祖)라고 하는데 산에도 인간과 같이 그런 뿌리가 있을 게 아니오?"

하고 묻자 동방삭은,

"그래서 산에는 가장 근본이 되는 조종산(祖宗山)이란 것이 있고 그 다음에는 주산(主山)이 있사온데 그 하나하나를 따져 보면 인간의 혈맥과 조금도 다름없사옵니다."

임금은 동방삭의 말이 하도 신기하여 자신도 모르는 결에 점점 신비스러운 경지로 빠져들었다. 더구나 궁색함 하나없이 자신의 질문에 술술 답하고 있는 동방삭이 선뜻 부러운 생각마저

☰ ☷ ☶ ☵

들었다. 임금은 동방삭에게,

"그러면 선사(동방삭)께서 말한 대로 인간이나 땅이 한결같이 그 근본(뿌리)이 있다면 온천하(세계)도 반드시 그 뿌리가 있을 텐데 천하의 뿌리는 어디가 되겠읍니까?"

하고 묻자 동방삭은,

"그렇지요. 세상 모든 사물에 음양(陰陽)이 있듯이 온 세상이 만들어진 과정도 반드시 시작, 즉 발원성지(發源聖地)가 있사온데 바로 그 발원성지는 이웃나라 해동국(海東國)이옵니다."

라고 간단하게 설명하자 임금은 더욱 궁금하다는 표정으로,

"왜 하필이면 해동국이란 말이오?"

하고 조금은 상기된 모습으로 동방삭을 향하여 묻자 동방삭은,

"주역에 시어간 종어간(始於艮終於艮)이라고 적혀있는데 그 뜻은 모든 만물의 시작과 끝이 간방(艮方)에 있다는 뜻입니다. 헌데 이 간방은 지구 중심부에서 볼 때 바로 해동국이 있는 위치이옵니다."

임금은 들으면 들을수록 신기하고 바다와 같이 넓은 지식으로 답을 하는 동방삭이 마음에 쏘옥 들었다. 그리하여 동방삭이 궁성에서 며칠이라도 더 좋은 이야기를 해 주었으면 하는 마음을 갖고 있었다. 그러나 동방삭은 자리에서 일어나 조심스럽게 궁궐을 빠져나와 짚고 있던 지팡이를 공중으로 휙하고 던져, 날으는 차(飛仙車)로 둔갑을 시켜 그 차에 몸을 싣고 석굴을 향하여 구름 속으로 사라져갔다.

그후 동방삭은 백일승천(百日昇天)을 했다. 백일승천이란 사

후(死後)의 현상을 말한 것으로 죽은 시신뿐 아니라 사용품 일체가 사라져 볼 수 없는 것을 일컫는 것이며, 죽은 사람이 생존시에 쓰던 옷가지나 지팡이 신발 등만 관속에 남아 있고 시신이 사라진 사후 상태를 시해(尸解)라고 일컫는다.

도가(道家)에서 백일승천이나 시해를 한 사람은 노자(老子)를 비롯 강태공(姜太公), 이소군(李小君) 등 사십여 명이 되는데, 이십여 명의 시체는 없어지고 쓰던 물건만 남아 있는 시해를 했고, 이십여 명은 물건도 시체도 깡그리 사라진 백일승천을 하였다.

이러한 죽음의 현상에 대해서 빼놓을 수 없는 이야기가 삼국시대의 조조(曹操)와 도인(道人) 좌원방(左元放)의 이야기다.

좌원방이 천주산(天柱山)에서 제자들을 가르치며 정진하고 있을 때 많은 사람들이 그를 따르자 시기 많은 조조가 불안을 느끼고 해치울 생각으로 우선 좌원방을 궁궐 안으로 불러들여 다짜고짜로 감옥에 밀어넣었다. 그리고는,

'며칠동안 밥을 주지않으면 죽겠지…….'

하고 물 한 모금도 주지 않았다. 이렇게 열흘이 지나고 한 달이 지나 반년쯤 지나도 아무런 이상이 없자 그로부터 일년쯤을 그대로 방치해두었다. 조조는 추운 겨울을 지내는 동안 죽었을 것이라 생각하고 은근히 기대하며 좌원방이 갇혀 있는 감옥으로 갔는데 죽어서 뼈만 남아 있어야 할 좌원방이 하하하 웃으며,

"도를 닦을 수 있게끔 이렇게 조용한 방을 주셔서 감사합니다."

≡ ☷ ☵ ☲

  라고 큰소리를 치는 것이 아닌가. 조조는 깜짝 놀라면서도 겉으로는 태연하게 진수성찬의 차림을 해놓고 화해를 하는 척하면서 어려운 문제를 내 만약 그것을 못 맞추면 죽일 계략이었다.
    조조는, 이윽고,
  "술안주로 다섯 자 가량의 큰 농어가 먹고 싶은 터에 다행히도 이곳에 유명한 선사가 계셔 마음이 놓입니다. 그러니 선사께서 다섯 자 가량의 농어 한 마리만 구해주실 수 있겠읍니까?"
하며 좌원방에게 당당한 태도로 묻자, 좌원방은,
  "같은 값이면 다홍치마라고 좀더 큰 농어를 찾지 않으시고요. 그러면 제가 지금부터 농어를 잡아들일 테니 잡수기만 하십시오."
하며 큼지막한 구리 대야와 낚싯대를 가져오라 분부했다. 그리고는 물이 가득 담겨 있는 대야에 낚싯대를 드리우며 한참동안 침묵만 지키고 앉아 있었다. 주위에 모여 서 있는 수많은 사람들은 숨죽인 채 조용히 지켜볼 뿐이었다. 그때 느닷없이,
    "이얍!"
하고 소리친 좌원방은 곧 그 대야에서 펄펄 뛰는 커다란 농어 한 마리를 낚아올렸다. 그러자 주위에 모여 섰던 많은 사람들은 일제히 박수를 치며 함성을 올렸다.
  조조는 더욱 화가 치민 얼굴로 눈을 위아래로 굴리며 이젠 노골적으로 좌원방에게 직접 술을 따라올리라고 엄명을 내렸다. 그러자 좌원방은 얼굴에 미소를 지으며 조조의 술잔에 술

☷ ☷ ☷ ☷

을 가득 따라, 보란 듯이 술잔을 들어올려 조조에게 줄 듯하다가 자신이 먼저 두서너 모금을 마신 후 그 술잔을 조조에게 돌렸다. 속으로 화가 머리 끝까지 오른 조조는 마음 속으로 발끈하여,

'무례한 놈 같으니!'

하면서도 겉으로는 태연한 척 좌원방이 주는 술잔을 받아마셨다.

"이번에는 이 술잔을 공중에 올려보시오."

라고 좌원방을 쳐다보며 시험을 내리자 좌원방은 갖고 있던 젓가락으로 술잔을 허공으로 툭 퉁겨 올렸다. 주위 사람들은 질색을 하며 술잔이 떨어질까 어쩔 줄 모르고 조마조마하고 있는데 술잔은 공중에서 빙빙 돌아가며 조조와 만조 백관, 심부름하는 노비들 앞에 잠깐잠깐 머무는 것이었다. 그러는 사이 어느새 좌원방은 감쪽같이 모습을 감추어버렸다.

화가 난 조조는 온 몸을 와들와들 떨며 그 자리에서 즉시 온 나라에 좌원방을 체포하라는 엄명을 내렸다.

조조에게 쫓기는 몸이 된 좌원방은 양떼 무리 속에 숨어 들어 순한 양으로 둔갑을 하기도 하고 어느 때에는 한쪽 눈이 찌그러지고 걸레같이 갈기갈기 찢겨진 옷을 입고 있는 늙은 거지로 둔갑하기도 했다. 또한 한 마을에 똑같은 모습의 거지들이 득실거리게 만들어 포졸들을 어리둥절케도 하고 포졸들의 훈련장에 들어가 포졸들을 만취케 하여 엉망진창으로 만들어 놓고 조조를 희롱할대로 희롱하기도 하였다.

좌원방은 오(吳)나라에 가서 갖가지 둔갑술로 많은 사람들로부터 호감을 사게 되었으나 손책(孫策)의 미움을 받아 쫓기는 신세가 되기도 했다.
　　손책이 여러 신하들과 한 고을을 행차하여 돌아보고 있을 때 좌원방이 느닷없이 손책이 타고 간 말 앞에 나막신을 신고 어정어정 걸어가기 시작했다. 그러자 화가 치민 손책은 좌원방을 찔러 죽일 생각으로 창을 휘두르며 말을 채찍질하여 달렸지만 끝내 잡지 못하고 중도에 포기하고 말았던 것이다.
　　그후 좌원방은 곽산(霍山)이란 곳에 은거하며 선도(仙道)의 비법을 갈현(葛玄)이란 제자에게 물려주고 백일승천 하였다.

성(性)교육 받는 황제(皇帝)

중국 황하유역에서 한 나라를 다스리며 살아가고 있는 황제가 있었다. 황제(皇帝)는 보다 쾌락적이고 오래도록 살아갈려면 성생활(性生活)을 어떻게 하는 것이 효과적일까를 고심하다가 한때 복희(伏犧)씨를 섬기며 남녀간에 성교하는 법을 잘알기로 유명한 소녀(素女)란 여성을 불러들이게 되었다.
본래 소녀의 아버지는 음악을 하는 소모(素模)란 사람이었고, 소녀 자신은 산에 들어가 도를 닦아 동남(童男)인 남성의 정기(精氣)를 이어받아 남다른 성교신술(性交神術)과 불로장생의 비법을 터득, 선녀의 경지에 이른 여성으로 성교비법에 관해선 타의 추종을 불허할 만큼 권위에 올라 있었다. 그때 소녀가 터득했던 성교비법은 방중술(房中術)이라 하여 오늘날까지도 전해져 내려오고 있는데 그 비법을 토대로 황제와 소녀가 밀실에서 밀담한 성 비법의 내용을 묶어놓은 책이 바로 저 유명한 소녀경(素女經)이다.

☰ ☷ ☳ ☶

　아지랑이 가물거리는 따뜻한 봄철, 황제는 나른한 몸을 일으켜 들창을 활짝 열어제치고 밖에서 불어오는 꽃내음을 음미하고 있었다. 따뜻하게 내려 쬐는 태양빛을 바라보는 황제의 마음은 착잡하기 그지 없고 무상하였다.
　'아! 나도 저 태양처럼 영원히 살 수는 없을까! 그리고 저 이글거리는 태양의 강열한 힘과 같이 나의 정력도 강할 수는 없을까.'
　한참동안을 생각에 잠겨 있던 황제는 느닷없이 한 신하를 불러 동남(童男)의 정기를 얻어 성 비법을 터득한 소녀를 불러들이도록 영을 내렸다.
　영을 받고 달려와 황제의 어전에 엎드려 있는 소녀는 우선 황제에게 잡인들을 물려줄 것을 청했다. 황제는 몸이 달은 듯 재빠르게 명을 내려 잡인들을 물러가게 한 후 소녀에게 편안한 자세로 앉도록 권했다. 밀실에는 황제와 단둘 뿐임을 안 소녀는 가냘프나 대담한 소리로,
　"전하, 무슨 연유로 저를 부르셨읍니까?"
하고 정중하게 묻자 황제는 얼굴에 미소를 띄우면서,
　"그대를 나의 친구나 다름없다고 생각하니 부끄러워 하지 말고 편안한 마음으로 내가 알고자 하는 것을 소상히 가르쳐주길 바라오"
하고 제법 안정된 분위기를 잡아갔다.
　황제의 말에 미소를 지으며 황제의 시선과 마주친 소녀는 황제에게,
　"전하 무슨 말씀이든지 서슴없이 해주시옵소서. 제가 할 수

☷ ☷ ☷ ☷

있는 일이라면 소신을 다하겠사옵니다."
  소녀의 이 같은 말에 황제는 상기된 얼굴로, 말문을 열기 시작했다.
  "다름이 아니라, 내가 요즘 원기가 쇠약해져 몸이 피곤하고 밤만 되면 걱정이 될 뿐 아니라 엎친데 덮친격으로 마음까지 싱숭생숭하여 뭔가 위험이 닥쳐올 것만 같아 이만저만한 걱정이 아니되오. 어떻게 하면 밤에 편안하게 잘 수 있고 마음도 안정될 수 있겠소?"
  소녀는 황제가 말하는 의미가 무엇인지를 대강 눈치채고는 성기술인 방중술(房中術)을 조용조용 설명하기 시작했다.
  "본래 인간이란 동물이 허약해지는 가장 큰 원인중의 하나가 온 몸 속 뼈 마디마디마다 진기(眞氣)를 뿜아내는 남녀간의 성생활이랄까 아니면 성적습성이나 도리란 것을 잘못하는 데서 비롯되옵니다. 대체적으로 여자는 정력이 남자보다 유연하면서도 충만하기 때문에 따지고 보면 남성보다 여성이 더 성적 지향주의라 할 수 있사옵니다. 이를 비교하여 보면 여자는 흐르는 바다와 같아 음(陰)이 되고, 남자는 타오르는 불(태양)과 같아 양(陽)이 된다는 천성(天性)이옵니다. 그러므로 동등한 입장에서 보면 여성인 물(陰)이 남성인 불(陽)을 꺼뜨려버리는 이치와 같아서 이러한 성적 도리를 알고 성생활을 한다면 약탕기 하나에 수많은 보약을 끓이는 것과 같은 것이옵니다. 따라서 남녀간에도 이런 성 도리를 알고 성생활을 하게 되면 크게 걱정할 것이 없을 뿐 아니라 이를 좀더 자세하게 아뢴다면, 음양오행(陰陽五行)의 이치를 알고 남녀가 정사를 하면 무한한 쾌

☰ ☷ ☵ ☲

락을 맛보고 건강도 잘 보전할 수 있고 그렇지 못하고 맹목적 정사에만 몸을 달구면 황홀한 경지보다는 오히려 병이 들어 일찍 죽게 되는 것이옵니다."

황제는 소녀의 차근차근한 설명에 귀가 번쩍 띄이는지 소녀에게 숨쉴 틈도 주지 않고 다시 물었다.

"그렇다면 소녀 말대로 불인 남자와 물인 여자가 실제 성교를 했을 경우 어떠한 현상이 일어날꼬?"

하고 묻자, 소녀는,

"대개가 남자란 최고의 황홀한 경지에서 정력을 쏟아버리면 육신이 으스러져도 그 감각의 묘미를 모른 채 만족하여 마치 서리맞은 무우 이파리마냥 축 처져 잠시 후 잠을 자게 되는 경우가 많지만, 그와는 반대로 여자는 남자에 비하여 황홀한 경지에 이르는 순간이 약간 늦어집니다. 최고의 쾌감을 맛보고서도, 남편이 먹고 남은 음식을 습관적으로 집어 먹는 부인들처럼 일을 다 끝내고도 여운이 남아 남자에게 껴안기고 싶은 마음이 있게 되는데 그 이유는 남자는 훨훨 타오르는 불이므로 정액이란 것을 쏟고 나면 바로 시들어져 꺼지게 되나 물인 여자는 불을 때면(성교를 하면) 더욱 끓어 올라 불인 남자 곁에 있는 한 몸이 은근하게 달아오르기 때문에 여자는 남자에 비해서 성교를 하고나서도 대개가 여운을 오래도록 남기게 되는 것이옵니다."

소녀의 논리정연한 말에 황제는 기쁨을 감추지 못한 채 마른침을 꿀꺽 삼키며 몸을 약간 부자연스럽게 몇 번 움직이고서는 혼자만의 비밀인 자신의 조루증에 대해서 넌지시 물었다.

소녀가 대답하기를,

"황제께서는 조루증따위는 걱정하시지 않아도 됩니다. 조루증이야 올바른 성생활을 하지 않는 데서 비롯되는 것이옵니다. 예를 들면 자위행위를 지나치게 한다든가, 과음을 한다거나, 이부자리를 깔기 전에 몸이 달아 마치 밥을 빨리 먹어치우려고 씹지도 않고 그냥 삼키면 체하여 위장병이나 각종 소화불량이 생기는 것과 같은 이치입니다. 오랜 시간을 여유있는 마음으로 밥알 하나라도 꼭꼭 씹어 먹어야 되는 것처럼 남녀가 성교를 할 때에도 오랫동안 이곳 저곳을 어루만져 적당히 열기(熱氣)를 올린 다음, 돌을 다듬어 하나의 작품을 만들어내는 석공(石工)의 기술처럼 세세히 움직여야 합니다. 또한 해가 지면 달이 뜨고 달이 뜨면 해가 지는 이치같이 성교를 하는 남녀가 서로 리듬(流動)을 잘 맞추어야 하는데 특히 요철(凹凸 ; 남녀의 성기를 말함)의 리듬은 해와 달이 바뀌는 것과 같이 중요하옵니다."

　소녀는 자신의 이야기에 어느 새 푹 빠져있는 황제에게 성교에 관한 비술(秘術)을 잘알고 있는 채녀(采女)라는 일종의 선녀가 있다고 귀띰을 해 주고는 곧바로 황실을 나왔다.

　몸이 달아오른 황제는 보다 많은 궁금증을 풀어볼 생각으로 아까 소녀가 귀띰한 바 있는 채녀를 불러들이기로 마음 먹었으나 그날은 날이 저물어 부르지 못하고 다음날 일찍 채녀를 불러들였다.

　황제 앞에 불려온 채녀는 선녀중에서도 선녀다운 몸매로 한 나라를 다스리는 황제 마음에 동요를 일으킬 정도로 아름다운 미녀였다. 황제는 한참동안 넋을 잃은 채 채녀를 바라보고 있

☰ ☷ ☱ ☳

자, 채녀는 조금은 부끄러운 모습으로 미소를 지으며 이윽고 황제에게 성에 관한 올바른 비술을 나즈막한 목소리로 아뢰기 시작했다.

"소인은 본래 선인(仙人)인 팽조(彭祖)란 사람으로부터 성의 도리를 터득했는데 그중 몇 가지만 아뢰겠사옵니다."

성생활을 건강을 해치지 않으면서도 샘물이 솟아나듯 하려면 우선 정신적 수양을 해야 하고 정력 낭비를 삼가해야 하며 보약만 먹고 힘을 낭비해버리는 것은 좋지 않은 처사라고 역설했다. 그리고 남녀가 한몸이 되어 황홀경에 이르게 되는 것 또한 하늘과 땅이 창조되는 것과 같은 이치이므로 잠자리에도 법도가 있다 했다.

채녀의 말을 주욱 듣고 있던 황제는 그 자리에서 비법 하나만 가르쳐 달라고 하자, 채녀는 웃음을 띠면서,

"그러면 가장 쉬운 비법 한 가지만 가르쳐드리겠사옵니다. 우선 잘 생긴 대추를 다섯 아니면 일곱 또는 아홉 개…… 아무튼 홀수로 맞춰 음중(陰中 ; 여자의 성기)에 역시 홀수날(3·5·7·9식)에 홀수 기간 동안만 넣어 두었다가 꺼내 그 대추에 묻어 있는 여자의 분비물을 닦지 말고 아침 공복에 먹으면 특효가 있읍니다."

황제는 소녀나 채녀가 많은 것을 가르쳐 주었는데도 부족하다 싶어 앞으로 좀더 깊이 있게 배워나가리라는 생각에서 채녀를 정중히 모셔 귀가하도록 신하에게 명하였다.

그로부터 한 달 뒤 황제는 소녀를 다시 불러들여 그 즈음에 자신이 실제 성행위를 하면서 겪는 고민을 털어놓았다.

☰☰　☰☰　☰☰　☰☰

　"요즘 내가 성교를 하려고 애를 써도 도대체 무슨 까닭인지 옥근(玉根)이 서지 않아 여자의 얼굴만 쳐다보게 돼 민망하고 식은땀까지 흘리니 참으로 고민스럽고 염치없는데 묘방이 없을꼬?"
　"소녀는 황제 말이 끝나기가 무섭게,
　"황제께서 여자의 아름다운 육체를 접하고자 하시려면 몇 가지 원칙을 지키셔야 합니다. 먼저 기분을 부드럽게 하면 옥근(玉根)이 누워 있는 황소가 일어나듯 슬며시 서게 되고 이어서 여자의 옥문(玉門)에 넘쳐나는 음기를 입으로 빨아들이면 그 음기가 황제의 뇌수를 비롯한 온몸의 신경에 영향을 주게 되어 발기(發氣)하는 데 큰 어려움이 없을 것입니다. 그리고 여자에게 욕정이 일 때의 형상은, 첫번째가 남자에게 안기고 싶으면 자연히 숨을 크게 몰아 쉬며, 두번째로는 여자가 남자와 옥문을 접촉하기를 갈망할 경우에는 코와 입이 벌어지게 되는데 그 모양은 황소가 교미를 시작하기 직전 코와 입 등을 벌렁벌렁하는 모습과 같고, 세번째로는 옥문에서 쌀뜨물 같은 진액이 분비되고 이런 상황이 지속되면 될수록 몸을 비꼬며 남자를 와르륵 껴안게 되는데 이때의 눈빛은 충혈된 황소의 눈과 같은 모양입니다. 네번째로는 황홀경에 들어가면 땀을 흘려 옷을 적시기도 합니다. 다섯번째로는 최고의 쾌락에 이르면 온몸을 바르르 떨며 아예 눈을 감아버리고, 여섯번째는 두 손으로 상대방을 껴안는 것은 될 수 있으면 몸을 바싹 붙여서 서로의 것을 맞대고 싶은 생각에서이고, 일곱번째는 두 다리를 사람 인자(人字) 모양으로 짝 벌리는 것은 몸과 마음을 다 바쳐 교합하고싶

☰ ☷ ☵ ☲

은 생각에서 그러하고, 여덟번째는 복부가 팽창하여 팅팅 소리가 날 정도면 최고의 쾌락을 느끼는 순간이고, 아홉번째로 엉덩이가 좌우로 또는 상하로 움직이는 것은 쾌감을 느끼면서도 더 느끼고자 하는 과욕에서 나타나는 반응이며, 열번째, 두 다리로 감아 돌리는 것은 성기를 좀더 깊이 깊이 밀어 넣어주기를 바래서이고, 열한번째, 허리를 좌우로 흔들어대는 것은 자신의 질벽(성기벽) 이곳저곳에 자극을 주어 쾌감을 얻어내기 위한 것이고, 열두번째, 몸을 일으켜 남자의 목을 껴안고 온 힘을 다해 매달리는 것은 이미 무아의 경지에 빠져들어 자신의 숨소리도 분간 못할 정도로 쾌감을 느끼기 때문이며, 열세번째, 몸을 쭉 뻗고 엉덩이를 상하로 움직이면서 발목을 떨고 눈에 눈물이 글썽이면 지금까지 맛보지 못한 쾌감을 느꼈기 때문이며, 마지막으로 음액이 옥문 밖으로 흘러 넘쳐 이부자리에 끈적끈적 묻을 정도면 이미 이 세상에서 부러울 것이 전혀 없을 만큼 만족했기 때문입니다."

소녀의 이와 같은 설명이 가슴에 닿는지 황제는,

"참으로 신기하도다, 신기해. 소녀는 마치 온세상을 이고 있는 듯 무한한 방중술을 알고 있구나. 과연 듣던대로 훌륭하도다. 그런줄도 모르고 처음 밀실에서 단둘이 있을 때는 내 마음이 이상했었는데 오늘 그대의 무궁무진한 가르침을 받고보니 오히려 내가 부끄럽구나. 한데 아는 바로는 남녀가 교접함에 있어서 칠손팔익(七損八益)이라 하여 일곱 가지의 손실됨과 여덟 가지의 유익함이 있다고 어렴풋이 알고 있다만, 여기에 대해서 자상한 이야기를 해보라."

☰☰ ☰☰ ☰☰ ☰☰

　황제가 정중하게 말하자 황제가 칠손팔익을 알고자 하는 마음이 있음을 안 소녀는 우선 칠손이란 것부터 설명하기 시작했다.
　"칠손중 일손인 절기란 마음에도 없는 억지성교를 하게 되면 식은땀이 나고 정기가 감소돼 일시적인 흥분만 있을 뿐 현기증이 일어 머리가 띵하게 되는 것을 말합니다. 이런 현상을 고쳐보려면 여자를 반듯하게 눕도록 하고 남자는 여자의 두 다리를 자신의 어깨에 걸친 채 옥문 깊숙히 성기를 밀어넣은 다음에 여자가 스스로 움직여 분비물이 나오면 곧바로 행위를 중단하여, 가능한 한 남자는 황홀경에 빠지지 않도록 한 열흘 정도만 하면 치료가 가능하게 되옵니다.
　이손이란 일정(溢精)이라고도 하는데 정력과 성욕만 왕성하여 충분한 사전운동도 없이 조급하게 서둘러 금방 일을 끝내는 것을 말합니다. 이는 마치 물동이를 이고 가던 아낙네가 물동이가 깨지는 바람에 중도에서 물을 엎지르는 것처럼 숨이 차고 마침내 폐(肺)의 기능이 저하되어 목이 마르고 기침이 나오며 열이 생기는 등 그 기간이 길면 성불구가 되옵니다. 이를 바로 잡으려면 여자를 반듯이 눕힌 후에 남자는 두 무릎을 굽힌 다음 그 가랑이 사이에 자리하고 성기를 살짝 삽입하여 여자가 상하로 움직여 분비물이 나오면 남자는 역시 절정의 쾌감에 이르지 않도록 조심하는 방법으로 약 열흘 가량만 하면 치료가 되옵니다.
　삼손의 탈맥(奪脈)이란 옥근이 팽창되기도 전에 무리한 성교를 하다가 중도에 사정(射精)하여 정기를 스스로 감소케 하여 결국 그 여파가 비장(脾臟)에까지 미쳐 소화불량을 일으키게 됨을 말하는데 이러한 것을 고치려면 여자를 반듯하게 눕힌 후 두 다리를 남자의 엉덩이에 걸치게 한 후 남자는 두 손을 짚어 몸을 의지하고 옥근을 슬며시 밀어넣고 움직이지 않는 상태에서 여자가 하는 대로 두고 여자가 막바지 단계에 이르면 곧바로 중단하여야 하는 방식으로 열홀만 계속하면 치료가 됩니다.

사손은 기설(氣泄)이라 하여 피로해서 땀을 흘리면서도 성급하게 곧바로 성교를 하는 것을 말합니다. 이때의 현상은 입술이 마르고 배가 뜨거워져 고열이 생기는 것으로, 이것을 고치기 위해선 남자가 반듯하게 누워있고 여자는 남자의 발목 쪽을 향하여 마치 남자의 무릎에 안길 듯한 자세로 하고 다시 무릎과 정강이를 이용하여 몸을 의지하고서 남자의 옥근을 약간만 받아들여 남자나 여자중 어느 한쪽만 가볍게 상하운동을 하여 여자가 분비물을 쏟아내면 중단하는 방법으로 열홀 쯤만 계속하다 보면 자연히 낫게 되옵니다.

오손은 기관(機關)이란 것으로 만성적 질환이 있는 사람이 대개는 소대변을 보는데 애를 먹는 상태에서 무리한 성교를 하는 것으로, 그 파급은 간장에까지 영향이 미쳐 피곤하고 현기증이 있게 되며 심한 경우에는 피부병이나 기타 혈액순환에 지장이 있는 등 급기야는 옥근을 못쓰는 경우에까지 이르게 되옵니다만 이를 고치기 위해선 남자가 반듯하게 눕고 여자는 남자의 가랑이 위로 올라가 남자와 마주보는 모습으로 몸을 앞으로 숙이면서 서서히 옥근을 밀어 넣어 여자가 만족하면 중단하여 남자는 절정에 이르지 않게끔 해야 되옵니다. 이렇게 열홀 정도 계속하면 효과는 자연히 좋사옵니다.

　육손이란 백폐(白閉)라 하여 연거푸 계속해서 성교를 하여 남자의 정기가 고갈된 현상으로 아무리 힘껏 노력해도 정액이 나오지 않는 경우를 말하는 것으로, 급기야는 현기증과 갈증 또는 소변 보기가 어렵게 되는 것인 것인데 이러한 증상을 치료하기 위해서는 남자가 바른 자세로 누워 있고 여자는 남자 위로 올라가 발목 쪽을 향하여 걸터 앉아 엎드려 두 손으로 몸을 의지하여 옥근을 밀어 넣고 여자가 움직여야 하옵니다. 남자는 절대로 절정에까지 이르지 않도록 하는 방법으로 열흘 정도만 반복하면 치료가 됩니다.

　마지막으로 칠손이란 혈갈(血竭)이라 하여 힘든 일을 한 후에 성교를 하는 것으로 주로 달리기나 심한 운동으로 땀을 흘린 연후에 정신없이 일을 치르는 경우를 말하옵니다. 이럴 때에는 만족을 못 느끼므로 될 수 있으면 뿌리를 깊이 넣으려고 안간힘을 쓰다가 오히려 정기가 고갈 돼 피부가 거칠어지고 고환(음낭)이 습기가 있게 되며 때로는 피섞인 오줌이 나오기도 합니다. 이것을 치료하려면 여자를 반듯하게 눕히고 그녀의 엉덩이를 받쳐서 가능하면 높이 쳐들어야 하고 두 가랑이를 뻗어서 양쪽으로 벌린 다음 남자는 그 가랑이 사이로 들어가 무릎을 꿇고 옥근을 밀어넣은 다음 여자로 하여금 움직이게 하여 여자를 만족시키고 남자는 중도에 그만두는 방법으로 열흘 동안 계속하면 완치가 될 수 있사옵니다."

　소녀가 칠손에 대해서 비교적 자세하게 설명을 다 끝내자 황제는 이해가 되는지 고개를 몇 번이고 끄덕이더니,

☰ ☷ ☱ ☳

　"오늘은 이만하고 경험을 해 본 다음에 팔익(八益)에 관해서 듣는게 좋겠사옵니다."
하고 자리에서 일어나 소녀가 떠나는 뒷모습을 멀거니 바라보기만 할 뿐이었다.
　두서너 달 후, 황제의 부름을 받은 소녀는 약속한 대로 팔익에 대해서 설명을 시작했다.
　"일익(一益)은 고정(固精)이라 하여 여자를 옆으로 눕게 하고 가랑이를 쩍 벌리면 남자가 그 사이로 들어가 옥근을 비스듬하게 밀어 넣고서 약 열여덟 번 정도 왕복운동을 하고 끝을 내야 하는데, 이런 식으로 약 15일 가량 하게 되면 남자는 정액의 농도가 짙어지고 여자는 월경 과다를 고칠 수가 있게 됩니다.
　이익은 안기(安氣)라 하여 여자를 반듯하게 눕힌 다음 가능하면 베개를 높이 받친 연후에 가랑이를 쩍 벌리게 하고 남자는 벌어진 가랑이 사이로 들어가 두 무릎을 꿇고 스물일곱, 여덟 번 가량 상하운동을 하다가 사정하지 말고 중단해야 하는데, 이런 식으로 하루 세번씩 20일 만 하게 되면 남자는 정기가 부드러워지고 여자는 냉증(寒門)을 치료하게 되옵니다.
　삼익은 이장(利臟)이라 하여 여자를 옆으로 눕힌 채 두 가랑이와 두 무릎을 높이 쳐들고 남자 역시, 옆으로 누워서 여자의 등 뒤쪽에서 옥근을 조심스레 밀어넣어야 하는데 정액을 쏟지 말고 중간에서 그만두어야 합니다. 서른여섯 번 가량 옆으로 누운 상태에서 움직여 주므로써 여자의 냉증이 치료되고 남자는 정기가 좋아지는데 이런 식으로 이십일동안을 계속하면 좋

☷ ☷ ☷ ☷

사옵니다.
 사익이란 강골(强骨)이라 하여 여자를 옆으로 눕게하고 오른쪽 다리는 쭉 뻗고 왼쪽 다리는 굽히게 한 연후에 남자는 여자의 뒷쪽에서 밀어넣어 마흔 다섯 번 가량 들락날락하여 하루에 다섯번씩 열홀을 계속하게 되면 남자는 관절, 여자는 폐와 중단되었던 월경도 치료가 되옵니다.
 오익이란 조맥(調脈)이라 하여 여자를 옆으로 눕게 하여 왼쪽 다리는 바르게 하고 오른쪽 다리는 무릎을 굽히도록 하여 남자는 두 무릎을 꿇고 옥근을 밀어 넣어 쉰대여섯번 가량을 왕복하다가 정액을 쏟지 말고 중단하는 방법으로 하루에 여섯번씩 이십일 정도 하게 되면 남자는 혈액순환과 맥박이 원활하게 되고 여자는 자궁벽 등이 원활하게 되어 보다 알찬 성생활을 할 수 있는 것을 일컫는 것이옵니다.
 육익이란 축혈(蓄血)이라 하여 남자가 반듯하게 누워 있고 여자는 두 무릎을 꿇고 남자 위에 걸터 앉아 될 수 있는 대로 옥근을 깊숙히 삽입하여 예순 두세번 정도 왕복하다 사정하지 말고 중지하는 방법으로 하루에 일곱 회를 하여 열홀을 계속할 경우 남자는 힘이 강해져 보다 성숙한 성교를 하게 되고, 여자는 월경 불순에 좋은 효과가 있게 되옵니다.
 칠익이란 익액(益液)이라 하여 여자를 가능하면 반듯하게 엎드리게 하고 엉덩이를 약간 들어올리게 한 연후에 남자는 그 위에 올라서 두 다리를 양쪽으로 벌리고 옥근을 밀어넣어야 하는데 이렇게 해서 일흔 두세 번쯤만 옥근을 왕복시키고 정액을 쏟지 않는 식으로 열홀만 계속하면 남자는 뼈가 윤택해지고 여

☰ ☷ ☰ ☷

자는 골반이 튼튼해져 신장을 이롭게 합니다.
　끝으로 팔익이란 도체(道體)라 하여 여자를 똑바로 눕게 하고 무릎을 뒤로 꺾어 발뒤꿈치가 엉덩이 옆쪽에 오도록 하고 남자는 가랑이를 여자 옆구리에 바짝 붙여 양쪽 다리를 이용하여 조이는 듯한 자세로 여든 한두 번을 하루에 아홉 번씩 구일 정도 하게 되면 남자는 뼈가 좋아지고 여자는 성기에서 풍기는 악취가 제거되는 이 모든 것을 일컬어 팔익이라 합니다."
　황제는 소녀의 이 같은 설명이 단순한 성교행위가 아니고 건강하게 장수할 수 있는 요법이기도 하고 세상 사람들이 느껴보지 못한 최상의 쾌락을 경험해 볼 수 있는 학덕(學德)이라고까지 소녀에게 칭찬을 했다. 황제는 소녀와 채녀 이외에도 현녀(玄女)란 여성으로부터도 동물의 모습을 토대로 한 소위 아홉 가지로 분류한 구법(九法)을 응용하여 성생활의 비술을 배우는 등 그 열성이 대단했다.
　그리하여 조루증과 발기부족증세로 애를 먹고 있던 황제는 주로 세 여인, 즉 소녀(素女)・채녀(采女)・현녀(玄女) 등으로부터 치료법을 터득하여 원만한 성생활을 즐길 수 있었다.
　몇천년전의 까마득한 옛날에 살았던 황제가 자존심도 내팽개친 채 성교육을 받았다는 것은 성(性) 자체가 인간의 본능이 아니었다면 불가능할 만큼 있기 어려운 일이었다.
　혹자는 황제보다는 후세 사람인 문왕이 위수에서 강태공을 만나 그 자리에서 강태공에게 큰 절을 올렸다 하여 겸손과 포용력이 제일이라고 전해오기도 하나 황제는 그보다 더 훨씬 높은 겸손함과 넓은 포용력을 지녔다고 볼 수 있다.

괘사(卦師) 소강절(邵康節)의 기행(奇行)

매화를 보고

지금으로부터 900여 년전(1033~1077) 송나라 시대에 유학·도학·역학 등에 능한 소옹(邵雍)이란 사람의 시호가 강절(康節)로, 소강절 선생(邵康節先生)이란 이름으로 더 잘 알려져 내려오고 있는 사람이 있었다.

그는 역학(易學)에 능통했기 때문에 천문지리에 밝아 역리(易理)를 바탕으로 한 몇 권의 책을 펴기도 했는데「황극경세서(皇極經世書)」와「매화역수(梅花易數)」등은 오늘날까지도 유명하다. 한 번은 천진(天津) 다리 위를 걷고 있을 때 두견새가 우는 소리를 듣고 세계(천하)의 운명을 예언 한 적이 있는데 후세 사람들이 말하길 그의 예언은 모두가 적중했다고 한다. 그는 사물을 대함에 있어서 주로 주역팔괘(周易八卦)를 응용, 관찰 예언한 것이 많았다.

날씨가 혹독하게 추운 용의 해(辰年) 12월 17일(음) 오후 다

☰ ☷ ☱ ☶

섯시(申時)경, 소피를 보기 위해서 마루턱을 내려오는 순간 소강절 선생은 앞뜰에 있는 매화나무에 앉은 겨울새 두 마리를 보았다. 다복다복 눈이 쌓여 눈가지를 이룬 매화나무에 새 두 마리가 앉아 있으니 화조도(花鳥圖)에서나 보아왔던 아름답기 그지없는, 그 정경이었다.
 '이는 정녕 보통 일이 아니구나.'
하는 생각을 하며 한참을 바라보고 있는데 갑자기 새들이 싸움을 했다. 한 마리가 입으로 다른 새의 날개를 쪼으며 소리를 질러댔고 다른 한 마리도 지지 않으려고 있는 힘을 다하여 대항하자 나뭇 가지에 소복하게 쌓여 있던 하얀 눈이 땅바닥 밑으로 우수수 떨어져버렸다. 한참동안 그런 광경을 보고 있는데 느닷없이 두 마리의 새가 땅바닥으로 떨어져 기진맥진한 죽음 직전의 숨을 희미하게 몰아쉬기 시작했다.
 그는 이상한 생각이 들어 괘를 풀어보기로 했다.
 본래 움직이지 아니하거나, 예지(豫知)할 필요성이 없는 사물이나 그런 일거리에 대해선 정단(正斷 ; 판단)을 하지 않는 게 원칙이지만 지금은 두 마리의 새가 심한 싸움을 하다가 눈앞에서 죽어가니 이는 반드시 무슨 연유가 있을 것이라 생각한 것이다. 그는 곧 주역팔괘(周易八卦)를 응용하여 년월일시작괘법(年月日時作卦法·년월일시 등을 이용하여 괘를 짜는 것)을 통하여 괘를 만들어(作卦) 본 결과 택화혁(澤火革 ; 64 괘중에 하나)이란 본괘(本卦)와, 택산함(澤山咸)이란 변괘(變卦), 그리고 천풍구(天風垢)라는 호괘(互卦)가 나왔다.
 원래 주역팔괘로 정단할 때는 좀더 세밀한 것을 알기 위해,

☱ ☲ ☰ ☶

시작과 사물의 전체 흐름을 뜻하는 본괘와 사안의 경과를 뜻하는 호괘, 그리고 결과를 뜻하는 변괘를 응용하여 풀게 되는데 소강절 선생도 그 방법을 택한 것이다. 소강절 선생이 작괘를 마친 후 새가 싸우다 떨어진 연유의 괘의(卦意 ; 괘가 지니고 있는 뜻)에 대해 내일 저녁에 한 여자가 아름다운 꽃을 몰래 꺾다가 정원을 관리하는 하인에게 발각되어 정신없이 도망가다 땅바닥에 여지없이 넘어져 마침내 다리를 다칠 것으로 판단(正斷)하였다.

다음날이 밝아 저녁이 되자 선생이 판단했던 대로 여자가 꽃을 꺾다 정원을 관리하는 하인에게 들켜 도망치다 넘어져 다리를 다치게 되는 일이 벌어진 것이었다.

신기하게 여긴 제자 한 명이 선생에게 그 까닭을 묻자 선생께서는

"우선 택(澤)은 젊은 여자, 화(火)는 불(택화대에서), 천풍구(天風姤)에서의 천(天)은 쇠붙이고 풍(風)은 다리와 나뭇가지며 택산함(澤山咸)에서의 산(山)은 흙이라는 각괘가 지니고 있는 상징물이니, 젊은 여인을 말하는 택금(澤金)이 나뭇가지인 풍목(風木 ; 천풍구에서 나온 괘)을 금극목(金克木)하므로, 이를 종합해보면 젊은 여자가 나뭇가지 즉, 꽃을 꺾게 된 연유이고 땅에 넘어져 다리를 다쳤다 함은 풍목(風木)이 다리가 되는 것으로 택금(澤金)으로부터 금극목(金克木)하므로 다리를 다치게 된 원인이 되느니라."

그러나 제자는 이해가 잘 안되는지 고개를 갸우뚱하며,

"선생님 말씀대로 각괘(各卦)가 지니고 있는 대상물의 상징

☰ ☳ ☵ ☴

의미가 있다고 하지만 한 마디로 내일 저녁에 젊은 여자가 꽃을 꺾다가 넘어져 다리를 다칠 것이라고 단적으로 판단하기는 어려운 것이 아니온지요?"
라고 반문하자 그는 웃음을 띠우면서,
　"봄 여름없이 가을에 오곡백과를 거둘 수 없듯이 갈고 닦지 않고 어찌 명판단이 있겠느뇨? 처음 괘(卦)를 가까이 하는 사람은 기초 공부에 신경을 써야 하는데도 신기(神奇)한 것만 먼저 논하게 되니 이는 참으로 잘못 된 처사였느니라. 그리하다 보면 갈수록 더 어려운 것만 같고 예리한 판단을 할 수가 없게 되나, 반대로 조석으로 갈고 닦으며 정성을 다하게 되면 심역현기(心易玄機)의 경지에 이르러 나와 같은 판단도 가능하게 될 것이니라."
　그의 이 같은 설명에 제자는 심역현기에 관해서 물었다.
　"심역현기란 학문적이고 체계적인 논리에 의해서 얻는 것도 중요하지만 우선 마음이 순하지 못하고 불결하면 자신이 원하는 경지에 이르지 못하고 도깨비에 홀리는 사람처럼 방향마저 잃어 깊은 산꼴짜기에서 헤매는 것과 같으니라. 그러나 마음이 순하고 청결하며 학문에 게으르지 않으면 스스로 깨달은 바가 많아져 자연 심역현기하게 되느니라. 이 심역현기는 사방에 있는 물을 한 곳으로 모아 큰 바다를 이루는 것과 같은 것으로 택화혁괘(澤火革卦)를 보고 여자가 꽃을 꺾게 될 것이라고 판단했던 것도 학문적으로 그 내용을 풀어보면 한 치의 어긋남이 없을 것이니라. 그리고 짧은 시간에 보다 정확한 판단을 단호하게 말할 수 있었던 것은 역시 심역현기(心易玄機)에 의한 것이

☷ ☷ ☷ ☷

었다고 말할 수 있느니라."

모란꽃을 보고

 매화(梅花)를 보고 점단을 한 지도 몇 개월이 지나 뱀의 해 (巳年)를 맞아, 따뜻한 춘삼월이 되자 그는 제자 몇 명과 같이 친구집을 찾아갔다. 친구의 집은 우람한 고래등 같은 기와집으로 넓은 뜰 앞에 싱그러운 모란꽃이 만발하여 온 집안에는 꽃 향기가 가득히 풍겨나왔다. 벌 나비들이 날아 운치를 더욱 돋워줌이 그의 기분을 매우 상쾌하게 했다. 같이 간 제자 한 명이,

 "선생님, 모란꽃이 이렇게 만발한 것도 그만한 연유가 있을 것으로 사료되옵니다."

 그러자 그는,

 "아무렴, 이 꽃에도 숨겨진 연유가 있을 것이로되 년월일시 작법으로 패를 보면 사(巳)년이므로 사(巳)자의 본래 숫자 6과, 3월의 3, 그리고 오늘이 16일이므로 이 년월일의 숫자를 합해 보면 25가 되는데 이것을 8로 나누면 3·8·24로 1이 남아 천 (天)이 돼 이것을 상패(上卦), 작패하는 시간이 묘시(卯時 ; 아침 5~7시)이니 기본 숫자 4를 25와 합하면 29가 되므로 29를 8로 다시 나누어 3·8·24는 5가 남아 풍(風)이 되므로 결국 천 풍구패(天風姤卦)가 되느니라. 기타 변패는 화풍정(火風鼎)이고, 호패는 육십사 패중에서 가장 강하다는 건위천(乾爲天)패

☰ ☷ ☰ ☷

가 되느니라."
　선생의 이같은 작괘법을 본 제자들은 숨을 죽이고 그의 입만 바라보며 고개를 끄덕였다.
　이윽고 선생은 제자에게 물을 한 그릇 떠오라 하더니 꿀꺽꿀꺽 마시고 입가와 하얀 수염에 묻은 물방울을 닦고 낮은 목소리로,
　"괴이하도다. 이 아름다운 꽃이 내일 오시(午時;11~13시)에 말 발굽에 짓밟혀 파손될 것이리니……."
　이 말을 들은 그의 친구나 제자들은 꽃이 약간 파손될 수는 있어도 말발굽에 설마 파손될 것이라는 스승의 말은 믿기지 않았다.
　그러나 그 이튿날 오시(午時)가 되자 어느 고관이 타고 가던 말들이 싸움을 하여 그 아름다운 모란꽃을 짓밟아버리는 불상사가 생겼다.
　감탄한 제자들과 친구들이 꽃이 짓밟힐 수 있던 괘(卦) 풀이를 그에게 다시 청했다.
　"모든 괘에는 체(體)와 용(用)이란 것이 있어 이는 주인과 손님 관계(主客關係)이므로 이를 잘 판단해야 하느니…… 천풍구(天風姤)에서 천(天)은 말(馬)이고 풍(風)은 나뭇가지, 즉 꽃이므로 말을 상징한 천금(天金)이 꽃을 상징한 풍목(風木)을 금극목(金克木)하여 말발굽에 부착한 쇠로 더욱 짓밟혀 파손된 것이니 여기에 오시(午時)란 시간까지 알 수 있었던 것은 역시 천(天)은 말을 상징하는데 이 말에 해당한 시간이 바로 오시였기 때문이니라. 물론 이밖에도 변괘·호괘가 있어 각기 작용하는

☶　☷　☳　☶

면이 있지만 대충 이러하느니라."
　그의 이러한 괘풀이를 듣고 있던 제자들은 할말이 없다는 듯이 고개만 연신 끄덕거렸다.

호미가 아니라 도끼니라

　날씨가 혹독하게 추운 어느 겨울날, 그는 제자들과 화롯불을 쪼이면서 모처럼 환담(歡談)을 나누었다. 많은 제자들은 저녁밥을 먹어야 할 유시(酉時 ; 17~19시)가 지났는데도 그의 팔괘(八卦)에 관한 학설(學說)의 신기함에 빠져들어 시간가는 줄도 모르며 듣고 있을 때 대문을 두드리는 사람이 있었다. 방안에 있는 제자들은 지금 밖에서 대문을 두드린 사람이 무엇때문에 그러한 지를 방안에서 주역팔괘(周易八卦)를 응용하여 알아보기로 하였다.
　깊은 판단이야 각자의 주관에 맡기기로 했지만 문을 두드리는 소리로 작괘해야 된다는 전제하에 괘를 만들어 보기로 했다.
　그는 소리를 듣고 작괘할 경우에는 맨 첫번째 두드리는 소리와 맨 나중에 두드리는 소리를 이용하여 작괘해야 되는데 첫소리를 상괘(上卦)로 하고 마지막 소리를 하괘(下卦)로 해야 되며 작괘 시간과 상하괘(上下卦)에 해당한 소리를 합해 변괘를 만들어야 한다고 제자들에게 그 요령을 가르쳐주었다.
　이윽고 제자들은 첫번째 두드리는 소리는 1이므로 천(天)이

≡ ☴ ≡ ☴

상괘가 되고 마지막 두드리는 소리가 다섯번째였으므로 풍(風)이 돼 이를 합쳐보면 천풍구괘(天風姤卦)가 되고 천인 1과 풍인 5를 합하면 6이 되고 이 6에다 다시 작괘 시간인 유시의 기본 숫자 10을 더하여보니 16이 되었다. 이를 다시 6으로 나누어 6·2·12는 4가 남아 동효(動爻)로, 변괘는 결국 손위풍괘(巽爲風卦)가 되었다. 호괘는 건위천괘(乾爲天卦)라는 세 가지 괘(본괘·변괘·호괘)가 다 같이 쇠와 나무 등으로 그 주류를 이루고 있었다. 본괘인 천풍구괘와 호괘인 건위천괘는 쇠가 흥하고 변괘인 손위풍은 순수한 나무(木)로만 이루어졌기 때문에 제자들은 나무와 쇠를 연관시켜 실제 물건이 쇠나 나무로 만들어진 낫, 호미, 도끼, 톱, 부엌칼 등을 연관시켜 서로서로 이것을 종합한 결과 밖에서 대문을 두드리는 사람은 틀림없이 물건을 빌리러 온 사람인데, 그 물건은 쇠와 나무(金木)로 만들어진 호미일 거라는 것으로 괘를 풀었다.

　제자들의 이 같은 모습을 아무 말없이 지켜보고 있던 소강절은 제자들이 짜논 괘상(卦象;괘가 뜻하고 있는 현상)을 바라보고서 지그시 미소를 지었다. 그러자 제자들은 너나 할 것없이 그가 어떻게 정단을 하려나 하고 몹시 궁금해 했다.
　제자중 한 명이
　"선생님께서? 어떤 고견(高見)을 갖고 계시는지요."
하고 성급하게 물었다. 그러자 소강절은,
　"저 밖에 서 있는 사람은 호미를 빌리러 온 게 아니고 필시 도끼를 빌리러 왔을 것이니라."
　제자들이 궁금하여 곧바로 대문을 열어주고 대문을 두드린

연유를 묻자 그 사람은,
 "예. 저, 도끼좀 빌리러 왔읍니다."
라고 대답하자. 제자들은 한결같이 선생을 바라보며,
 "와아, 와아."
하고 놀라는 모습들을 하면서 환호성을 울렸다.
 이윽고 제자들은 무슨 까닭으로 호미가 아니고 도끼였는가를 물었다. 그러자 소강절 선생은 엄숙한 목소리로,
 "괘로써 사물을 판단할 때는 항시 이야기했듯이 이치(理治)를 밝혀야 하는데 그 이치를 밝히기 위해선 무엇보다도 심역현기(心易玄機)에 능통해야 되느니라."
고 말할 뿐이었다. 이어서
 "그리하여 괘상(卦象)으로만 판단하면 도끼나 호미 등은 백지 한 장 차이 뿐이다. 이 백지 한 장을 메꾸기 위해선 역시 심역현기가 필요하다. 다시 말하면 해가 져 이미 저녁때도 지난 이 시각에 들판에 나가 얼은 땅을 팔 리가 없고 날씨가 춥기 때문에 도끼가 더 필요할 것이니라. 따라서 이치에 밝고 경솔하지 말아야 하느니라. 가령 여름에 천기(天氣)를 볼 경우 눈이 온다는 확신보다는 비가 온다는 확신이 더 강한 것과 같으니라. 이러한 까닭에 팔괘(八卦)를 배우는 사람은 모든 이치에 능통해야 하느니라."
할 뿐이었다.

서림사(西林寺)를 가다

그가 제자들과 우연한 기회에 서림사(西林寺) 부근을 지나고 있을 때 제자들이 서림사란 현판을 가리키며 선생께 정단(正斷)을 청하자, 그는 하얀 종이에 서림사(西林寺)라고 정중하게 써놓고 바라보면서 뭔가 깊이 생각했다. 그리고는 제자들에게,
　　"이 절에는 머지 않아 도적떼가 쳐들어와 온 승려들이 큰 혼란을 겪게 될 것이니라."
고 예언했다. 제자들은 그가 예언한 바를 그 절의 스님들에게 알려주었다. 그러나 승려들은 무슨 놈의 현판 글씨 하나 보고 도적떼가 들어온다고 미친소리를 하느냐며 별로 대수롭지 않게 넘겨버렸으나 선생이 예언한 대로 훗날 절에 도적떼가 들어 난리가 일어났다. 일이 이렇게 되자 서림사 주지와 스님들이 그를 찾아와 큰절로 인사를 하고는 도적이 서림사(西林寺)란 현판 때문에 침범했는지를 알고 싶어했다. 스님들의 간곡한 부탁에 따라 그는 서림사(西林寺)란 현판 글씨부터 하나하나 설명하기 시작했다.
　　"서림(西林)이란 글자는 저녁 서(西)가 7획(曲劃 포함)이고 수풀 림(林)자가 8획이므로 역괘(易卦; 주역팔괘)를 만들어 보면 산지박(山地剝)이란 대흉괘에 해당하고, 변괘는 간위산(艮爲山), 호괘는 뇌수해(雷水解)가 되므로 이를 종합해 보면, 저녁나절(西)에 산속(艮) 숲(林)에서 도적(水; 뢰수해)들이 절(艮; 절도됨)을 침범할 위험성(山地剝; 위험 할 위(危)자로 표시돼 있음)이 있는 것이오."
라고 선생이 설명하자 주위에 있던 스님들은 물론이고 제자들까지도 숨을 죽인 채 조용히 듣고만 있었다.

그러자 한 스님이 도적들이 절에 침범했던 과정을 이야기하면서 선생께서 설명한 것과 일치된다고 하며 신기한 모습으로 좀더 자세한 설명을 다시 부탁하자 그는,
　"서림사는 순양(純陽)에 해당하는 스님들께서 기거하는 곳인데 도적을 상징한 음효(陰爻)는 강하고 스님을 상징한 양효(陽爻)는 쇠약하여 마치 강한 음효(도적)가 약한 양효(스님)를 공격하는 형세이니, 그 하나의 예만으로도 본괘인 산지박괘(스님 도적 도적 도적 도적 도적;山地剝)를 들 수 있소이다."
　스님들은 그의 설명에 감탄하며 앞으로 어떻게 하면 도적의 화를 막고 절이 흥왕할 수 있는지 등의 그 비책(秘策)을 정중하게 물었다. 그러자 소강절은,
　"서림사(西林寺)란 현판 글자 중에서 수풀 림(林)자를 지금까지는 통상적인 서법(書法)에 의해서 이런 수필 림(林) 모양의 글씨체를 앞으로는 곡획(曲劃)을 첨부하여, 이런 수필 림(林)자 모양으로 바꾸시오."
　8획이던 임자(林字)에 곡획이 붙어 10획이 돼 이를 8로 나누면 8·1·8이 되고 2가 남아 해유필익 선손후익(害有必益 先損後益), 즉 해됨이 있으면 반드시 후일에는 이익이 있고 먼저 손해를 보면 나중에는 큰 이익이 있다는 산택손괘(山澤損;양 음 음 음 음 음)가 형성되어 도적이 침범하지 못하고 절이 흥왕하여 만세에 빛날 것이라고 일러주었다.
　그후 서림사는 그의 가르침을 받아 임(林)자를 곡획이 들어간 임(林)자 모양으로 바꾸어 달고나서 부터는 도적이 침범하는 예도 없고 절도 흥왕하였다.

☰ ☴ ☱ ☴

노인(老人)의 얼굴색

 소강절이 어느날 아침(卯時 ; 5~7시)에 동남쪽(巽卦 ; 손매자리)을 거닐고 있을 때 백발이 성성한 노인을 길에서 우연히 만났다.
 신체도 건장하고 백발이 미풍에 휘날리고 있는 모습은 보통 사람 눈으로는 위풍당당하게 보일테지만 그가 보기에는 당당한 기세보다는 오히려 얼굴에 근심이 가득 차 있음을 보고 소강절은 그 연유를 노인에게 묻게 되었다.
 "노인장 무슨 걱정거리라도 있는지요?"
 그러자 노인은 지나가는 대답으로,
 "아니요. 내가 무슨 걱정이라도 있어 뵈오이까?"
하고 오히려 반문을 해왔다.
 그는 겸손한 태도로 노인에 대해서 정단(正斷)을 해보기로 하였다. 노인은 본시 천(天 ; ☰)에 해당하므로 상괘(上卦)로 하고 방향이 동남이므로 풍(風 ; ☴)을 하괘(下卦)로 하여 본괘를 천풍구괘(天風姤卦 ; ☰☴)를 만들었다. 천(天)의 숫자 1과 풍(風)의 숫자 5시의 상징인 묘(卯)의 숫자 4를 합하여 6으로 나누어 6·1·4로 남은 수 4를 응용하여 괘를 지으니 손위풍괘(巽爲風卦 ; ☴☴)가 되었다. 그리고 호괘는 금기(金氣)가 강한 건위천괘(乾爲天卦 ; ☰☰)가 되어 상극(相克)관계가 되었으므로 소강절이,
 "주역(周易)에 이르기를 포무어기흉(包無魚起凶), 즉 부엌에 마땅히 있어야 할 고기(반찬)가 없으니 흉한 징조이므로 매사

에 주의하고 한 오일 정도만 두문불출하시기 바라오."
라고 간곡하게 부탁했다. 하지만 노인은 선생의 말을 무시한 채 평소 해오던 낚시질을 계속하다가 오일째가 되는 날 사시(巳時;9~11시)에 고기가 낚싯대를 끌고 가는 바람에 그것을 잡으려고 작은 돛단배를 타고 가다 갑자기 불어오는 동남풍에 배가 뒤집혀 그만 익사하고 말았다. 그런 사실을 안 그는,
"내가 목숨을 걸고 말렸더라면 죽음을 면할 수도 있었을 텐데……. 참으로 원이로구나."
하며 허탈하고 씁쓸한 표정으로 먼 산을 바라보았다.

황소를 구하다

매미소리와 풀벌레 소리가 요란하게 주위를 에워 싼 어느 여름 날, 소강절이 험준한 산고개를 넘으려다 땀을 식히기 위해 무성한 나뭇가지가 드리워진 정자나무 그늘 밑에 잠시 앉아 있었다. 그때 한 농부가 큰 황소 한 마리를 몰고가다 그 농부역시도 그가 앉아 있는 정자나무 밑으로 다가왔다. 그런데 주인을 따라 정자나무 밑에 온 소가 큰 소리로 몇 번이나 연거푸 울어댔다.

소강절은 의아하게 생각하여 그 소에 대한 미래를 알아보기 위해서 괘를 만들어 보기로 했다. 곧 소를 상징한 지괘(地卦; ☷)와 소가 매어 있는 방향을 상징한 수괘(水卦;☵정북쪽)를 합하여 지수사괘(地水師卦;☷☵)를 만들고 다시 쉬고 있는 시

간 오시(午時 ; 7시)를 지 8, 수 6 등을 합한 숫자 21을 6으로 나눈 나머지 3이란 숫자로 변괘 지풍승(地風昇)을 만들어 놓고는 주역 원문에, '사혹여시흉(師或輿尸凶), 즉 군사들이 죽은 시체를 수레에 가득 싣고 돌아올지도 몰라 대개는 흉한 조짐이라.' 하였으므로, 소 주인에게,

"스무 하룻날 밤에는 소가 도살될 징조가 있사오니 그날 만큼은 소를 집에 두지 말고 내가 일러주는 대로 하겠오? 소를 상징한 방향은 남서쪽(地 ; ☷)이고 소가 힘을 받을 수 있는 방향은 정남쪽(火 ; ☲)이므로 정남쪽으로 매어두면 화생토(火生土)란 작용이 있어 소가 죽음을 면하게 될 것이오."

농부는 그가 가르쳐주는 대로 스무 하룻날 밤 소를 외양간에 매어두지 않고 이삼십리 떨어져 있는 정남쪽 나룻터에서 하룻밤을 보내고는 아침에야 집으로 돌아왔다. 집에 돌아와보니 간 밤에 소 도둑떼가 온 동네를 급습하여 소들을 훔쳐갔다고 동네 전체가 쑥밭이 되다시피 변해 있었다.

소강절의 예언에 감탄한 농부는 그를 찾아와 자기집 전재산이라 할 수 있는 소를 지켜주셔서 감사하다고 코가 땅에 닿도록 큰절을 올리며 감사의 눈물을 흘렸다. 너무나 감사한 나머지 농부는 자신의 딸을 그의 첩실로 삼아주기를 청했으나 소강절은 극구 사양했다.

주역의 이로움은 그 뿐만이 아니었다. 동네 전체는 그가 시키는 대로 살아갔기 때문에 다른 동네보다도 훨씬 잘 사는 동네가 되었다.

장닭의 비명(悲鳴)

　제자들의 견문을 높이기 위해서 여러 제자들과 관동(關東)에 사는 왕길상(王吉相)이라는 사람의 집에서 머물던 어느날, 제자들이 놀고 있는 마당에 유별나게 큰 장닭 한 마리만이 한쪽 구석(서북쪽 ; ☴)에서 울어댔다. 그러자 제자들이 그 연유를 가르쳐 달라고 청했다.
　그래서 그는 닭을 상징하는 풍(風 ; ☴)을 상괘로 하고 닭이 우는 방향인 천(天 ; ☰)을 하괘로 하여 풍천소축괘(風天小畜卦)를 만들었다. 이에 다시 닭이 우는 시간이 아침(卯時 ; 5~7)이므로 4를 더하여 10이란 숫자를 6으로 나누니 4가 남았다. 이를 사효(四爻 ; 아래에서 네번째 자리)가 움직이는 상(象)으로 보고 제자들에게 다음과 같이 말했다.
　"주역에 이르기를, 유부혈거 척출무구(有孚血去 惕出无咎)라 하였으니 성실한 마음 가짐이 있게 되면 상처가 아물어가고 위험한 지경에서 벗어나니 허물이 없게 되느니라."
고 풀어주었다. 제자들은 이해가 잘 안 가는 듯 고개만 저어보이자 그는,
　"저 닭은 얼마 아니면 죽게 되나 다시 살아날 운명이니라."
고 말하자 제자들은 마음 속으로,
　"제기랄 무슨 놈의 닭한테도 운명이 있담?"
하고 코웃음을 지었다.
　그러나 선생의 예언은 바로 현실로 나타났다. 주인인 길상은 선생이 유명한 소강절(邵康節)임을 늦게야 알아보고는 반가이

≡≡ ≡≡ ≡≡ ≡≡

대하면서,
 "아침에는 늦어서 안되고 점심에는 삼년 키운 저 장닭을 잡아 대접해 드리겠읍니다."
라고 하자 그때야 스승의 말을 믿지 않고 의아해 했던 제자들은 서로를 쳐다보며, 놀라는 얼굴을 하고 그의 예지력에 찬탄하고 말았다.
 주인이 닭을 잡는다는 말에 그는,
 "마음씀은 고마우나 우리는 신선한 산천(山川)을 다니며 정기(精氣)를 모으고 있어 닭고기 뿐만 아니라 다른 고기도 일체 먹지 않고 있으니 양해를 바랍니다."
하고 사양하자 주인은 결국 닭을 잡지 않았다. 이에 죽음 직전에 놓여있던 닭은 생명을 구하게 된 것이었다. 그가 극구 사양을 하자 주인은 점심에 계란이라도 대접하면 어떠냐고 하자 소강절은,
 "오늘 점심에 우리가 계란을 먹는 것은 합당치 못하고 저녁밥상에 올려주시면 이치에 맞을 것이오."
라고 해서 저녁상에 놓기로 했다.
 그 연유를 묻는 제자들이나 주인에게 그는 이렇게 설명했다.
 "오늘의 일진이 묘(卯)이므로 저녁때인 유시(酉時 ; 5~7시)와는 묘유충살(卯酉冲殺 ; 즉 닭이나 계란이 시운(時運)과는 그 기(氣)가 맞부딪쳐 결국 닭이나 계란이 깨져버리는 상이므로 어차피 계란은 깨지는 게 순리니라."
라고 했다.
 이윽고 제자들과 길상은,

"말씀을 듣고보니 그렇군요!"
하며 수긍하고 계란 하나에 까지도 운명이 있음을 새삼 놀라와 했다.

서쪽에 떨어진 나뭇가지

소강절이 박정구(朴正九)란 친구와 둘이서 나무가 우거진 숲속 길을 걸어가던 중 서쪽에 있는 큰 나무에서 썩은 가지 하나가 뚝 소리를 내며 땅바닥으로 떨어졌다. 그러자 친구인 정구가 그 나뭇가지를 가리키면서 저 썩은 나뭇가지에도 의미가 존재하는가를 묻게 되었다. 이에 소강절은,
"세상만유의 일거수일투족(一擧手一投足), 하나하나엔 반드시 그에 상응한 이치가 있다네."
라며 떨어진 나뭇가지를 응용하여 작괘(作卦)해 보았다.
나뭇가지를 나타낸 화(火 ; ☲)와 서쪽에서 떨어진 택(澤 ; ☱·서쪽)을 합하여 이른바 화택규괘(火澤睽卦 ; ☲☱)를 구성하고 화(火)의 숫자, 3과 택(澤)의 숫자 2, 이밖에 나뭇가지가 떨어진 시간 진시(辰時 ; 7~9시)의 숫자 5를 합한 10을 6으로 나누어 나머지 4의 숫자로 산택손괘(山澤損卦)가 구성 조직되자 친구에게,
"화택규란 주역 원문을 보면 우원부(遇元夫)라 하였으니 원부란 사람을 만나게 될 것이네. 앞으로 이 나무가 원부란 사람을 만나는데 체용(體用 ; 역괘의 主客)이 서로 상극하고 있어 이

를 종합해 보면 원부란 사람이 십일 안으로 이 나무를 베어갈 것이네."
라고 풀이했다. 이말을 들은 친구는 의도적으로 믿지 않으려는 태도를 취하면서도,
"왜 하필이면 하고 많은 날 중에 10일인가?"
라고 의혹에 찬 태도로 물었다. 그러자 그가 말하기를,
"어느 물체이든 간에 그에 합당한 숫자가 반드시 있게 되는데 10일이라는 이유는 화택규(火澤睽) 숫자 3과 2 그리고 진시(辰時)의 숫자 5를 합하면 10이 되므로 그러하네."
라고 설명했다.
그런 뒤 이상하리 만큼 신기하게도 십일이 될 쯤에 원부란 사람이 그 나무를 베어가고 말았다.
그의 예언이 적중하자 친구 박정구 또한 모든 일을 제쳐놓고 역학(易學)에 몰두하여 후일에 그 이름을 크게 빛냈다.

시집간 누이가 쫓겨옴(雷澤歸妹)

지금으로 부터 약 3천여 년경, 나라를 다스리는 일은 뒤로 제쳐놓고 젊고 아름다운 여인들과 희희낙낙하고 방심의 방탕한 세월을 보내던 은(殷)나라 임금 주(紂)를 쳐서 주(周)나라를 건설한 문왕(文王)이 있었다. 그는 학문과 국방을 튼튼히 하여 몇 백년 동안이나 주나라를 존속케 한 튼실한 임금으로 무엇하나 부족함 없이 살아갔다.

그러나 딱 한가지 문왕에게는 옥에 티격으로 절름발이로 세상을 한탄하며 살아가고 있는 신체불구의 여동생이 있었다. 여자로서 다리를 저는 까닭에 문왕은 무척 애련히 여겨, 보다 나은 곳으로 결혼을 시켜 편히 살게끔 하기 위해 마음을 써서 혼처를 두루 알아보았다. 하지만 한결같이 기준에 넘지 않으면 부족한 쪽이어서 그 어느 쪽도 마땅치 않았다. 그도 그럴것이, 한 나라의 왕족으로서 비록 다리는 절지만 아무 데나 보낼 수는 없었기 때문이었다. 그러던 어느 날 인품이 유순하고 행동

거지가 손색이 없는 박도령(朴道令)이란 총각이 문왕의 앞에 나타났다.
　문왕은 박도령을 불러들여 여동생과 맞선을 보게 한 결과 마음이 흡족해져 내심 무척이나 기뻤다.
　그 당시엔 나라 운명이나 한 개인의 신상문제를 놓고도 최종 판단은 역괘(易卦)에 의해서 내렸기 때문에 문왕 자신도 직접 작괘를 해 보았다. 물론 누이동생의 결혼문제에 관해서였는데 뜻밖에도 결혼괘가 대흉조를 내포하고 있는 뇌택귀매(雷澤歸妹)란 괘가 나와 실망을 금치 못했다.
　이 뇌택귀매란 시집갔던 누이동생이 뜻하지 않은 일로 시집에서 쫓겨난다는 의미를 지니고 있었기 때문이다. 이미 혼담이 오고간지 꽤나 되었고, 문왕으로서는 매부(妹夫)격인 박도령이란 인물만도 마음에 썩 들은 터인데 여간 난감한 일이 아니었다.
　결국 문왕은 여러 왕족들과 동생 문제를 상의해 보았다. 그 결과 동생이 왕족이기는 하나 다리가 불구라서 거동이 쉽지 않아 보답하자는 뜻에서 첩을 별도로 딸려 보내기로 했다. 물론 첩 말고도 십여 명에 가까운 노비들까지도 딸려 보냈다. 첩을 딸려보냈던 이유 가운데 하나는 주역괘(周易卦)에 나타난 누이동생이 소박맞는 것을 액땜하기 위해서였다.
　참으로 그 결혼은 누가 생각해도 완벽한 것이었기 때문에 수많은 백성들이 부러워 하였다. 온 나라 안은 문왕의 그 같은 처세에 칭찬들이 자자했다. 그리고는,
　"문왕이 그러한 성은을 내렸는데도 못살 까닭이 있겠느냐?"

시집간 누이가 쫓겨옴(雷澤歸婦)/51

☷☳　☷☳　☷☳　☷☳

며 충분한 액막이가 이미 다 된 듯 서로들 장담했다. 결국 박도령과 혼인을 치르게 된 문왕의 여동생은 반년쯤은 아무 탈없이 그런대로 살아갔다.

그러나 반년이 넘어서면서부터는 남편의 방탕한 생활 때문에 불화가 일기 시작했다. 그리하여 끝내는 결혼한 지 일 년 반만에 시가에서 쫓겨나 남들이 그렇게 부러워하던 시집을 간 1년여만에 결혼생활의 종지부를 찍고 말았다.

문왕은 실망을 하면서도 처음 뇌택귀매(雷澤歸妹)란 주역 원문을 다시 한 번 살펴보았다. 그 중에서도 주역 원문에,

'귀매정흉 무수리(歸妹征凶 無收利), 즉 누이가 시집가면 불길(凶)하고 이로울(利) 것이 없느니라.'

라는 대목을 읽고 크게 후회를 하였다.

"처음 이 괘를 얻었을 때 결혼을 시키지 않았더라면 동생 가슴에 한을 심지 않고, 눈물을 흘리게도 안했을 텐데……."

하고 문왕 자신도 눈물을 흘렸다.

한편 쫓겨온 왕의 여동생은 팔자에 없는 억지 결혼으로 불화와 갈등에서 사느니보다는 차라리 입산수도(入山修道)하여 많은 중생을 교화하는 게 최선이라 생각해, 궁중의 부귀영화를 버리고 명산대천(名山大川)을 돌며 수양했다.

한 가지 분명한 것은 뇌택귀매가 혼인정단(婚姻正斷)에 나타나면 어떤 경우에도 그 결혼은 실패로 돌아가고 만다. 그리하여 몇 천년이 지난 오늘날까지도 결혼관계를 판단할 때 이러한 괘가 나오면 불성괘(不成卦)라 하여 혼인 자체가 이뤄지지 않거나 결혼해서도 백년해로를 못하고 만다.

주자(朱字) 선생의 고민거리

　지금부터 약 8백여 년전 송(宋)나라 시대에 유명한 주자(朱子)선생이 관료로 있을 때의 일이다.
　주자선생은 아첨과 아부, 방탕 등으로 천자(天子)의 눈과 귀를 가리고 갖가지 비행을 일삼고 있는 간신들의 무리가 백성들의 원성을 사고 있어 이들을 쫓아내고 바른 정치를 하려고 오래 전부터 마음 먹고 있었다.
　그러나 워낙 오래된 악의 무리들인지라 뿌리를 깊숙이 내리고 있어 자칫 잘못하다가는 혹 떼려다 혹 붙이는 격으로 악의 무리를 쫓아내기는 커녕 오히려 악의 힘에 의해서 누명을 쓰고 죽을 것이 뻔했다. 하지만 썩어 쓰러져가는 나라를 보고 앉아 있을 수만은 없는 일이라 죽음도 불사할 결연한 각오로 탄핵상소를 하여 악의 무리들을 척결하기로 결심했다. 그리고는 '망국지신 추제필흥(亡國之臣 追除必興), 즉 나라를 망하게 하는 간신들의 무리를 쫓아내므로 반드시 나라가 흥왕할 것이라.'

주자선생의 고민거리 /53

☷ ☰ ☷ ☰

는 기나긴 내용의 탄핵상소문을 써 놓았다.
  뒤늦게 이런 사실을 알게 된 선생의 수많은 제자들은 선생 앞에 엎드려 상소불가론(上疎不可論)을 주장하고 나섰다. 왜냐 면 간신들의 무리가 한두 명도 아니고 얽히고 설킨 수백수천 명에 이르는데 상소를 한다는 것은 화약을 지고 불 속으로 뛰어드는 자살 행위나 다름없음을 주장해 끝내 만류했다.
  며칠을 두고 그러한 상황이 계속되고 구구한 혼란과 말썽만 이어질 뿐 결론이 쉽게 내려지지 않았다. 그래서 제자들과 함께 주역팔괘(周易八卦)에 의해 최종 결론을 짓기로 타협하기에 이르렀다. 다시 말하면 탄핵상소를 올려도 무사할는지 아니면 탄핵을 포기하고 관직에서 물러 나야 할는지 등을 역괘에 의해 알아보도록 한 것이었다.
  선생은 너무도 크나큰 중대사였기에 며칠 동안 출입을 삼가하고 목욕 재개를 한 후 정중한 마음으로 작괘(作卦)를 해보았다.
  작괘하는 날짜가 술일(戌日)이고 시간이 새벽 3시에서 5시 사이였으므로 천산돈괘(天山遯卦)를 얻었다. 이 괘는 난중괘 (亂中卦)로써 대단히 흉괘(凶卦)에 해당하는 것으로 그 당시의 시대상을 잘 나타내주는 괘였다. 본래 주역 원문은 괘의 모든 뜻을 함축하여 글자 하나로 표시하기도 했는데 그 글자는 바로,
  '매사를 적극적인 것보다는 겸양하고 양보해야 한다는 물러갈 퇴자(退字)로 나타나 있었고 또한, '돈형소리정 돈미려 물용유수왕 가돈정길 비돈무불리(遯亨小利貞 遯尾厲 勿用有收往 嘉

≡≡ ≡≡ ≡≡ ≡≡

遯貞吉 肥遯無不利)라 하여 은둔생활을 하게 되면 통하는 것이 있을 것이요. 소인은 마음이 곧고 올바라야 되며 최초의 은둔생활은 위태롭고 걱정이 많겠지만 그 이상의 것을 추구하면 불길하다.
　그러나 훌륭한 은둔생활은 장차 좋은 일이 있어 외롭지않게 되리라.'는 것이었다.
　주역 원문의 극히 일부 내용이지만 전체적인 뜻은 결국 은둔생활을 해야만 되는 것으로 풀이되어 주자선생과 제자들은 괘에 나타난 대로 선생이 은둔생활을 하는 쪽으로 최종 결론을 내렸다.
　선생은 깊은 산골짜기에 은거하면서 학문할 수 있었던 바 후일에 송나라는 물론이고 온 중국대륙까지 전파되어 몇 백년 동안을 면면이 전해내려온 주자학(朱子學)을 전승시켰다. 만약 선생께서 그 당시 상소를 올렸었다면 목숨 부지하기가 힘들었을 뿐 아니라 오늘날 주자학이 성하지도 못했을 것이다. 그렇다고 그러한 악의 무리들과 자리를 같이 하면서 안일한 마음으로 나라의 녹을 마냥 먹을 수만도 없는 갈등에 처해 있을 때 주역팔괘를 따라 결정했다는 것이 얼마나 다행하고 신비스러운 일인지 모른다. 역시 주자선생은 주역괘의, '은둔생활을 하게 되면 후일에 크게 이롭다.'는 지적처럼 대학자가 되었고 후학에도 업적을 남긴 것이다.
　요즘 현대인의 습성, 즉 주역에 의한 결론을 믿기는 커녕 그 자체를 미신이라고 일축해버리는 경솔함에 비한다면 그 당시에 그럴 만한 수용능력을 지닌 주자선생의 처신은 우리 스스로

☷ ☷ ☷ ☷

를 고개숙이게 한다. 달나라를 왕래하는 요즘같은 과학시대나 주자시대의 그날이나 주역의 예언능력은 참으로 놀랄만한 것임에도, 어느 종파나 어느 고정관념에서 벗어나지 못한 채 미신이라고 혹평하는 것은 사람들이 얼마다 단편적인가를 다시 한번 생각케 한다.

와신상담(臥薪嘗膽)에 얽힌 이야기

　　지금으로부터 약 2천3,4백 여년전 중국 춘추전국시대 오(吳)나라 개염이란 왕이 초(楚)나라를 치고, 그 여세를 몰아 월(越)나라를 무차별 공격으로 쳐들어갔을 때 월나라는 크게 낭패를 보았다.
　　사면초가에 빠진 월나라 임금 구천(句踐)은 할복자살을 할까, 아니면 항복을 하여 후일의 안녕을 도모할까 여러 가지로 고심을 했지만 뚜렷한 결론이 나오지 않았다. 군사들은 추운 겨울이라 손과 발이 동상에 걸렸지만 따끈한 물 한 모금 마시지도 못한 채 죽어가고 있었다. 그리하여 구천은 여러 참모들과 비밀회의로 결론을 내리기로 하였으나 역시 구구한 억측들만 있을 뿐 이렇다 할 결론을 내리지 못하고 있었다. 구천은 생각끝에 주역팔괘로 결론을 얻기로 하고 작괘를 하기에 이르렀다.
　　그런데 이상하게도 자신이 처해 있는 어려운 현실을 지적하듯 택수곤(澤水困)이란 대흉괘를 얻게 되었다. 택수곤괘는 주역 64괘중에서도 그 흉함이 크다 하여 사대 흉괘인 감(坎)·건(蹇)·둔(屯)·곤(困)으로 그 뜻을 총집약하여 나타낸 글자가 쓸 고자(苦字)이다.

이처럼 대흉의 괘였지만 구천에게 가장 중요한 것은 후일에 재기할 수 있는가의 문제였다. 그리하여 구천은 주역 원문을 좀더 상세하게 살펴보았는데 다음과 같은 문귀가 눈에 띄었다.

'둔곤우주목 입우유곡 삼재부적 비월곤우적발 내서유설 기용제기(臀困于株木 入于幽谷 三才不覿 劓刖困于赤紱 乃徐有說 利用祭祀), 엉덩이가 나무덩굴에 곤란을 당하니 차라리 더 깊은 산골에 들어가 한 삼년 보이지 않게 은거하며, 코를 베이고 다리를 잘리는 고통과 붉은 줄(오라포숭줄)에 묶이는 부끄러움을 당할지라도 마침내 서서히 그 기쁨이 다가올 것이니 뿌리(조상)를 잊지 말고 계속해서 제사를 모셔라.'

이상의 설명처럼 옷가지를 걸치지 못하고 엉덩이가 훤히 보이며 포로가 되어 코를 잘리우고 다리를 절단당하는 무서운 형벌을 당할 망정 재기의 꿈을 버리지 않으면 반드시 다시 일어날 날이 다가올 것이라는 극한 상황의 내용이었다.

구천과 모든 참모들은 오나라 임금(개염)에게 후일을 위해서 항복하기로 했다. 나라를 빼앗긴 구천은 아들마저 빼앗기고 또한 부인까지 오왕의 애첩으로 받쳐야만 하는 수모를 겪어야 했다. 그 쟁쟁했던 백관(百官)이며 씩씩했던 군졸들까지도 오나라의 노비로 봉납한 구천의 가슴 속은 항상 복수의 칼날이 내뿜는 시퍼런 서슬로 가득하였다.

☰　☷　☰　☷

　복수의 혈전을 바라고 바라던 어느 날 구천은 오나라 임금을 죽이고 마침내 월나라를 되찾을 수 있는 대승전고를 울렸다.
　그러나 복수전은 이에서 끝나지 않았다. 오나라 임금의 아들 부차(夫差)는 간신히 목숨을 부지한 채, 날이면 날마다 예전의 영화를 되찾기 위한 설욕의 꿈을 다지고 있었다. 복수심에 불탄 부차는 밥을 빌어 먹어가며 하루도 따끈한 온돌방에서 자지 못하고 오직 갈대나 잡초 등으로 엮어 만든 거친 자리에서 잠을 자야만 했다.
　아버지의 원수를 갚기 위해서 칼을 갈던 오나라의 부차는 드디어 회계(會稽)란 곳에서 구천과 대혈전을 치른 끝에 월나라의 구천을 복수의 칼로 항복시키고 한때 잃었던 오나라를 다시 찾을 수 있었다.
　한편 설전에 대패하고 겨우 달아난 구천은 다시 어려운 상황에서 신하인 범려와 함께 쓸개를 매달아 놓고 그 쓴맛을 맛보며 원수를 갚기 위한 몸 단련을 했다.
　그후 구천은 다시 부차를 항복시키고 빼앗겼던 월나라를 다시 찾아 부흥시켰다.
　이에 부차가 원수를 갚기 위해서 섶에 누어 칼을 갈았다는 의미에서의 와신(臥薪)이란 말과, 구천이 범려와 함께 쓸개를 매달아 놓고 그 쓴맛을 보며 복수의 칼을 갈았다는 의미에서의 상담(嘗膽)이란 말이 합성되어 소위 와신상담(臥薪嘗膽)이라고 하는 고사성어가 생겨났다. 그리하여 오늘날까지도 원수를 갚으려고 괴롭고 어려움을 참고 견딘다는 비유로 널리 쓰이고 있는 말이 되었다.

여근곡(女根谷)의 비화(秘話)

　신라 37대 여왕으로 그 이름이 널리 알려진 선덕여왕(善德女王)은 남다른 예지능력이 있어 뭇사람들의 가슴을 서름서름하게 했다. 특히 주역에 의한 음양오행(陰陽五行)에 능통하였는데 갖가지 전해져 오고 있는 전설중에서 여자의 옥문(玉門)에 관한 이야기는 너무나 유명하다.

　어느 추운 겨울날 겨울잠을 자야 하는 개구리가 느닷없이 영묘사(靈廟寺) 근처에 있는 옥문지(玉門池)란 연못에 떼지어 나타나 울어댔다. 만조백관들은 물론 백성들도 불길한 조짐이라고 수군거렸다. 그러나 실상 명료한 까닭을 아는 이가 한 사람도 없어 참으로 안타까울 뿐이었다. 많은 사람들은 선덕여왕의 지혜만 의지한 채 이제나 저제나 대답만 기다렸다. 여왕은 며칠 동안 곰곰이 생각해 보더니 필탄(砜呑)이란 신하에게 씩씩하고 용감한 군사 2천여 명을 선발하여 지금 당장 서라벌을 중

☰   ☷   ☲   ☵

심으로 한 서쪽방향으로 달려가 살펴보도록 하라는 엄명을 내렸다. 그러자 군사들은 아닌밤중에 홍두깨식으로 무슨 영문인지도 모르고 마냥 궁금해 하는 눈치들이었다. 여왕은 이어서 설명하기를,
 "내가 말한 서쪽으로 몇 백리를 가다보면 여근곡(女根谷)이란 곳이 있을 것이니라. 그곳에 백제의 군사 수천 명이 잠복하고 있을 테니 한 놈도 남기지 말고 처치하도록 하라."
는 엄명이었다.
 여왕의 혹독한 어명에 머리를 조아리기는 했지만 '그저 그렇겠지, 설마 적병이 잠복이야 하고 있겠는가? 혹 도적떼나 숨어 있으면 모를까?' 하고 여왕의 말을 믿으려 하지 않았다. 그렇지만 어명으로 한번 떨어진 이상 안 가볼 수도 없어 서쪽으로 말을 달려 가 보았더니 아니나 다를까, 부산(富山)이란 근처 산기슭에 여왕이 말한대로 과연 여근곡이란 골짜기가 있었고 그곳에는 백제의 병사 수천 명이 잠복하고 있었다.
 반신반의하며 달려간 신라의 군사들은 이윽고 그 백제군 모두를 사살하여 큰 병란을 미리 막을 수 있었다. 특히 백제의 명장으로 잘 알려진 무소(無召)를 사살하는 등의 큰 성과를 거뒀으니 병화(兵火)를 말끔히 척결할 수 있었던 중요한 시기였다.
 그처럼 지혜로운 여왕의 예지능력에 감탄한 신하들은 여왕에게 그 까닭을 물었다. 다시 말하면 몇 발짝되는 가까운 거리도 아닌 먼 곳에 백제군사들이 숨어 있음을 어떻게 알 수 있었고 더우기 여근곡이란 지명까지 어떤 방법으로 알 수 있었는가를 묻는 신하들의 성화에 여왕은 다음과 같이 설명했다.

☷ ☷ ☷ ☷

 "본시 개구리는 눈알이 유별나게 불거져 나와 분노에 찬 형상이니 이는 바로 병사들의 모습을 의미하는 것이고 12월 설한풍에 울어대므로 불길한 조짐이 틀림없느니라. 더구나 그 개구리 울음소리에는 군사들이 칼싸움을 하면서 서로 칼이 맞부딪치는 소리가 느껴졌기 때문이고 옥문(玉門)이란 여근(女根)과 같은 뜻으로 여자들의 생식기(성기)를 의미하는데 물이 고인 평지에서는 옥문지, 즉 생식기 모양의 연못이지만 군사들이 숨어 있는 곳은 음침한 산기슭일테니 당연히 여자 생식기 모양을 닮은 골짜기가 될 것이니라. 하필이면 서쪽을 지적했느냐는 것은 음양오행상 남자의 옥근(玉根)은 양에 속하고 여자의 옥문(玉門)은 음에 속한 까닭이니라. 음(陰)은 본래 서쪽을 상징하고 그 서쪽의 빛깔은 흰것이니라. 그런 까닭으로 서쪽에 있는 여자 생식기 모양의 지형이 있음을 알 수 있음이니, 양에 속한 옥근(玉根)은 음인 여자의 옥문(玉門)에 들어가면 얼마 안 가 시들어 죽어지므로 그런 모양의 지형, 즉 여근곡(女根谷)에 숨어 있는 군사들은 쉽게 사살할 수 있는 법이니라."

 선덕여왕의 그 같은 충만한 지혜가 온 세상에 떠들썩하자 소문을 들은 당나라 태종은 여왕의 지혜를 시험해 보고자 홍·청·백 세 가지 빛깔을 이용한 모란꽃 그림과 꽃씨 석 되를 신라에 보내왔다. 여왕은 보내온 꽃씨와 모란꽃 그림을 한참동안 주시하더니 씨앗을 궁전 뜰에 심도록 하였다. 그리고는,

 "꽃은 피어도 반드시 향기는 없을 것이며 세 여왕이 탄생 될 것이니라"

하였다.

☰ ☷ ☵ ☳

　그후 궁전 뜰 앞에 심었던 꽃씨의 씨앗이 싹트고 잘 자라서 꽃이 피었는데 이상하게도 꽃에서 향기가 없었다. 그러자 또 한번 감탄한 신하들은 무슨 연유로 그러하며 그런 현상을 어떻게 알 수 있었는가를 조심스레 물었다. 그러자 여왕은 그 연유를 다음과 같이 설명했다.
　"모란꽃 그림에 나비가 있어야 하는데 나비가 없음은 향기가 없다는 의미이며 또다른 한편으로는 내가 남편이 없이 독신으로 살아감을 비꼬는 풍자이고 모란꽃 그림에서 세 가지 빛깔을 이용한 까닭은 서라벌(신라)에 나(선덕)를 비롯한 세 여왕이 탄생할 것임을 암시하는 것이니라."
라고 설명했다.
　훗날 신라 역대왕조에는 실로 선덕·진덕·진성등 세 여왕이 탄생하여 국가가 흥왕했다. 선덕여왕은 이밖에도 자신이 예언한 년 월 일 시에 세상을 떠났으니 참다운 지혜와 예언으로 세상을 깜짝 놀라게 하기에 족했다.

도선대사(道詵大師)의 예언

　신라말 고려초에 주역에 능통하여 많은 기담 신설(奇談神說)을 남기고 도선(道詵)이란 자신의 법명(法名)을 따 지은 「도선비기(道詵秘記)」로도 널리 알려진 도선대사(道詵大師)는 무엇보다 풍수지리(風水地理)에 밝아 어떠한 지형(지맥)을 보아도 앞으로 닥쳐올 길흉화복을 훤히 알고 있었다. 그러한 연유로 전국 방방곡곡을 돌아다니며 어느 곳에 묘를 쓰면 가정풍파가 있고, 가출하는 사람이 있게 되며, 어느 곳에 집을 지으면 집안에 환란이 끊이지 않고 주색으로 패가망신을 한다는 등, 보통 사람으로서는 예측할 수도 없고 상상할 수도 없는 예언을 하였다. 이에 온 나라의 백성들은 오로지 풍수지리에 의하여 행복과 불행이 가름된다고 생각하여 너나 할 것 없이 도선대사의 풍수지리설을 신주단지 모시듯 믿게 되었다.
　사실 도선대사 자신도 태어난 과정부터 신묘함을 지니고 있었다.

☱ ☶ ☵ ☳

　대사의 어머니는 눈보라가 흩뿌리는 추운 겨울에 일생 처음으로 긴 낮잠을 자고 있었다. 혼자 사는 과부라 배고픔을 면키 위해서 날품팔이 등으로 겨우겨우 생계를 이어가는 처지라 낮잠은 생각지도 못할 처지였다. 그날도 밖에는 하얀 눈이 소복히 내려 발목이 빠질 정도여서 문밖 출입은 생각지도 못하고 방안에서 삯바느질을 하고 있었다. 얼마쯤이나 바느질을 했을까? 졸음이 솔솔 몰려오자 대사의 어머니는 한손에 바늘을 든 채 울퉁불퉁한 벽에 기대어 스르르 눈을 감았다. 그러자 꿈속에서 백발도사가 나타나 큰소리로 이렇게 외쳐댔다.
　"아! 가엾은지고. 그대의 착한 마음에 내가 왔노라. 얼른 일어나 마을 우물가에 가 보아라. 거기에 파란 오이가 하나 있을 테니 그것을 아무도 보이지 않게 먹을지라!"
　잠에서 깨어난 대사 어머니는 현몽한 대로 마을 우물가로 가보았다. 그랬더니 꿈 속에서 도사의 말같이 과연 파란 오이 하나가 놓여 있었다. 그녀는 오이를 치마폭에 싸 가지고 와 누가 볼까 두려워 금방 먹어 치웠다.
　그런 일이 있고 며칠이 지나자 이상한 일이 일어났다. 그것은 대사의 어머니 배가 차츰차츰 불어나 영락없는 임신이었다. 참으로 희한한 일이 아닐 수 없었다. 혼자 사는 과부가 느닷없이 임신을 하다니? 남보기에도 부끄러운 일이었고 흉칙하기도 해서 고민고민하다가 그만 마을을 떠나 산기슭에 움막을 치고 살아갔다.
　그러던 어느 날 모진 통증을 참으며 아이를 낳았으나 막상 아이를 낳고 보니 먹을 것도 없고 남들이 눈치라도 채는 날에는 흉물스러워할 생각이 들어 할 수 없이 아이를 숲속에 버려 두고는 전에 살던 마을 집으로 돌아와 하룻밤을 지냈다. 하지만 숲속에 버려진 아이 생각 때문에 마음이 놓이지 않아 그 숲속으로 다시 돌아가보았다. 그런데 놀라운 일이었다. 버려진 아이를 비둘기들이 모여서 감싸고 있는 것이었다. 더구나 이미 죽었거나 죽음 직전에 있어야 할 아이의 얼굴이 그토록 평화스러울 수가 없었다.

　신기하게 느낀 대사 어머니는 이 아이가 보통아이가 아니라는 생각에서 있는 힘을 다하여 기르기로 마음을 달리 먹고는 숲속에 버려진 아이를 비둘기들이 돌봤다는 의미에서 아이 이름을 구림(鳩林 ; 숲속에 비둘기)이라 불렀다.

　그후 아이는 아무 탈없이 무럭무럭 자랐으나 열세 살 때 어머니가 갑자기 세상을 떠나 올 데 갈 데가 없게 되었다. 마침내 그는 입산수도(入山修道)하여 법명을 도선(道詵)이라 받았다.
　성장하여 방방곡곡을 돌아다니다가 하루는 송악에서 머무르고 있는데 하늘로부터 좋은 정기를 받은 길지(吉地)가 발견되었다. 멀리서 바라보이는 그 길지는 오색의 무지개가 서려있는 것처럼 보여 대사는 그곳을 직접 가 보기로 했다. 가서 보니 그 근처에다 집을 짓기 위해서 준비를 하고 있는 사람이 있었다. 왕융이란 사람이었는데 대사는 그에게 눈에 뵈는 길지를 가르키며,

　"저기에다 새로운 집을 짓게 되면 틀림없이 왕이 될 큰 인물이 나올 것이니라."

깜짝놀란 왕융은 대사에게,
 "그러나 지금은 제가 자식하나 없는데 대사의 이야기와는 전혀 거리가 먼 듯하오. 혹 제가 집을 지을 길지가 아닌 게 아닌지요."
하고 물었다.
 그러자 도선대사가 껄껄 웃으면서,
 "이곳 산수(山水)는 빼어난 곳이 많아 내가 시키는대로 집을 짓는다면 반드시 득남하게 되는데 이는 단순한 득남이 아니고 득국(得國)까지 하게 될 것이오."
하고는 어디론가 사라져버렸다.
 왕융은 대사가 시키는 대로 독특한 건축 비법에 의하여 집을 지었다. 집을 짓고 2년이 될 무렵쯤 옥동자를 얻었는데 그 옥동자가 바로 후일 고려를 건국한 태조 왕건(王建)이었다.
 왕건은 고려 태조가 된 후 도읍을 아예 송악으로 정하고 국가 부흥에 힘썼다.
 한편 대사는 고려의 도읍 송악을 보고 적어도 8백여 년 정도는 고려가 이어갈 것이라고 장담했다. 그런지 얼마 후 다시 그 자리에 서서 도읍지 송악을 바라보고 있는데 옛날에 볼 때와는 판이하게 다르게 보였다. 이상하다 싶어 자세히 살펴본 결과 동남(辰巳方)쪽에 적기(赤氣 위험 신호와 같은 뜻)가 보였으므로 이는 군사들이 고려에 쳐들어올 조짐이라며 전날 8백년 도읍지라 했던 것은 잘못된 것으로 4백년 정도면 그 기운이 쇠약하여 도읍을 옮겨야 된다고 예언했다. 고려 왕실에서는 땅이 꺼지게 걱정을 하면서 최소한 8백년 정도로 고려의 맥을 이을 수 있는 비책을 물었다. 대사는 한 인간에게도 운명이 있듯이 한 국가에도 흥왕기가 있어 인간의 힘으로는 어찌 할 수가 없는 것이라고 단호하게 거절했다. 그런데도 계속 그 비책을 물어오자. 내 흉중에 비책이 하나 있으나 후일에 그 효과에 대해서는 자신 할 수 없는 일이라고 은연중 책임을 회피했다. 그래도 최선책을 알려달라는 부탁에 대사는 우선 적기(赤氣)가 강하게 운집돼 있는 동남쪽을 향하여 돌 75개로 개(犬)의 형상을 만들어 배치토록 하였다.

의아하게 생각한 고려 대신들은 그 까닭을 알려고 대사를 찾아 끈질기게 간청해 오자 대사는 그들에게 이렇게 설명했다.

"적기가 있는 동남쪽은 조화(造化)의 상징인 용(龍;辰)이 있는 곳인데 이 용을 칠 수 있는 기운은 오직 개로써 이 개를 술(戌)자로 표시하는데 역학(易學)상 진술충살(辰戌冲殺)이 형성돼 동남쪽에 있는 강한 기운은 강한 개(犬)를 만남으로 자연 힘이 쇠약해지오."

라고 설명했다.

이처럼 오래도록 고려가 흥왕하기를 고대하던 고려도 대사의 예언대로 4백 75년만에 멸망했지만 왕조를 누리는 동안 헤아릴 수 없는 갖가지 방법을 동원하여 왕조를 누리기 위해 안간힘을 썼다.

나라가 점점 쇠퇴해지는 징후가 보이자 갖가지 소문이 파다해져갔고, 특히 문종(文宗)시대부터는 장차 이씨(李氏) 성을 가진 사람이 한양에 도읍을 정하고 고려를 멸망시킬 것이라는 등의 풍수지리설에 의한 유언비어가 혼란을 더 가중 시키는 기이

☰ ☷ ☰ ☰

　한 현상까지 일어났다. 그러자 고려 왕조에서는 불안한 나머지 백방으로 그 대책을 세워 충숙왕 때에는 한양에 남경부(南京部)를 별도로 두고 이씨(李氏) 성을 가진 사람으로 하여금 관할케 했다. 한편, 한양의 명산인 삼각산(三角山) 근처에 오얏나무를 수없이 심어 놓고 무성하게 큰 숲을 이루면 불시에 벌목해 버리는 웃지 못할 방법까지 동원했다. 그러한 까닭은 결국 이씨(李氏)는 오얏나무 이자(李字)임으로, 만에 하나라도 있을지 모르는 이씨 왕조의 싹을 미리 잘라낸다는 의미에서였다. 그후 세상사람들은 그곳을 오얏나무를 베어낸다는 의미에서 벌리(伐李)라고 부르게 되었다.

　고려왕조의 이와 같은 노력에도 불구하고 밀물처럼 닥쳐오는 후세대는 인력으로 막지 못하는 것이라 결국 건국 4백 75년만에 34대 공양왕을 끝으로 막을 내리고 말았다.

　고려가 망하고 조선이 개국되자 벌리를 번리(樊里)라고 개칭하게 되었는데 그 이유는 한때 고려가 이씨를 쇠퇴시키려고 벌리라 했지만, 이젠 이씨 왕조가 고려를 꼼짝 못하도록 새장에 가두어 놓은 것을 비유하여 새장 번자(樊字)를 인용하여 번리라 했는데 그 오랜 역사의 수난 속에서도 그 명맥을 유지하고 있는데 그것이 바로 서울 도봉구에 현존하는 번동(樊洞)이다.

걸승과 금관(金棺)의 이야기

걸승의 해몽

 이성계가 조선을 개국하기까지는 여러 가지 비화가 있는데 그 가운데에서도 할아버지때부터 일기 시작한 명당금관설(明堂金棺說)은 이성계가 태어나기 전에 이미 천도(天道)에 의해 정해져 있음을 실증하고 있다.

 이성계의 할아버지 이춘(李春)은 그렇게 극빈한 가세는 아니었지만 그렇다고 넉넉한 집안도 아니었다. 어느 봄날, 아지랭이 가물거리고 따가운 햇볕이 웬지 몸의 마디마디를 풀어내기라도 한 것처럼 나른하게 늘어져 마루에 걸터 앉은 채로 꾸벅꾸벅 졸고 있었다. 한참을 졸고 있는데 귓전에 청천벽력같은 뇌성이 들려오고 많은 군졸들과 말발굽소리가 밀려오는 것이었다. 깜짝놀라 눈을 떠보니 삿갓을 푹 내려쓴 걸승(乞僧)이 그

☰ ☷ ☵ ☶

의 앞에서 목탁을 치며 시주를 부탁했다. 이춘은 걸승에게 시주를 넉넉히 주고 자신이 방금 꿈 속에서 보았던 일을 소상하게 말했다. 그러자 걸승은,

"인간에게는 인연이란 것이 있는 것, 내가 친 목탁소리가 우뢰소리로 들렸다는 것은 당신과 내가 인연이 있어 그러하오. 말발굽소리가 들리는 것은 이 집안에 큰 장수가 나올 징조이외다."

는 해몽을 해 주었다. 그러자 이춘은,

"고려는 지금 풍수지리설에 따라 집을 짓거나 묘를 쓰는데, 대사께서 명당자리 하나만 점지해주시면 더 이상 바랄것이 없겠오이다."

라고 간청했다.

걸승은 이춘의 청을 받아들여 몇 달 동안 산을 돌아다닌 끝에 청룡·백호·현무·주작등 산수가 수려한 진명당(眞明堂)자리를 가르쳐주었다. 그러나 그 명당은 자칫하다가는 그림 속의 떡이나 매한가지였다. 왜냐하면 그 명당자리는 장사를 지낼때 반드사 시신을 황금으로 된 관(棺)을 사용해서 모셔야 한다는 걸승의 이야기가 있었기 때문이다. 그러나 걸승의 말대로 황금관을 이용해서 장사를 지낼 경우 향후 3대째 가서는 창업주(創業主), 즉 일국(一國)을 건설할 임금이 나올 수 있다는 기상천외한 말을 들은 이춘은 걱정은 제쳐둔 채 마음이 금새 들떠 흥분되었다. 더우기 고려에서는 앞으로 이씨 성을 가진 사람이 고려를 멸망시키고 새로운 나라를 건설할 것이란 소문이 공공연하게 퍼져가고 있던 터라 이춘의 마음은 더욱 부풀었다.

하지만 자신의 집안형편으로는 황금관 하나를 만들 만한 재력이 없었고 설령 재력이 있다하여도 고래등같은 기와집 수백 채와 문전옥답 수천 마지기를 살 수 있는 무지수(천문학적숫자)인 황금관을 만들기도 어려운 실정이었다. 그러나 그렇게만 하면 틀림없이 일국의 군왕이 배출된다는 걸승의 말에 그냥 단념하기에는 너무도 아쉽고 안타까운 일이었다.

백방으로 생각해 보았지만 아무런 방법을 찾지 못한 채 한해를 보내고 말았다. 봄이 지나 초여름이 될 무렵에 지난 봄에 왔던 걸승이 다시 나타나자 이춘은 걸승의 두 다리를 붙잡고 애원하다시피했다.

"대사님, 사람하나 살려주는 셈치고 그 명당자리에 선조의 묘를 쓸 수 있는 비책을 가르쳐 주시옵소서."
라며 통사정을 했다.

이춘의 이같은 애원은 애처로울 정도의 사정이었다. 걸승은 붙들고 늘어진 이춘의 손목을 잡고 진정시키고는 마루에 앉아서 이렇게 말했다.

"비책이 있기는 하나 어느 누구도 그 비책을 눈치채서는 아니되며 장사를 하되 꼭 밤에 치르도록 하오."
라고 하면서 황금 대신에 황금처럼 보이는 보릿대를 이용하라고 했다. 이춘은 걸승이 보릿대라고 하자 처음에는 의아하게 생각했다가 이윽고 진짜로 낟알을 떨어낸 보릿대임을 알고는 얼굴 가득 웃음을 띠었다.

걸승은,
"보릿대는 황금과 같이 그 빛깔이 누렇고 윤기마저 있어 밤

☰ ☷ ☳ ☷

에 보면 황금처럼 반짝거려 그것으로 관을 에워싸서 장사를 지내게 되면 아마 천지신명(天地神明)께서도 감응할 것이니, 다음 날 무술일(戊戌日) 축시(丑時)에 은밀히 장사를 지내도록 하시오"
라는 비답을 내렸다. 걸승의 이와 같은 비답에 이춘은 너무 고마웠다. 그러나 의구심은 사라지지 않았다.
 "왜? 하필이면 다음날 무술일에 장사를 치러야만 되오?"
하며 연유를 물었다.
 걸승은 한 사발 가득 담긴 찬물을 꿀꺽꿀꺽 마시고는 이춘에게 이렇게 말했다.
 "우리 인간에게도 가끔 쉬는 날이 있는 것처럼 하늘(天界)에도 신관(神官)들이 쉬는 날이 있소이다. 그날이 바로 다음 날 무술일(戊戌日)로 소위 천지개공일(天地皆空日)이므로 하늘과 땅을 관장하는 신관들이 쉬는 날입니다. 그리하여 설령 인간들이 잘못을 범했다 하더라도 벌을 주지 않고, 벌준다 해도 감소될 수 있는 무술(戊戌)과 축시라는 일진은 음양오행상 흙(土)이라서 그 빛깔이 누런 황색으로 설령 황금관을 쓰지 않았다 할지라도 인간의 능력으로는 최선을 다했으므로 황금이나 진배없이 천기(天氣)나 지기(地氣), 모두가 감응할 것이외다."
라고 소상히 가르쳐 줄 뿐만 아니라,
 "시주님과 내가 인연이 있다는 것은 이미 하늘의 뜻이며 누구도 거역할 수 없는 천연이외다. 일국을 개국한 창업주께서도 후세에 나와 같은 걸승을 만나게 될 것이나 세월이 흐름에 따라 그 인연이 점차 쇠약해져 우여곡절도 있을 것이외다."

☷ ☷ ☷ ☷

라는 예언까지 했다. 그리고는 눈깜짝할 사이에 모습을 감춘 걸승을 그 이후로는 보았다는 사람이 아무도 없었다.
　이춘은 걸승이 시키는 대로 하나에서 열까지 모두를 정성스레 받들어 아무도 모르게 장사를 지냈다. 그런데 과연 그 묘를 쓰고부터는 가세가 흥왕해지고, 이춘의 아들인 이자춘(李子春)을 걸쳐 이성계(李成桂) 때에 이르러 전성시대를 맞이하게 되었다. 이성계는 고려의 명장으로써 위화도(威化島) 회군을 계기로 조선(朝鮮)을 개국(開國)하기에 이르렀다.
　참으로 신기한 것은 그 걸승의 예언대로 장사를 지낸 때로부터 꼭 3대째에 해당하는 이성계가 임금이 되었다는 점이다. 임금이 되기까지는 무학대사(無學大師)와 같은 고승과의 만남, 전장에 나갔던 군사들을 회유하여 청천벽력과 같은 말발굽소리로 무능한 고려왕실을 무너뜨렸던 것 등은 하나같이 다 신기하게도 그 걸승의 예언대로였다.

이성계와 무학 그리고 걸승

　고려말 이성계가 일취월장(日就月將) 승승가도를 달리며 그 기세가 하루가 멀다하게 강해져가는 것을 보고 세상의 이목(耳目)이 이성계에게로 쏠리고 있었다. 처음에는 이씨(李氏) 성을 가진 사람이 새로운 나라를 건설할 것이란 소문을 믿지 않으려 했다가 차츰 날이 갈수록 이씨란 곧 자신을 두고 일컬음을 알고 난 후부터 점차 남모르는 기대감에 부풀게 되었다.

☰ ☷ ☲ ☵

　때로는 꿈에서도 일국을 건설하여 용상에 앉아 있는 자신의 의젓함을 보기도 했고, 양이 싸우다 두 개의 뿔이 부러져버린 일이나, 서까래 3개를 짊어지고 나오는 꿈을 꾸기도 했다. 뿐만 아니라 이성계에게 왕이 될지도 모른다는 결정적인 감동을 준 것은 항간에,
　"목자승저하 복정삼한경(木子乘猪下 復政三韓境)이라 하여 이씨(李氏) 성을 갖고 있는 돼지띠(乘猪下)인 사람이 삼한(三韓)을 다시 회복시켜 정사를 펴나가리라."
는 소문이 나돌면서였다.
　이성계는 마침 자신의 띠가 돼지(己亥)띠였으므로 언제쯤인가 제왕이 되어보겠다는 대야망을 마음 속에 품고 있었다. 그러던 어느 날, 꿈 속에서 불이 훨훨 타고 있는 집에서 서까래 3개를 짊어지고 나오는데 바로 눈앞에서 숫양이 싸움을 하다가 두 개의 뿔이 일시에 부러져 나가는 것을 보았다. 신기하게 여긴 이성계는 세상 일을 거울처럼 훤히 내다본다는 무학대사(無學大師)를 찾아가 해몽을 부탁했다.
　이성계의 이야기를 신중히 듣고 있던 무학대사는 느닷없이 자리에서 일어나 관세음보살 관세음보살 하면서 합장을 하여 이성계에게 황제의 예의를 올렸다.
　그러자 이성계는,
　"대사님, 왜이러십니까? 저에게 대례(大禮)를 올리시다니요?"
　이성계의 말이 다 끝나기도 전에
　"상감마마가 될 것이외다.

⚏ ⚏ ⚏ ⚏

하고 신중한 어조로 해몽의 비답(秘答)을 내렸다. 그리고 그 연유를 하나하나 설명하기 시작했다.

"집이 불에 타는 형상은 앞으로 병화(兵火)를 뜻하고 서까래 3개를 짊어지고 나온 것은 석 삼자(三字)에 사람이 반듯한 자세로 서 있으니 이것을 합쳐보면 임금 왕자(王字)나 임금 주자(主字)가 되니 필시 임금이 아니고 무엇이겠읍니까. 그리고 두 개의 뿔이 빠진 양(羊)을 친히 보았다는 것도 임금이 된다는 암시인데 아마 두 개의 뿔이 빠진 것 이외에 그 양은 반드시 꼬리까지 빠졌을 것이외다."

이성계는 무학대사의 말을 듣고 꿈 속에서 있었던 일을 골똘히 생각하고는 무릎을 탁 치며,

"맞습니다, 대사님! 정말 대사님은 하늘과 사람, 그리고 신(神)을 삼합(三合)하여 내려 보내신 하늘의 아들(天子)이자 신승(神僧)이시고 인간으로서도 가장 현명하신 귀인(貴人)이십니다."

무학대사를 극찬한 이성계는 무학대사가 말한 대로 꿈 속에서 서까래를 짊어지고 정신없이 나오다가 양의 꼬리를 밟았는데 이상하게도 꼬리가 쑥 빠져버렸던 기억이 되살아났다. 무학대사는 그 연유를 이렇게 설명했다.

"옛날 중국 한나라 시대에도 귀공(貴公 ; 이성계)의 현몽에서와 같이 유방(劉邦)이 젊었을 때 어느 정자에서 낮잠을 자고 있는데 양거각미(羊去角尾)라 하여 양의 두 개의 뿔과 꼬리가 빠져 있는 것을 보았는데 그 꿈의 해몽을 당대 유명한 역술가(易術家)에게 부탁한 결과 '양 양자(羊字)가 거두절미(去頭折尾)가 되

☰ ☷ ☵ ☶

었으니 이는 필연적으로 임금 왕자(王字)로 장차 임금이 될 징조이라'고 비답(秘答)을 내렸던 바 후일에 한왕(漢王)이 되었소이다."
라고 무학대사는 이성계에게 일일이 설명했다.
 "그러므로 공이 봤다는 양(羊)도 임금왕자(王字)가 되니 장차 임금이 될 것이오. 딱히 내 말이 믿어지지 않으면 귀공과 내가 밀약(密約) 하심을 어찌 생각하시오."
하고 단호하게 자신의 의중을 밝혔다.
 무학대사와 이성계는 그 자리에서 이성계가 임금이 되지 못할 경우, 무학대사는 이성계로부터 무식쟁이 돌중, 그리고 대사의 돼지 같은 얼굴 생김을 들어 미륵돼지 등 혹평을 하며 놀려주어도 달게 받을 것과 반대로 임금이 될 경우엔 아주 큰 절을 지어주고 왕사(王師)로까지 모시겠다는 둘만의 밀약을 하였다.
 이성계는 자리에서 일어나 밖에서 기다리고 있던 군사들과 병영(兵營)으로 돌아왔다. 이성계는 속마음으로 무학대사의 말처럼 임금이 되었을 경우를 상상해보고 부푼 야망을 억제하지 못하고 고개를 갸우뚱거리며 얼굴에 웃음을 가득 지었다. 그러자 이성계의 부장(副將)은 이성계의 마음을 읽고 있었는지,
 "장군님, 안변(安邊)이란 곳에 글자를 짚어내면 그 짚어낸 글씨를 여러각도로 분리시켜 인간들의 앞날을 훤히 내다보는 일종의 파자정단(破字正斷)으로 이름이 나 있는 걸승(乞僧)이 있다는데 거기 한 번 가보심이 어떠신지요?"
 부장의 이러한 말에 이성계는 마음 속으로 귀가 번쩍 띄였지

걸승과 금관(金棺)의 이야기 / 77

⚏ ⚏ ⚏ ⚏

만, 헛기침을 두서너 번 하고는,
"뭐 그게 그렇게 대단하다고?"
하며 슬며시 사양했다.
 그러나 부장은 이성계의 마음 속을 꿰뚫어 보고 있는 터라 이성계에게,
"장군님, 그러면 소장이 대신 안변을 다녀올까요?"
하고 슬쩍 말하자, 이성계는 큰소리로,
"일국의 녹을 받는 장수가 사사로운 일에 심신을 쓰다니?
……"
하고 부장을 힐책하면서도,
"그럼, 차라리 변방의 방위 태세도 볼겸 같이 가십시다."
하면서 은근슬쩍 으름장을 놓았다.
 이렇게 하여 안변에 온 이성계는 수소문끝에 유명하다는 걸승의 거처를 찾아갔다.
 산기슭에 토굴을 파고 들어 앉아 있는 걸승은 중이라기 보다 오히려 천하에 빌어먹는 거지중에서도 상거지라고 하는 게 훨씬 적격인 듯이 보였다. 이성계 자신은 물론이고 같이 간 군졸까지도 허수름한 백성으로 변복을 하고 서 있었기 때문에 누구도 이성계란 인물을 알아 볼 수 없었다. 걸승이 있는 토굴 앞에는 순서를 기다리는 사람들이 웅성웅성 모여 서 있었고 파자 정단을 보고 나온 사람들은 혀를 차며,
"어쩌면 그렇게 귀신같이 꼭 맞추는지 모르겠다?"
라며 감탄하는 모습들이었다.
 이성계도 다른 사람과 같이 줄을 서 있다가 차례가 되자 굴

☰ ☷ ☱ ☲

안으로 들어갔다. 굴 안에는 삼사십대로 보이는 남자와 여자 하나가 수심이 가득 찬 얼굴로 앉아 있는 모습이 보였다.
 이성계는 그가 어떻게 정단을 하고 있는가를 유심히 보았다. 걸승은 먼저 와 있는 남자에게,
 "당신이 큼직큼직하게 써 놓은 여러 가지의 글자중에서 하나만 골라 짚으시오."
하고 말하자 그 남자는 자신의 운명을 물은 다음 물을 문자(問字)를 짚었다. 걸승은 그 남자가 짚었던 문자(問字)를 눈이 빠져라고 들여다보고 있더니 갑자기 큰 소리로,
 "허, 당신은 내 친구여 내 친구로구먼!"
 걸승의 이와 같은 큰 소리에 어이가 없다는 듯이 그 남자는,
 "그게 무슨 말씀이셔유?"
하고 반문하자 걸승은 재차 큰소리를 치며,
 "당신 거지아니야? 거지, 거지도 몰라? 당신이나 나나 깨진 바가지에 밥 얻어먹는 것은 똑같잖아. 그러니까 당신과 나는 친구지 허허……."
라고 미친 듯이 큰 소리를 치고 일갈 성토를 하자 걸승의 말에 감탄한 사내는,
 "대사님, 맞습니다, 맞아요. 저는 거지여요. 한때는 그런대로 살았는데 오랑캐들이 쳐들어 왔을 때 처자를 잃고 한을 가슴에 안은 채 하늘을 지붕 삼아 문전걸식을 하며 살아왔읍니다."
며 닭똥 같은 눈물을 흘리며 그 남자는 그만 토굴 밖으로 나가 버렸다.

━ ━　━ ━　　━ ━　━ ━
━ ━　━ ━　　━ ━　━ ━

　그러자 지금껏 기다리고 있던 여인이 걸승 곁으로 다가가 세상살이가 하도 비관적이나 앞으로는 즐거운 일이 있을까 하는 뜻에서 즐거울 락자(樂字)를 짚었다. 걸승은 글자를 짚고 있던 여인의 손가락이 채 떨어지기도 전에 통명한 소리로,
　"체에엣, 과부구만, 당신 남편이 목매달아 죽었지?"
　걸승이 추상같은 목소리로 말을 하는 동안 여인의 눈에는 어느덧 눈물이 맺혔다. 그러면서 뭣인가 원망하는 목소리로,
　"그래요, 도사님. 남편은 약초를 캐러가서 목매달아 자살을 했어요. 그런데 어떻게 그런것까지 아시나요? 정말 신기하네요?"
　여인의 이 같은 말에 걸승은 가파른 절벽에서 쏟아지는 폭포수와 같이 하나도 주저하는 기색없이,
　"허, 즐거울 락자는 흰 백(白) 변을 상층 중심부, 즉 사람으로 비유한다면 목부위에 해당하는데 그 목부위 양쪽에 흰실타래가 있어 이는 마치 목을 맨 끈과 같고 맨 아래의 나무 목(木) 변은 사람이 죽으면 죽은 이의 칠성판(七星板)과 같으니 이 모두를 종합해보면 흰 노끈(白絲)으로 목을 매 칠성판(木)에 누워있는 게 아닌가? 헛허허……."
하는 것이었다.
　여인이 토굴을 나가자 이어서 이성계가 허름하고 초라하게 보이려고 짚고 왔던 나무 막대기를 토굴벽 쪽에 기대놓고 걸승의 면전에 정숙한 모습으로 앉았다. 그런데 이상하게도 세워논 막대기가 옆으로 뎅그랑하고 토굴 바닥으로 쓰러졌다. 그러자 걸승은 뭔가 심상치 않다는 태도로 그 막대기를 한참이나 응시

하더니,

"에헴, 허, 배부르도다."

아무 영문도 모르는 이성계는,

"도사님, 저의 운좀 봐주세요?"

하고 사정조로 말하자 걸승은 눈썹을 위아래로 몇 번 올렸다 내렸다 하더니 이성계에게 글씨를 짚어보라고 하고는 곁에 있는 바가지에 찬밥 한 덩어리를 볼이 터지도록 입 속으로 밀어 넣고 허리에 차고 있던 호리병 모양의 물통을 입에 갖다대고 절반은 흘리면서 절반이나 겨우 마시는데 지저분하기 그지 없었다. 이성계는 아까 걸인이 짚었던 물을문자(問字)를 짚었다. 걸승은 큰 소리로 파안대소(破顔大笑)를 하면서,

"지존이요, 지존(至尊)!"

하고 외쳐됐다.

이성계는,

"지존이라니요, 사부님!' 그게 무슨 말씀이십니까?"

그러자 걸승은 방금까지만도 미친 듯이 파안대소하던 모습을 바꾸어 조용한 어조로,

"귀공께서 짚은 물을 문자(問字)는 좌군우군(左君右君) 상(象)이므로 이는 장차 임금이 될 징조이고 일장토상지락(一杖土上之落) 또한 필유지존지인(必有之尊之人)이니 장차 임금이 될 것은 의심할 바가 없소이다."

라며 단호한 어조로 장담했다.

이성계는 걸승에게,

"같은 물을 문자(問字)인데 아까 그 남자에게는 문앞에 입이

있으니(門前口置) 문전걸인(門前乞人)이라고 하시고 이제와서는 좌군우군(左君右君)하며 손바닥 뒤짚듯이 평하시는지요?"
  조금은 불만스럽다는 어조로 이성계가 따지고들자 걸승은 시간이 흐를수록 침착해지며,
  "해와 달이 춘하추동을 이루고 세상만유(世上萬有)는 돌고 돌아 시시각각으로 천차만별(千差萬別)하여 같은 글자를 가지고도 짚는 사람이 앉아있는 방향이나 시각에 따라 해석이 달라질 수 있소이다."
라고 논리정연하게 지적하면서,
  "아까 그 사람은 내가 얻어다 놓은 밥 옆에 가까이 앉아 있으면서 물을 문자를 짚었으니, 이는 마땅히 문전구치(門前口置), 즉 걸인이라 할 수 있고 귀공께서는 임금 왕자 곁에서 똑같은 물을 문자를 짚었으니 좌군우군, 즉 임금이 아니고 무엇이겠소?"
  이성계는 걸승의 이야기에 이해가 가는지 고개를 연거푸 끄덕대며, 다그치듯 걸승에게 물었다.
  "대사님, 방금 말씀에 임금 왕자 곁에 앉아 있다고 하셨는데, 이 토굴 속에 임금 왕자가 어디에 있는지요?"
  이성계의 말이 끝나기도 전에,
  "헛허허……."
하고 웃어대던 걸승은,
  "바로 거기에 있지않소. 허허, 일장토상지락(一杖土上之落), 즉 한 개의 막대기가 흙(土)위에 떨어졌으니 이게 바로 임금 왕자 아니고 뭣이겠소?"

☰ ☷ ☱ ☴

　그제야 이성계는 속이 후련한지 걸승에게 자신이 항간에서 말한 이성계라고 밝혔다. 그러자 걸승은 처음에는 몰랐지만 나중에 나타난 자괘(字卦)를 보고 알았노라고 솔직하게 털어놓았다. 그러면서 마지막으로 당부했다. 물을 문자를 자세히 보면,
　"한 임금(君)은 분명하나 또 다른 임금(君)은 분명치 않아 입 구자(口字) 하나를 갖고 서로 끌어가려고 난투(口)극을 벌이다 입마저 찢어진 형상이라 불길하며 흙(土)위에 막대기(一) 하나를 더하니 이는 완벽한 임금왕(王)자가 되므로 결국 임금을 뜻한 글자는 셋이 돼, 앞으로 귀공께서 임금이 되는 것은 틀림없지만 이삼대까지는 왕위찬탈이 있게 될 것이옵니다."
라고 했다. 그리고는 자리에서 일어나 이성계를 향해 정중하게 예의를 올렸다.
　토굴에서 나온 이성계는 자신이 임금이 되는 것은 하늘의 소명이라 확신하고 그 위치를 확보하며 흉중에는 그 기회만을 노리고 있던 차 마침내 위화도회군(威化島回軍)을 계기로 고려조를 멸망시키고 조선왕조를 창건하게 되었다.
　이성계는 임금이 되자마자 전의 밀약대로 무학대사를 왕사(王師)로 봉했고 석왕사(釋王寺)란 절을 지어주었다. 혁명으로 왕권을 찬탈한 일이며, 이성계가 물러나자 왕위 찬탈을 목적으로 1, 2차에 걸쳐 왕자난(王子亂)이 일었던일은 걸승이 예언한대로였는데 4대 째인 세종대왕에 이르러 바야흐로 태평성국시대가 열리게 되었다.

이곳은 정씨의 도읍지니라

　조선을 개국하여 태조(太祖)가 된 이성계는 준엄하고 위세당

당한 명실상부한 왕실을 구축하고자 모든 문무제도를 개폐하고 그중에서도 도읍(都邑)을 옮기는 대역사에 착수했다. 태조의 생각으로는 고려도 한때 오백년의 지기(地氣)가 다 쇠퇴했다 하여 한양에 남경(南京)을 두어 쇠퇴해가는 땅의 기운을 보강한 사실이 있었고 때마침 명나라에서도 북경의 지기가 쇠퇴했다 하여 남경으로 옮기는 대업을 진행하고 있었다.

그러던 어느 날 밤 백발도사가 현몽하기를,

"이곳(개성)은 지덕(地德)이 없어 마땅치 않으니 다른 길지(吉地)를 찾아보라"

고 하며 송도(개성)에 흐르는 강물을 모두 마셔버리자 꿈 속에서도 너무 걱정이 큰 나머지,

"당신이 강물을 다 마셔버리면 우리 백성들은 어떤 물을 마시란 말이요.?"

하고 소리쳤다.

그러자 그 도사는,

"송도의 강물이 당신 것이요? 당신 백성들은 다른 강물을 마시면 될 게 아니요?"

하고 오히려 큰소리를 치며 강 바닥이 들어나도록 강물을 모두 마셔버렸다. 꿈에서 깬 태조는 뭣인가 꺼림직한 생각에 도읍을 옮기는 계획을 강력히 추진하고 나섰다. 따라서 고려 문종때 남경(南京)이라 일컫던 한양을 이괄(李括)을 실무책임자로 삼아 궁궐을 보수하는 등 새로운 도읍으로 그 면모를 갖춰가고 있을 때였다. 의외로 계룡산(鷄龍山)으로 천도를 해야 한다는 주장이 있어 태조는 몇 번이나 계룡산의 산세를 답사한 후 그

☰ ☷ ☰ ☰

　곳을 도읍지로 정하고 기초공사에 착수했다.
　그러던 어느 날, 피곤하여 잠깐 낮잠을 자고 있는데, 꿈에 산신(山神)이 나타나,
　"여기는 그대의 도읍지가 아니라 정씨의 도읍지이니라."
하고 사라져버렸다.
　이상하게 생각한 태조는 풍수지리설에 능통한 하륜에게 명하여 계룡산이 도읍지로 타당한지를 신중히 살펴보도록 하였다.
　그러자 하륜 역시도 계룡산은 도읍지로 마땅한 곳이 못 되며 무악(母岳;지금의 신촌)이란 곳이 합당하다고 주장했다.
　그러나 많은 대소 신하들이 무악은 도읍지로써 적지가 아니라고 주장하는 바람에 다른 곳을 물색한 결과 창경궁(昌慶宮)이 개성 다음으로 길지(吉地)란 결론을 얻어 그곳을 도읍지로 확정하여 대역사를 시작했다.
　창경궁에 건물을 세우고·좌향(坐向;집의 앉는 자리와 바라보는 곳)이 설정되자 갑론 을박의 구구한 찬반론이 끊이지 않았다.
　무학대사는,
　"천자(天子)나 군왕(君王)들이 거처하는 궁궐 등은 남명정치(南明政治)라 하여 반드시 북좌(北坐)에 남향(南向)이 되어야 하오."
하고 주장하고 나섰고 정도전(鄭道傳)은,
　"서좌(西坐) 동향(東向)을 택해야 하오. 만약 내 말대로 궁궐을 짓지 아니하면 한 2백년 뒤에는 크게 후회하게 될 것이며

≡≡ ≡≡ ≡≡ ≡≡

내 생각을 하게 될 것이오. 중(무학대사를 지칭)의 말을 듣게 되면 후일에 반드시 대흉사(大凶事)가 있게 될 것이오."
라며 팽팽하게 맞섰다.

아무튼 다툼이 있어서였는지, 아니면 풍수지리설(風水地理說)에 의해서였는지는 정확하지 않지만 지금의 창경궁의 건물 모양으로 볼 때 무학대사의 의견과 정도전의 의견을 고루 분배라도 한듯 주 건물은 남향 위주이고 대문은 동향 위주로 하여 독특한 건축형태를 이루고 있다.

이밖에도 한양 전체를 비둘기 형상으로 봐서 사대문(四大門)을 지었다거나 오행상 불산(火山)이라 하여 관악산(冠岳山) 정상봉에 한우물(天井池)이란 연못을 두었다든가 해태상을 만들어 강한 화기(火氣)를 억제하려했던 것이라든가, 사대문 중에서도 목화(木火)에 해당하는 문의 현판을 가로로 썼다든가 하는 것 등은 모두가 음양오행(陰陽五行)의 윤회법칙에 의해 구성 제작된 것이다.

귀재(鬼才) 이도사(李道士)

　조선조 중엽에 풍수설과 팔괘에 능통한 이도사(李道士)가 있었다. 이도사는 본래 천민이었지만 어머니가 노비로 있는 집 주인을 통하여 태어났기 때문에 사실상 서자출신이다.
　나이가 들어 노비로서의 역할을 제대로 못하게 된 그의 어머니는 어린 이도사를 데리고 나와 따로 살아가고 있었다. 아침 저녁끼니를 걱정할 만큼 살림이 몹시 궁핍하여 겨우겨우 연명하는 처지였지만 이도사를 한 삼 년 공부시켜 제 밥벌이나 하라고 어느 풍수(지관)를 따라 다니게 했다. 머리가 총명한 이도사는 풍수의 뒷심부름을 하면서도 열심히 팔괘공부를 하여 풍수에 대한 지식도 웬만큼 익혔다. 몇년간 뒷심부름을 하면서 세상동정도 알게 되고 상대의 마음을 꿰뚫어 보는 안목과 눈치도 비상해졌다.
　팔도 방방곡곡을 다니며 객지에서 살다보니 어느 결에 열일곱 살이 되어 집으로 돌아왔다. 돌아와 보니 어머니께서는 세

☷ ☷ ☷ ☷

상을 떠난지 이미 오래고 집은 이곳저곳이 무너져 바람만 불어도 금방 쓰러질 듯싶은 흉가로 변해 있었다. 전혀 의지할 데가 없어진 이도사는 따뜻한 봄날, 잠자는 일이 고작이었고 언제부가는,

"나도 출세를 해야지. 판서쯤은 돼야지. 아니 그보다 더 높은 사람이 돼야지."

하는 야망에 부풀어 있었다. 그러나 양반과 상놈이 엄연히 구별되는 세상이고 적자와 서자가 철저히 구분되어지던 당시 사회상으로서는 꿈도 꿀 수 없는 허황된 생각이었다. 이도사는,

'지성이면 감천이라 했는데 왜 안되겠나.'

라는 생각에 우선 그동안 봐두었던 명당자리 중에서도 판서가 나올 수 있는 자리에 어머니 묘를 이장했다. 산세를 보니 좌청룡(左靑龍) 우백호(右白虎)가 뚜렷하고 득수득파(得水得破)·안산(案山) 등이 조공하는 형국으로 이조판서 한자리는 해볼만한 명당자리였다.

어머니의 시신을 밀장한 이도사는 별다른 할 일도 없던 터라 우물가를 구경 삼아 나가보았다.

우물가에는 아낙들이 옹기종기 둘러앉아 각자 집안 얘기며 남편들 얘기로 수군수군 웅성거리는 소리가 이도사가 있는 장소까지 들려왔다. 이도사는 얼른 몸을 숨기고 아낙들의 소리를 엿들었다.

"우리 애 아버지는 요즘 기운이 없어 당체 나한테 올 생각을 안해서 짜증이 난다네."

는 개성댁의 말이 끝나기가 무섭게,

☰ ☷ ☵ ☶

　"우리 그이는 너무 기운이 좋아 하룻밤에도 저녁거리 새벽거리까지 한다네."
는 평양댁의 구수한 말에 한창 호기심이 강한 어린 나이의 이도사는 은근히 가슴이 설레고 마른침이 삼켜졌다.
　한참 수다를 떨던 동네 아낙들이 모두 돌아가 버린 우물가는 무척 조용하고 한산해졌다. 이도사가 심심해져 집에 돌아가려고 막 일어서는 순간 어릴 때 친구였던 옥녀(玉女)가 물동이를 이고 물을 길러 오는 것이었다. 어릴때는 시커멓던 얼굴이 이제는 백옥같이 하얀 얼굴에 은은하게 피어오른 여드름은 이도사의 마음을 무척이나 울렁거리게 했다. 이도사는 그 자리에서 결심을 했다.
　'저 옥녀를 내 각시로 만들어야지.'
　그리고는 옥녀에게로 다가가 목이 마르니 물을 좀 먹자고 이야기를 건네자 옥녀는 수줍어 하면서도 나이가 짐짓 든 처녀인지라 침착한 자세로 물을 떠주었다. 이런 이야기 저런 이야기 하는 동안 상당한 시간이 흘렀을 쯤에 이도사가 대범하게 옥녀를 향해서,
　"야~아, 옥녀야, 너 내각시 안할래?"
하고 단도직입적으로 청혼을 했다.
　그러자, 옥녀는 콧방귀를 뀌면서,
　"나하고 살려면 이조판서만 되라지."
하고 농담조로 답을 했다. 이도사는 때를 놓칠새라,
　"좋다, 그러면 옥녀 너도 나하고 약속해라."
　"뭘?"

☷ ☷ ☷ ☷

　"내가 앞으로 오년 안에 이조판서가 돼 가지고 금의환향할 테니 꼭 그때까지 기다려주어야 한다."
　이도사의 이 같은 제의에 옥녀도 쾌히 대답하고 앞으로 부부가 될 것을 언약했다. 그리고는 헤어져 각자 집으로 돌아왔다.
　야망인지 허황된 망상인지 분명하진 않았지만 이도사는 옥녀와 결혼하기 위해선 꼭 이조판서가 되어야 한다고 생각했다. 하지만 이조판서는 고사하고 군마장(軍馬場)에서 말똥을 치우는 하급 벼슬조차도 할 수 없는 처지인데 감히 이조판서라니? 정말 이도사 자신이 생각해 보아도 꿈같은 망상이 아닐 수 없었다.
　이도사는 며칠을 두고 비장한 각오끝에 어깨너머로 배운 덫 놓는 기술을 이용하여 산토끼 한 마리를 다치지 않게 잡았다. 그리고는 화살과 활 등을 갖추어 집을 떠나 한양으로 발길을 옮겼다. 가진 돈도 별로 없는 그는 특유 재담으로 사람을 사귀어가며 시장기를 면했고, 정히 어려울 때는 주역팔괘(周易八卦)를 이용하여 운명을 봐주면서 그때 그때 어려움을 면해갔다. 더우기 산토끼를 신주단지 모시듯이 잘 가지고 가야했으므로 특별히 신경을 써야했다.
　한달 남짓, 갖가지 고생을 하고나자 목적지인 한양에 당도하게 되었다. 여름이라서 사방 곳곳에서는 매미와 각종 풀벌레소리가 한가하게 들려왔으나 많은 사람들은 배를 곯아 얼굴과 손발 등이 부은 채 살 방도가 막막한지라 길거리 이곳저곳을 기웃거리는 것이었다.
　이도사는 한양에서 앞으로 자신의 운명이 어떻게 전개될지

☰　☷　☳　☵

를 주역팔괘(周易八卦)를 이용하여 알아보기로 했다. 작괘해본 결과 뇌수해괘(雷水解卦)를 얻어 이를 풀어보니 우산희생(憂散喜生) 즉,
 '지금까지의 고생은 사라지고 새로운 즐거움이 싹트이기 시작한다.'
라는 보다 희망적인 길괘(吉卦)였다. 이 괘는 매사가 풀린다는 것으로 득괘(得卦)하기 전까지 지긋지긋한 고통이 있었다면 앞으로는 그 고통이 풀려 행운이 있을 것이고, 반대로 득괘이전까지 호의호식으로 행복한 삶을 해왔다면 그 행운이란 운명체(運命體)가 풀려버려 앞으로는 불행해질 것을 의미하고 있는 괘였다.
　이도사는 지금껏 자신이 고통 속에서 살아왔기 때문에 앞으로는 뭔가 서광이 비칠거란 희망적인 괘였다. 이도사는 상당한 길괘(吉卦)임을 알고 가슴 속에 품고 있던 이조 판서의 꿈을 펼쳐 보고자 고향에서 떠나오면서 생각했던 인토입궁(因土入宮), 다시 말하면 고향에서 떠나올 때부터 가지고 온 토끼를 이용하여 어떻게 해서든지 임금이 계신다는 궁궐을 들어가기로 결심했다. 그리고는 그 결행일을 음양오행(陰陽五行) 법칙에 따라 만사유길하고 귀인을 만날 수 있다는 계묘(癸卯)일로 정했다. 그리고는 매일같이 궁궐 주위를 서성거리며 동태를 자세하게 살펴보았다.
　이런 식으로 며칠을 지내는 동안 결행일이 다가왔다. 아침을 든든하게 먹고 그동안 많은 신세를 진 주막 주모에게 고맙다는 인사를 하고 주막을 나섰다. 궁궐을 들어갈 명분을 세워야 한

```
☷    ☷    ☷    ☷
```

다는 것은 이미 고향에서 떠나올 때부터 생각한 것이었지만 막상 결행해야 하는 당일을 맞이하자 가슴이 설레이는 반면에 만약 잘못되는 날에는 목숨부지하기 힘들 거란 생각에 은근히 겁도 났다.

'제기랄, 사람이 한번 죽지 두번 죽는가? 죽어도 이조판서가 돼 고향으로 돌아가 옥녀를 꼭 내 각시로 맞아 들여야지.'
하고는 입궁(入宮)의 기회를 포착하기 위해서 궁궐 주위에 숨어서 주변을 찬찬히 살펴보았다.

궁궐 주위에는 친위대로 보이는 병졸들이 물샐틈 없이 지키고 서있었고 각 출입문에는 체구 건장한 장정들이 뾰족한 긴 창을 든 채 버티고 있어 보기만 해도 간담이 서늘할 지경이었다.

그래서 어둠이 깔리는 저녁무렵까지 기다렸다가 고향에서 가지고 온 토끼의 그 동그란 눈에다 긴 활촉을 푹 꽂아 궁궐에서도 임금이 거처할 만한 곳으로 보이는 큰 건물을 향해 획하고 힘껏 집어던졌다. 그리고는 궁궐문을 통해 부리나케 안으로 들어가려 했지만 예상했던 대로 궁궐문을 호위하고 서있던 병졸들은,

"어떤 미친 놈이 여기가 감히 어디라고 들어가려는 수작이야! 나쁜놈 같으니. 야 이놈아, 여기는 상감이 사시는 곳이야! 알기나 해?"

이도사는 병졸들이 그렇게 하기를 고대하고 있었고 문제가 더 크게 일어나 임금 앞에 꿇어앉기를 고대하던 터였기 때문에 병졸들의 큰소리에도 아랑곳하지 않고 막무가내로 대들었다.

☰　　☷　　☵　　☶

　"내가 쏜 활에 토끼가 맞았고 그 토끼가 이 집안으로 들어갔기 때문에 내 토끼 내가 잡으러 여기 좀 들어간다는 데 뭐가 그렇게 말이 많소. 그것참 인심도 고약하네. 저리 비켜! 병졸이면 단가!"
　한술 더 떠서 시침을 뚝 떼고는,
　"이곳이 무엇하는 곳이길래 이렇게 인심이 야박하단 말이오."
　그러자 병졸 한 명이 이도사의 멱살을 조이면서,
　"야 이놈아, 여기가 상감마마가 계신 곳이라고 아까부터 말했잖어. 그러니 어서 가봐아!"
병졸은 말을 다 마치기도 전에 이도사를 땅바닥에 팽개쳤다.
　그러자 이도사는 속마음으로,
　'옳지 잘됐다.'
싶어 큰소리를 치며,
　"사람 살려, 병졸이 착한 백성을 죽이려고 하다니 이게 무슨 날벼락인가!"
하고 생떼를 쓰자 사방에서 모여든 병졸들이,
　"왜 그래? 왜! 이놈은 누구야?"
하면서 한 마디씩 내뱉었다.
　궁궐 안에서는 때마침 임금이 정원을 거닐고 있다가 시끌벅적한 소리를 듣고는 신하에게 그 연유를 알아보도록 했다. 신하로부터 이도사의 이야기를 들은 임금은,
　"백성의 눈이 있는데 그게 무슨 꼴인고?"
하고 나무라며 그 서슬에 당장 이도사와 다투고 있던 병졸과

이도사를 불러들이도록 명을 내렸다.
 어전에 꿇어앉은 이도사는 마음 속으로
 '옳지, 올 것이 왔구나. 바로 이거다.'
하면서 당당하게 이렇게 말했다.
 "상감마마, 황송합니다. 다름이 아니고 소인은 어려서부터 활쏘기를 좋아한 까닭에 늘상 사냥을 해오던 차 우연치 않게 날쌘 토끼 한 마리를 몰다가 마지막 남은 화살 하나를 쏘았더니 공교롭게도 눈에 화살이 맞아 이곳으로 도망쳐 들어가 그 토끼란 놈을 찾으려고 하다가 이렇게 큰 소란을 피웠사옵니다. 그러하오니 상감마마께서 소인을 벌하여 주사옵소서."
 이도사의 말을 듣고 있던 임금께서는 신하들에게 명을 내려 그 토끼를 찾아오라 했다. 한참 후에야 이도사가 말하는 토끼가 어전 앞에 놓여졌다. 임금은 깜짝 놀란 얼굴을 하며 이도사에게,
 "정말, 네가 이 토끼를 쏜게 분명하단 말이냐?"
 죄인을 국문(鞠問)하듯이 날카롭게 물었다.
 가슴이 철렁한 이도사는,
 '아이고 이제 죽었구나.'
하는 생각을 순간 가졌다.
 '그렇다고 이대로 끝날 수야 있겠나?'
싶어, 임금에게 이렇게 말했다.
 "예, 상감마마. 소인이 어떻게 거짓말을 하겠사옵니까. 그러니 소인을 벌해달라는 게 아닙니까, 어서 벌을 내려 주사옵소서."

☰ ☷ ☰ ☷

　　이도사의 이 같은 말에 임금은 뭣인가 기쁘다는 표정으로,
　"날이 밝는대로 내가 따로 너를 부를테니 그리 알라."
하며 신하들에게 이도사의 거처를 마련해 주도록 명을 내렸다. 일생 처음으로 그것도 어명에 따라 마련해 주는 거처에서 잠을 자보다니 실로 가슴 부푼 일이었으나 내일 임금이 어떻게 할지 걱정되었다.
　'일단은 내가 예상한 대로 진행되어 가고 있다는 의미에서 내심 기쁘기도 하지만 내일이 어떻게 될지? 내 모든 것이 낱낱이 밝혀져 당장 목을 베라는 어명이 있을지, 아니면 곤장으로 버릇을 고쳐주라며 겨우 목숨만 부지할 정도의 매를 맞고 쫓겨 보낼지? 아니면 불쌍히 여겨 궁중 노비라도 일자리를 마련해 줄지…….'
　이도사는 여러 가지 생각으로 잠을 제대로 이루지 못한 채 밤을 꼬박 새웠다. 날이 밝자 임금은 다시 이도사를 불렀다. 어전에 다시 꿇어앉은 이도사는 마음 속으로,
　'저 임금의 말 한 마디에 내가 죽느냐 사느냐의 판국인데. 그러나 전번 주역팔괘(周易八卦)에는 만사가 풀리고 귀인을 만난다고 했으니 뜻밖의 경사스러운 일이 있을지도 모르지.'
　임금은 이도사를 한참동안이나 물끄러미 쳐다만 보고 있었다. 이도사는 말할 것도 없고 주위의 신하들까지도 긴장된 모습들이었다. 그런데 임금께서 갑자기 이도사를 향해서,
　"이놈~, 네이놈. 네놈이 진정 토끼의 눈을 꿰뚫었단 말이냐?"
　이도사는 마음 속으로,

'아이쿠 이제 꼭 죽었구나. 그렇지만 호랑이가 물어가도 정신만 똑바로 차리면 살 수 있다고 하였으니, 나도 정신을 똑똑히 차려야지.'
하고는 임금께 정중한 어조로 우는 시늉을 하면서,
"상감마마, 어찌 한 입으로 두 말을 하겠사옵니까(一口二言)?"
이도사는 죽기 아니면 살기라는 절박감에서 끝까지 토안지적(兎眼之的) 즉, 토끼 눈은 자신의 활로 맞춘거라고 끝까지 주장했다. 그러자 임금은 이도사에게,
"그렇다면 정녕 그대가 명포수임을 증명할 수 있겠느냐."
라고 단호한 어조로 묻고 또한 이렇게 말했다.
"지금 이 왕실에는 내가 부덕한 소치로 공주(公主)가 시름시름 앓고 있어 여간 걱정이 아니다. 그런데 한 가지 이상스러운 것은 궁중 앞뜰에 있는 느티나무에서 삼경(三更)이 넘은 깊은 밤에 부엉이란 놈이 울기만 하면 공주가 더욱 심하게 앓게 되느니라. 그래서 얼마전부터는 그 부엉이를 잡으려고 백방으로 애를 써 보았으나 나무가 너무 높아 화살을 쏘아 올려도 미치지 못하는데다 전국에서 유명하다는 포수는 다 불러보았어도 허사였느니라. 그러니 네가 그 부엉이를 잡아보아라, 다만 어느 명포수나 어느 명장(名將)도 부엉이가 앉아 있는 가지끝까지는 화살을 쏴올리지 못했으니 다른 방법을 써도 좋으니라."
임금의 이같은 이야기는 공주를 아끼는 마음이라 무척 단호하면서도 한편으로 이도사에게 크게 기대하는 눈치도 엿보였다.

☰ ☷ ☵ ☶

　이도사는 마음 속으로 이제는 더 이상 피할 수가 없음을 판단하고는 이렇게 말했다.
　"상감마마, 그 일은 염려마시옵소서. 소인이 열·성·기(熱誠技;활솜씨)를 다하여 공주님의 병을 완치하도록 하겠사옵니다. 소인은 어려서부터 활과 주역팔괘, 그리고 더 나가서는 풍수지리에도 다소 아는 바가 있사오니 때를 맞추어 시행할 것이옵니다. 그러니 너무 상심(傷心)하지 마시옵소서."
　이도사는 겸손한 척하면서도 우선 위급함을 면하기 위해 매사에 때가 있음을 주장했다. 이도사는 이왕지사 모든 것이 들통나 죽더라도 마음껏 호의호식 한 번 하고 주지육림(酒池肉林)에 수많은 계집을 품안에 안아보는 일생일대 최고의 낙을 누리다 멋있게 죽을 양으로 임금께 아뢰기를,
　"상감마마 황송하옵니다. 송구스럽게도 지금 당장은 시행이 어렵고 앞으로 백일 후에야 가능하겠사옵니다."
　그래도 임금은 기쁜 모습으로,
　"때가 그렇다면 할 수 없는 일. 그대가 정히나 그렇다면 기다리는 수 밖에. 그러면 짐이 어떻게 해주면 될꼬?"
　이도사는 기회를 놓칠세라,
　"예, 상감마마. 우선 무엇보다도 앓고 있는 공주마마를 한 번 뵈었으면 하옵고, 두번째는 그 느티나무에 백일 동안 백옥같은 여인 이삼십 명이 매일 고기와 술을 바쳐 지성을 드릴 수 있게 선처해 주시옵소서."
　임금은 이도사 말대로 행하게끔 신하들에게 명을 내리고 자리에서 일어나 손수 이도사의 손을 꼬옥 잡고,

☷ ☷ ☷ ☷

"공주가 죽고 사는 것은 그대에게 달려있으므로 심혈을 기울여 주시오."
하고 부탁했다. 신하들의 안내로 앓고 있는 공주를 본 이도사는 공주의 앓고있는 병에 관심있기 보다는 침상의 여리디 여린 옷차림으로 누워 있는 아름다운 모습에 눈독을 들이고 있었다. 멍하니 넋을 잃고 바라보고 있다가 누군가가,
"그만 일어나시지요."
하는 소리에 깜짝 놀라 당황하여,
"예~에~예, 알겠읍니다."
하고 자리에서 일어났다. 그리고 문제의 그 느티나무가 있다는 궁궐 뜰앞으로 가 보았다. 같이 간 신하에게,
"아니 이 나무를 베어버리면 될 게 아니요?"
하자 듣고 있던 신하는,
"이 나무로 말할 것 같으면 수백 년 된 신목(神木)으로 손을 댈 수가 없소이다."
이도사는 자신이 실언하였음을 알고,
"내가 어찌 그것을 모르겠소. 그냥 해 보는 소리지요."
하고 어물어물 넘겨버렸다.
느티나무가 어찌나 큰지 나무 끝이 보이지 않을 정도였고, 폭은 장정들 십여 명이 양팔을 쭉 뻗어 둘레를 재어도 모자랄 정도였다. 보기만 해도 겁이 난 이도사는 마음 속으로,
'아휴우, 나는 꼭 죽었구나. 차라리 약속날짜 백일 되기 전에 공주가 우연히 낫기나 하면 몰라도 그렇지 않으면 내 목숨은 파리 목숨이나 다름 없구나.'

하며 자탄했다.

거처하는 방으로 돌아온 이도사는 앞으로 자신의 운명이 어떻게 될까 하고 역괘(易卦)를 만들어보았다. 자신이 앉아 있는 방위가 정동쪽이므로 상괘를 뇌(雷 ; ☳)로 하고 시각이 미시(未時 ; 오후 1~3시)이므로 지(地 ; ☷)로 하괘를 하여 뇌지예(雷地豫 ; ☳☷)란 대성괘(大成卦 ; 상하괘를 합하여 산출된 괘)를 구성하게 되었는데 뇌지예란 괘는 이도사가 처해 있는 입장과는 대조적으로 아주 전도가 밝은 괘였다.

특히 뇌지예괘는 과거보다는 앞날이 길운(吉運)일 것을 희망하여 예(豫)자로 표기했다. 이 예는 기쁘다는 것을 예측한다 하여 기쁠 열자(悅字)로 표기하는 경우도 있는데 한 마디로 좋은 괘였다. 더우기 전통적으로 내려오는 예괘(豫卦)에 대한 문구(文句)를 보면 '봉황생추 만물시생(鳳凰生雛 萬物始生)'이라 하여 마치 봉황이 새끼를 낳은 것 같으며 매사가 새롭게 시작된다는 뜻으로, 이 괘의 내용대로라면 이조 판서가 문제가 아니라 그보다 더한 벼슬도 할 수 있다는 대상괘(大祥卦)였다.

괘를 뽑아본 이도사는 불행중 다행이라는 생각에 이내 상감마마와 약속을 백일로 했던 바 결행일을 조화가 많다는 경진일(庚辰日)로 정했다. 비록 역괘(易卦)는 좋은 시운(時運)으로 나왔지만 현실적으로는 아무래도 자신이 없는 게 사실이었다. 만약 자신이 지금 거짓말을 했음이 탄로난다면 살아서 이 궁궐을 나갈 수가 없다는 생각에 이르자 죽을 때 죽을 망정 역괘를 막연하게나마 믿어보는 것 뿐이었다.

이 생각 저 생각으로 며칠 간 걱정을 하다보니 얼굴은 말이

☷   ☷   ☷   ☷

아니었고 이러다 죽으면 더 원통하다는 생각에 매일같이 고목에 제사를 올리는 여자(궁노)들과 어울려 마음껏 호색을 즐겼다. 이제 열다섯 살에서 열아홉·스무 살이 태반인 궁녀들과 세월가는 줄 모르고 즐기고 마셨다. 백옥같은 궁녀들의 육체까지도 마음껏 희롱하는 이도사의 자태야말로 삼천궁녀를 거느린 의자왕이 무색할 정도였다.

이러한 향락 속에 시간은 흘러 약속했던 백일이 이삼일 밖에 남지 않자 주색을 멀리하고 두문불출하여 궁안 사람들의 이목을 끌기로 했다. 어전에서 우선 죽음이나 면해 보겠다는 절박감에 부엉이를 잡는다고 호언장담했지만 이젠 그 실행일이 바로 내일모레 않는가? 이도사는 하루하루 지나는게 그렇게 괴로울 수가 없었다. 때로는 머리카락을 두 손으로 힘껏 쥐어틀어 보기도 하고 몸 이곳저곳을 꼬집어 보아도 시원치 않았다.

드디어 운명의 날은 다가왔다. 그래서 뭔가 결심하고 가능성이라곤 전혀 없는 방법을 생각했다.

일을 거행하려면 엄청나게 큰 시루가 필요했다. 그러나 무엇보다도 비밀이 요구되었으므로 신하 한 사람을 통해 화살 하나와 큰 시루를 필요로 한다며 어명으로 느티나무 부근에 절대 잡인들의 출입을 삼가키 위해서 금족령(禁足令)을 내려줄 것을 간청했다. 그 결과 화살과 큰 시루는 물론 느티나무 부근에 어느 누구도 얼씬거리지 못하도록 어명이 내려졌다.

칠흑같이 어두운 한밤중이 되자 부엉이는 여느 때와 똑같이 느티나무 꼭대기에서 부엉부엉 하고 울어댔다. 때마침 부슬부

☰ ☷ ☵ ☳

슬 내리는 이슬비는 금방 어디선가 귀신이라도 나올 듯한 적막하고 소슬한 분위기까지 자아냈다. 이도사는 초저녁에 이미 비장한 각오가 되었던 대로, 느티나무 밑에서 시루를 거꾸로 뒤집어 쓴 채로 부엉새가 암놈인지 아니면 숫놈인지를 분간하기 위해서 우는 소리를 자세히 들어보았다.

목소리가 긴 소리이고 어딘가 모르게 가냘픈 데가 있는 것으로 미루어 음양오행(陰陽五行)상 음성(陰聲)이 분명해, 암놈이란 것이 직감되었다. 따라서 상대적으로 숫놈이 필요할 것이란 생각에 이도사는 시루를 뒤집어 쓴 채로 조금은 강하게 양성(陽聲), 즉 숫놈 부엉새 소리를 흉내내기 시작했다.

높은 느티나무에서 부엉이가 부엉부엉하고 울면 이도사도 부엉부엉하기를 수십 차례, 부엉이는 아무런 반응이 없었다. 다시 목청을 가다듬어 숫부엉이 소리를 몇백 번이고 반복했다. 어찌나 정신을 몰두했던지 온몸은 땀으로 흠뻑 젖었고 이제는 끝장이라는 생각에 자신도 모르게 눈물까지 흘러나왔다.

부엉부엉 소리를 계속하고 있는 동안 기적같은 현상이 일기 시작했다. 다름 아니라 부엉이소리가 조금씩 가깝게 들려오는 것이었다. 부엉이란 놈이 이도사의 부엉이 소리를 듣고 나뭇가지를 한칸 한칸 내려 오고 있다는 것을, 느낄 수 있었다. 드디어 시루 속에서 구멍을 통해서도 반짝거리는 부엉이 눈이 구슬처럼 보일 정도로 가깝게 내려왔다. 이도사는 시루 속에서 계속 부엉부엉하고 음조를 맞추었다. 한편 마음 속으로는,

'부엉아, 제발 나를 좀 살려다오. 나의 목숨이 너에게 달려있다. 자, 이렇게 점잖게 부엉부엉 하지 않느냐.'

하며 땀을 뻘뻘 흘렸다.
  그러는 동안 부엉이는 이도사가 흉내낸 목소리가 마치 숫부엉인 줄로 착각하고는, 이도사가 둘러 쓰고 있던 시루로 점점 다가와 앉는 것이었다. 이도사는 손에 땀을 쥐고는 계속 부엉부엉하고 울어댔다. 긴장된 순간이었다. 여기서 만약 부엉이란 놈이 눈치라도 채서 휙하고 날아가버리는 날에는 십년공부 나무아미타불이 되고 이도사는 임금을 속인 대역죄로 목이 댕그랑 떨어지는데다, 다시 높은 장대에 매달려 저자거리에 놓일 생각을 하니 앞이 캄캄했다. 이도사는 시루에 앉아 있는 부엉이를 생포하기 위해서 시루 구멍으로 오른손을 조심스럽게 조금씩 조금씩 내밀었다. 부엉이란 놈은 눈치를 챘는지 못 챘는지 알 수 없지만 계속 울어대며 쿠쿠쿠소리와 함께 조금씩 몸을 움직였다. 순간 이도사는 비호(飛虎)와 같은 손놀림으로 부엉이 다리를 힘껏 거머쥐었다. 그러자 부엉이는 속았다는 듯이 그 큰 날개를 활짝 펴서 날아가려고 사력(死力)을 다하며 이도사의 손을 날카로운 입부리로 마냥 쪼아댔다. 그래도 이도사는 이래 죽으나 저래 죽으나 마찬가지란 생각에 지금껏 시루 속에서 쪼그리고 앉아 있던 몸을 벌떡 일으키면서 부엉이와 시루를 머리에 인 채로 땅바닥에 내동댕이쳤다.
  시루는 박살이 나고 부엉이는 최후의 발악을 하며 지금껏 들어보지 못한 괴상한 소리를 내며 푸드득푸드득 날려고 안간힘을 썼다. 이도사의 머리는 시루파편에 찢겨 피가 줄줄 흐르는데 이도사는 그런줄도 모르고 부엉이를 몸으로 덮쳐 겨우 붙잡았다. 조금은 잔인 하다는 생각도 들었지만 화살을 부엉이 눈에 힘껏 꽂아 왼쪽 눈에서 오른쪽 눈으로 관통시켜 마치 활을 쏘아서 잡은 것처럼 가장해 놓았다.

그리고 나서야 이도사는 자신의 머리에서 피가 흐르고 있음을 알고 윗옷을 찢어 피가 솟는 머리를 감싸맸다. 처소로 온 이도사가 잠깐 눈을 붙이고 있을 때 보고를 받은 임금은 설마했다가 잡았음을 실제 확인하고는 기쁨을 감추지 못했다. 더구나 지금까지 죽을 날만 기다리고 있던 공주는 언제 아팠더냐는 식으로 씻은 듯이 나아 임금은 물론 온나라가 대단한 경사라고 떠들썩했다.

이도사의 활 솜씨로 부엉이를 잡은 것으로 알고 있는 임금은 이도사에게 천하에서 활솜씨가 제일이다 하여 국궁(國弓)이란 칭호를 하사하고 나라에서는 잔치를 베풀어 죄인을 특사하는 등 큰 은덕을 베풀었다.

갑자기 명포수(名抱手)가 된 이도사는, 임금은 물론 공주까지도 자주 만날 수 있고 마음만 먹으면 무엇이든지 가능했다. 더우기 공주는 이도사를 생명의 은인으로 생각하여 은연중에 좋아하고 있었으나 고향에 두고 온 옥녀와의 약속 때문에 오히려 이도사가 피하는 입장이었다. 궁궐 안에 있는 만조백관들은 왕실을 서슴없이 출입하는 이도사를 몹시 부러워하였고, 아부하는 무리까지도 생겨날 만큼 이도사의 세도는 빠른 시간안에 성장했다.

호랑이를 잡아라

그러나 이도사 앞에는 또 하나의 난관이 놓여있어 이를 극복

☷　☷　☷　☷

해야 했다. 그것은 다름아닌 지금의 지리산(地異山)에 큰 호랑이(大虎)를 이도사에게 잡아오라는 어명이 있었기 때문이다. 그동안 마을사람들을 물어가거나 해치는 등 호환(虎患)이 극심하여 그동안 몇차례 명장군 명포수 등을 보내 사살하도록 했지만 워낙 크고 날쌘 호항이를 아무도 잡지 못하고 오히려 호랑이한테 당해 함흥차사가 돼버린 불상사까지도 있었던 것이다.

이도사는 임금께 며칠 동안만 생각할 여유를 달라고 사정했지만,

"오직 그 호랑이를 잡을 사람은 국궁(國弓) 그대 하나 뿐이니 하루속히 해결해 짐의 걱정을 덜어주시오."
라는 바람에 어쩔수없이 지리산을 향에 출발했다.

임금은 많은 군사와 무기를 주었지만 이도사는 소행이 탄로날 것을 걱정하여 모두 사양하고 오직 화살 한 촉과 말 한 필만 준비하였다. 사실은 말도 탈 줄 모르기 때문에 필요도 없었지만 단신(單身)이면 의심하겠다는 생각에 할 수 없이 말 한 필은 데려간 것이다. 한양에서 지리산까지 천리가 넘는 길이었으므로 계속 걸어야 했다. 생각해 보면 느티나무위의 부엉이를 잡는 정도는 누워서 떡먹기 보다 쉬웠으나 이번에는 명장 명포수들까지도 생식(生食)해버린다는 호랑이인 만큼 방법은 두 가지 밖에 없었다.

그 하나는 순수하게 호랑이에게 잡혀먹히는 것이고 두번째는 이대로 도망을 쳐버리는 것이라고 생각했다. 여러 가지로 걱정이 돼 전주에서 하룻밤을 묵으면서 주역괘를 뽑아 보았다. 앉아 있는 방위가 동북간 방이므로 산괘(山卦 ; ☶)를 상쾌로

하고 작괘 시간이 유시(酉時 ; 오후 5~7시)이므로 택괘(澤卦 ; ☱)를 하괘로 하여 산택손괘(山澤損 ; ☶☱)를 구성해 보았다.

  이 산택손괘를 풀이해보면 선곤후길(先困後吉) 상으로 처음에는 어렵지만 나중에는 이익이 있다는 것으로 그에 상응한 문구(文句)로 '탁마견옥 굴토성산(琢磨見玉 掘土成山)'이라 하여 돌맹이를 깎아 옥을 만들고 굴을 파서 태산을 이룬다는 뜻으로 뭣인가 계속 노력하면 마지막에는 마침내 목적이 이루어진다는 뜻이라 다소 기대는 되었지만 현실적으로는 도저히 불가능한 일로만 여겨졌다.

  이도사는 전주에서 다시 호랑이를 잡기 위한 대장정(大長征)의 발걸음을 서서히 옮겼다. 남원, 운봉, 인월, 산내 등을 경유하여 반석 달궁(達宮)에 이르렀다.

  호랑이가 있다는 노고단과 뱀사골 일대는 수백년 묵은 원시림이 하늘을 찌를 듯한 빽빽한 숲을 이루었고 여기 저기에서 들려오는 새소리와 짐승소리는 심산유곡(深山幽谷)임을 증명이라도 하듯 더욱 더 크게 들려왔다. 호랑이란 놈은 음양오행(陰陽五行)상 양성음동(陽性陰動)에 해당하기 때문에 그 본성은 양성적이고 맹렬한데다 포악, 잔인하지만 본격적인 활동은 밤에 하므로 아무래도 깊은 밤을 이용하여 접근해 보는 수밖에 없었다.

  이도사는 호랑이가 잘 나타나는 곳을 근처 마을 사람들에게 물어서 파악하고는 그곳을 향하여 출발했다. 그믐이라서 한 치 앞을 분간할 수 없을 만큼 칠흑같이 어둡고 원시림이 꽉 차 있는 숲속에서 각종 짐승들의 발자국소리가 으시시하게 들려와

☷ ☷ ☷ ☷

 어명만 아니라면 당장 삼십육계 줄행랑을 치고픈 생각이었다. 어디선가 들려오는 호랑이의 으르릉거리는 포효소리는 금방이라도 이도사의 목덜미를 물고 통째로 먹어치울 듯한 긴박감마저 들게 했다. 숨을 죽인 채 말고삐를 꼭 붙들고 어깨와 몸을 낮춰 가시덤불을 헤쳐 지날 때 갑자기 머리 윗쪽에서,
 "꼬르륵, 까욱"
하며 이름 모를 새들이 날아가는 소리에도 깜짝깜짝 놀라는데 이도사의 뒷목 부위에 얼음짝처럼 차가운 물체가 철썩하고 떨어져 목에 수건처럼 걸쳤다.
 이도사는 본능적으로
 "으악."
고함을 치며 손으로는 목에 걸쳐 있는 물체를 엉겁결에 땅으로 떨어뜨렸다. 땅에 떨어진 뱀은 시~시이 소리를 내며 어디론가 사라져버렸다.
 '아휴 십년은 감수했네.'
 온몸에 맥이 쭉 빠지고 땀까지 흘린 이도사는 잠시 휴식을 취한 후 다시 걷기 시작했으나 다리가 후들후들 떨려 비틀거릴 수밖에 없었다. 그래도 어명을 이행하야 하는 의무감 때문에 한참 동안을 계속 걸어가는데 짐승 썩은 것과 사람 머리통, 발목, 팔 등이 굴러다니는 것이 보였다. 호랑이란 놈의 본거지가 근방이라는 것을 느낄 수 있었다.
 이도사는 숨을 죽인 채 그 자리에 앉아 감깐 휴식을 취하고 있는데 갑자기 돌과 흙더미가 굴러오면서 양 눈에 시퍼런 불을 켠 호랑이가 쏜살같이 이도사를 향해 쫓아오고 있는 것이었다.

☰ ☳ ☵ ☳

　이도사는 서서 뛸 겨를도 없이 딩굴고 기어서 숲속으로 달아났다. 한참을 정신없이 기어가다, 머리를 고목에 턱하고 부딪쳐 뒤로 나자빠졌다. 금새 머리엔 주먹만한 혹이 툭 튀어나왔지만 경황중이라 숨을만한 곳을 휘번덕이는 호랑이는 이도사가 쉬던 곳까지 와서 코를 벌렁벌렁대며 냄새를 맡고 있었다.
　"어흥, 어흥."
하는 포효소리가 온 산에 울려퍼졌다. 이도사는,
　'이제는 끝장이구나.'
하는 생각을 하면서도 머리를 부딪쳤던 그 고목나무 뒤에서 호랑이 동태를 살펴보는데 말 그대로 황소만한 몸에 입은 어찌나 큰지 이도사 같은 사람은 몸통째 들어갈 정도여서 더욱 겁이 났다. 처음 계책으로는 가지고 간 말을 호랑이가 덤벼들면 대신 잡아먹게끔 묶어 놓고 도망칠 예상이었으나 호랑이소리가 나자 말은 어디론가 도망쳐버려 그 계책은 무너지고 말았다. 고목나무 뒤에 숨어서 호랑이 동태를 살피는,
　'호랑이에게 물려가도 정신만 차리면 산다고 했으니 나도 그래야지.'
하고 다짐을 몇번씩 했다.
　그러던 순간 어디선가 달아났던 말이 소리를 쳤다. 그 순간 호랑이는 쏜살같이 숲속을 가로질러 말이 있는 쪽으로 달렸다. 기회를 놓칠세라, 이도사는 재빠르게 이곳저곳을 다시 살펴보았다. 그러던중 부딪쳤던 고목이 수명을 다하여 윗부분에는 가지도 없고 안이 텅 비어 있는 것이 눈에 띄었다. 이도사는 그 고목이 오래 전부터 풍수해로 윗부분이 잘려 있음을 알고, 있

는 힘을 다하여 그 부러진 곳까지 올라 우선 나무 속으로 몸을 피했다.
　이만하면 안전하다는 생각에 긴장된 마음이 풀리자 묘책이 떠올랐다. 그것은 일단 호랑이를 고목나무 있는 곳까지 유인하는 작전이었다. 이도사는 큰소리로 고함을 치며 호랑이 유인에 미친 사람처럼 열을 올렸다. 호랑이란 놈은 쫓아 갔던 말도 놓쳤는지 얼마 지나지 않아 이도사가 들어앉아 있는 고목나무 밑까지 다가와, 그 나무를 발톱으로 득득 긁어도 보고 머리통으로 나무를 들이받으면서 소리를 쳐보는 등, 분통에 어찌할 줄 모르는 모습이었다.
　이도사는 자신이 숨어있는 그 나무통 안이 안전함을 새삼 느끼고 비장의 수단을 쓰기 시작했다. 여기서 말한 비장의 수단이란 호분자사(虎憤自死) 즉, 호랑이란 놈의 약을 바싹 올려 그 호랑이란 놈이 울분을 참지 못하고 스스로 죽게 하는 것이었다. 이도사는 서서히 고함을 쳐 호랑이의 약을 올리기 시작했다. 호랑이란 놈이 이도사 고함소리에,
　'어흥, 어흥'
하면서 고목나무 주위를 날뛰면 이도사는 더 약을 올리는데 때로는 호랑이와 같이,
　'어흥, 어흥'
해보기도 하고 손이나 발 또는 머리통을 고목나무가 부러진 구멍으로 순간순간 내보이기도 하는 등 갖가지 수단을 다 하자 호랑이는 분통이 극도로 올라 십여 척 높이까지 펄쩍펄쩍 뛰어올랐다가 다시 멀찌감치 뒤돌아 갔다가는 거세게 달려와 고목

≡≡ ≡≡ ≡≡ ≡≡

나무를 공격하며 하며 최후의 발악을 했다.
　이렇게 하는 동안 호랑이는 지칠대로 지쳐 입과 코에서 피가 쏟아지는데 모습은 아무리 짐승일망정 차마 불쌍해서 못 볼 정도였다. 그러나 이도사는 그러한 감상에 젖어있을 때가 아니라는 생각에 약을 계속 올리는데 어느덧 새벽이 다가왔고, 호랑이는 비틀비틀 하더니 땅바닥에 퍽 쓰러져버렸다. 이도사는 그래도 계속 약을 올리며 이젠 한 술 더 떠서 나무에 있는 나무 깍지를 호랑이에게 힘껏 던졌다. 호랑이는 몸을 겨우 일으켜,
　'어흐흥'
앓는 소리를 한번 약하게 내더니 다시 퍽하고 쓰러져버렸다. 아까까지만 해도 쓰러진 상태에서 옆구리가 벌렁벌렁 숨을 몰아 쉬는 움직임이 있더니 이제는 아예 털끝하나 움직이지 않는 것으로 보아 이미 지쳐 죽었음을 알 수 있었다. 그래도 만사불여 튼튼이란 말처럼 혹시나 하는 생각에 신발을 벗어 던져보았다. 그러나 퍽하는 소리만 있을 뿐 아무런 반응이 없자 이도사는 조심스럽게 그 나무에서 내려와 멀찌감치 서서 제법 큰 돌 하나를 호랑이 머리통에 던졌다. 그래도 아무 반응이 없는 호랑이가 완전히 죽었다는 것을 알고는 등짝에 신주단지 모시듯 묶어논 화살을 이도사는 호랑이 고환에 꽂아 놓았다. 그리고는 산을 내려와 운봉현감에게로 가서 그 소식을 임금께 알려줄 것을 청했다.
　소식을 들은 임금은 설마했다가 다시 그 무서운 호랑이를 혼자서 잡았다는 소식에 기뻐하며,
　"이국포(李國抱)를 정중히 모셔오고 호랑이를 이송해 오라."

⚌ ⚌ ⚌ ⚌

는 어명을 내렸다.
　궁궐에 도착한 호랑이를 보고 놀란 사람은 임금이었다. 그도 그럴것이 다른 곳도 아니고 호랑이 고환을 관통시킨 그 솜씨에 감탄했기 때문이다. 궁궐에 있던 명장들은 이도사의 활솜씨에 또한번 놀란데다 은근히 시기도 일었지만 워낙 임금이 신임한 터라 어찌 할 수도 없었다. 임금은 호랑이 고환에 꽂힌 화살이 이도사가 쏘아 맞힌 것으로 생각하고 너무도 감탄한 나머지 공주와 짝을 지어주었으면 하는 마음을 갖기까지 했다. 그래서 우선 이도사를 장군으로 승진시키고 온 나라에 잔치를 베풀었다. 뿐만 아니라 사위를 삼기 위해서 뚜렷한 명분과 이도사의 활솜씨를 직접 보아야겠다는 마음에서 무술대회를 열 것을 명했다. 일이 이렇게 되자 가장 답답하고 걱정이 태산 같은 사람은 역시 이도사였다.

무술대회

　기쁨이 채 가시기도 전에 시험대에 오른 이도사는 앞으로 다가올 무술대회(활쏘기)야말로 부엉이를 잡았던 것이나 호랑이를 잡았던 정도와는 차원이 달라 피할래야 피할 수 없는 막다른 골목이나 다름없었다. 무술대회는 이미 방이 붙었고 임금으로부터 다소 언질을 받았던 공주는 자신의 생명의 은인이라 하여 좋아하고 있음을 자연스럽게 내색하였고 온 나라에서는 부엉이와 호랑이를 활로 잡았다는 이장군을 보기 위해서 구름처

☰ ☷ ☵ ☴

럼 모여들었다.
　답답하고 걱정이 된 이도사는 주역팔괘를 응용하여 무술대회에서 어떻게 될 지를 알아보았다. 앉아 있는 방위가 정북쪽이어서 수괘(水卦;☵)를 상위(上位)로 하고 자괘 시각이 술시(戌時;오후 7~9여서 천괘(天卦;☰)로 하위(下位)를 하여 수천수(水天需;☵☰)란 대성괘를 만들었다. 이 괘는 백사를 기다려야 한다는 뜻에서 주역 원문에는 기다릴 대자(待字)로 총의를 압축하기도 했고 전통적으로 내려오는 문구는 '운무중천 유운불우(雲霧中天 有雲不雨)'라 하여 하늘에 구름은 잔뜩 끼어 있는데 비는 쏟아지지 않아 심사가 답답하고 구름에 가려있는 해상이라서 앞으로 일이 어떻게 될지 불분명하므로 기다려야 된다는 괘였다.
　다른 때는 길괘(吉卦)가 나와 막연하게나마 큰 믿음을 가졌던 게 사실이었으나 지금은 그렇지 못해 더욱 불안하고 답답할 뿐이었다. 도망이라도 칠까하는 생각을 안한 것은 아니나 소위 장군이란 허울좋은 감투 때문에 더 의심을 받을 게 뻔했다. 그렇다고 한 달도 채 안 남았는데 비밀리에 활 쏘는 법을 배울 수도 없는 일, 아무리 생각해도 지금까지 속여온 모든 사실들이 들통나 목이 잘리는 비참한 생애를 마치는가 싶었다.
　무술대회가 며칠 남지 않은 어느 날인가는
　'밤에 도망이라도 칠까?'
하고 궁궐 담장을 몇번이고 서성거리곤 했다. 속도 모르는 사람들은,
　"요즘 이장군이 왜 저렇게 마르는지 몰라, 걱정이라도 있

나?"
라고 말하기도 했다.

　이러는 사이에 무술대회일이 다가와 그 자리는 임금을 비롯, 왕비 공주 그리고 만조백관들이 모두 나와 있었고 전국 방방곡곡에서 모여 든 명포수들과 수십 차례나 전쟁의 경험을 겪은 장수들은 한결같이 날으는 새도 잡을 듯 의기양양한 모습들이었다. 시합을 알리는 요란한 북소리가 울려퍼지자 첫번째 순서인 박장군이란 사람이 어찌나 멀리 위치해 있던지 보일락말락한 표적을 향하여 시위를 힘껏 당겼다. 그러더니 한참 있다가 퉁소리와 함께 표적 한가운데에 화살이 똑바로 꽂혔다. 그런데 이상한 것은 이장군이 보기에는 화살 시위를 그렇게 당기면 적중하지 못할 것이라고 무식한 소치로 생각했지만 한 치의 오차도 없이 맞는 것이 신기하기만 했다.

　이장군이야말로 화살을 어떻게 잡아야 바른자세인지도 모를 뿐 아니라 표적의 백분의 일에도 화살이 미칠 수 없었다. 첫번째 장수가 적중을 하자 임금과 왕비 그리고 공주 등 모든 사람들이 박수를 치며 즐거워했다.

　두번째로 등장한 인물은 홍포수란 사람이었다. 머리는 허리춤까지 길게 늘어뜨리고 시커먼 구레나룻은 아무래도 무인으로서의 훌륭한 풍모를 가진 듯 보였다. 홍포수는 준비된 화살 세 개를 한꺼번에 시위에 당겨,

　　"으앗."

기압을 넣으며 쏘자 3개 모두가 표적판에 터트등 하고 적중했다. 　수많은 군중들은,

☰ ☷ ☵ ☷

"와아——."
하며 흥분을 하고 여기 저기서,
"아휴우, 겁나네. 단 한번에 세개의 화살을 날리다니."
감탄의 소리가 하늘을 찌를듯한 사기로 고조되었다.
 세번째로 이장군이 등장하자 임금을 비롯한 온 군중들은,
"와~아——."
하고 열기를 더 했다. 이장군은 자신이, 활을 당기는 장소까지 어떻게 걸어 왔는지 모를 정도로 긴장돼 있었다. 그리고는 마음 속으로 이렇게 생각했다.
 '이제는 모든 것이 탄로나 죽는구나. 차라리 고향에서 머슴살이나 했으면 그래도 생명은 부지할 텐데 이게 무슨 꼴이냐?'
 화살 하나를 집어 시위에 걸고 힘껏 당겼지만 활이 어찌나 강궁(强弓)인지 제대로 당겨지지 않아 할 수 없이 당기기 쉬운 방법으로 화살을 허공으로 추켜들고 허리에 힘을 다하여 당겼지만 역시 역부족이었다. 임금이나 만조백관, 그리고 다른 사람들은 표적을 향하여 시위를 당기는 이장군을 보고,
 '이장군은 활시위를 왜 저렇게 엉거주춤하게 공중을 향하여 당기는 것일까?'
하고 어리둥절해 했다.
 땀을 뻘뻘 흘리며 아직껏 시위를 제대로 못당겨 애를 먹는 이도사를 불안하게 보고 있던 공주가 큰소리로,
"장군님!"
하고 소리치는 바람에 엉겁결에 시위를 놓치고 말았다.
 군중들은 실망을 감추지 못하고,

"에이."
하며 웅성웅성 하기 시작한 순간 놓쳤던 화살 하나에 두 마리의 새가 관통된 채로 땅바닥에 떨어졌다.
그것도 모르고 눈을 감은 채로 빳빳하게 굳어 있던 이장군은 터져나오는 군중의 박수소리에 실눈으로 주위를 살펴보았다. 그런데 이게 웬일인가! 새 두 마리가 자신이 너무 긴장한 바람에 놓쳤던 화살에 꽂혀 있는 게 아닌가. 그때서야 엉겹결에 놓친 화살에 날아가던 새들이 우연히 맞았음을 알고 이렇게 외쳤다.
"에이, 공주가 아무 말만 하지 않았어도 세 마리의 새를 모두 잡는 것인데? 여자가 남자하는 일에 간섭하는 바람에 겨우 두 마리 밖에 못 잡았지 않소?"
이렇게 해서 무술대회도 무사히 마쳐지고 임금은 이장군을 불러 무엇이든지 소원이 있으면 이야기해 보라고 했다. 이장군은 너무나 감격스러워 눈물을 흘리면서 이렇게 말했다.
"예, 상감마마. 소인은 어려서부터 이조판서가 되는 것이 소원이었읍니다. 그러므로 소인이 그럴 만한 인재라고 생각하신다면 이조판서를 내려주셨으면 합니다."
이장군의 말을 듣고 있던 임금은 겨우 그 정도냐며 즉석에서 이조판서를 제수(除授)했다. 그리고서 또 한편으론 공주와 결혼을 시키려고 했지만,
"고향의 옥녀란 처녀와 오년 전 언약을 해뒀사옵니다."
는 이도사의 말을 듣고 공주와의 결혼은 단념했다.
그렇게 갈망하던 이조판서가 된 이도사는 어사화(御賜花)를

꽂고서 수많은 신하를 거느리며 꿈에 그리던 금의환향을 했으나 맨발로 맞이할 줄 알았던 옥녀는 부모들의 고집에 못이겨 얼마전에 이미 혼인을 한 몸이었다. 모든 내막을 자세히 알게 된 이조판서는 실망과 울분을 감추지 못하고 며칠 동안 자리에 눕고 말았다.

　사람에게는 누구를 막론하고 각자 할일이 따로 있으며 순리를 따르지 않으면 언제고 그만한 댓가가 있다는 것을 무엇보다도 뼈저리게 느낀 그는 그 길로 서울로 가 이조판서 벼슬자리를 그만두고 모든 것을 털어놓고 대죄(待罪)를 기다렸다.

　임금과 신하들 간에는 서로들 갑론을박만 무성할 뿐 결론을 내리지 못하고 시간만 끌자, 공주가 눈물로 그를 구제해줄 것을 간청한 덕분에 공직을 삭탈 관직하는 것으로 겨우 매듭을 지었다.

　이도사는 홀가분한 기분으로 궁중을 나와 그 길로 전국 방방곡곡을 돌아다니며 가난한 사람들을 위해서 운명을 예언해 주기도 하고, 명당자리 등을 봐 주는 지관의 일로 지난날의 허황된 꿈에 사로잡혀 나라의 한 임금까지 속이면서 이조판서를 했던 잘못을 참회했다. 한때 돈과 권력만 있게 되면 천하에 부러울 것이 없을 것으로 잘못 생각했던 자신을 깊이 자책하는 생활로 일관했다. 특히 묘자리를 잡아 주는 일이나 사람 일을 예언하는 따위는 마음과 행동이 착하지 않으면 제대로 판단할 수가 없음을 알고 인격수양에 더욱 노력했다.

　이도사는 그렇게 명산대천(名山大川)을 돌아다니면서 소일을 하다가 어느날 계룡산(鷄龍山) 어느 깊은 골짜기에 산사태로 무너진 흙더미 속에 해골이 굴러다니는 것을 보았다. 이상하다 싶어 호주머니에서 철패(鐵佩 ; 풍수들이 가지고 다니는 일종의 나침판)를 놓아 보았더니, 뜻밖에도 그 자리는 재상이 나올 명당이었다. 곧 이도사는 나뭇가지를 꺾어 해골의 왼쪽 눈에 꽂아 표시해 놓은 채로 장안으로 내려 왔다.

그런데 영의정벼슬에 있던 한 재상이 별안간 왼쪽 눈이 칼로 도려내는 듯, 송곳으로 쑤셔대는 듯, 소금을 뿌리는 듯한 따가운 고통을 겪고 있다는 소문이었다. 그 일로 영의정 집안은 온통 난리가 일었다. 유명하다는 명의를 데려다 손도 써보고, 귀신이 씌웠다하여 굿을 해보기도 했으나 아무런 차도가 없어 속수무책으로 발만 동동 구르고 있다는 것이었다. 온 마을은 이러쿵저러쿵 소문만 자자할 뿐 어찌할 도리가 없었다. 때마침 마을 주막에서

그 소문을 듣게 된 이도사는 초라한 모습을 한 채로 영의정의 집 대문을 두드렸다.

하인들은 이도사의 행색을 보고는 노발대발하며 당장 나가라고 고함을 쳤다. 그래도 사정사정을 한 연후에 영의정을 만나게 되었는데 영의정과 한참동안 이야기를 나누던 이도사는 갑자기 한참을 눈을 감고 있다가 환약 하나를 꺼내 영의정의 왼쪽 눈에 붙여주었다. 그리고는 주역팔괘로 치료가 가능하겠는가 하고 괘를 만들어 보더니 자신이 전에 해골에다 나뭇가지를 꽂아 놓은 그해의 안손방(眼損方)과 관계 있음이 나타났다.

본래 안손방이란 눈이 아프다든가 심한 경우에는 실명까지 하게 되는 것으로써 이사를 하거나 묘를 옮기는데 대기(大忌)

☰ ☷ ☵ ☳

하고 있는 천체(天體) 구성(九星) 중의 하나였다.

 이도사는 일단 영의정 집을 나와 다시 계룡산으로 급히 가서 해골 왼쪽에 꽂아두었던 나뭇가지를 빼고 영의정 집으로 다시 돌아왔다.

 그후 영의정은 그 무시무시한 통증이 씻은 듯이 가시고 시력도 점차 회복되는 기쁨을 맞게 되었다. 영의정은 이도사의 은덕을 무엇으로 보답할지 모르겠다며 극진한 대접을 했다. 이도사는 영의정에게 이렇게 말했다.

 "영상대감, 소인이 영상의 눈을 치료했다고 물질적 보답을 받는 것은 도리가 아니오. 다만 내가 바라는 것은 오직 이 집안의 대대로 내려오는 조상의 내력을 알고자 할 뿐이오."

 영의정은 이도사의 말대로 조상의 내력을 설명해 주고는 부모님의 무덤까지 안내해 주었다. 이도사가 영의정 부모가 묻힌 묘자리를 살펴본 바 겉으로 호화스럽게 꾸며 놓은 것과는 달리 좌청룡(左靑龍)·우백호(右白虎)·안산(案山 ; 묘가 바라보는 산)·득수(得水, 水口 ; 물이 처음 보이는 곳) 득파(得破, 水出 ; 물이 마지막으로 보이는 곳)·사봉(砂峯 ; 묘 주위에 있는 여러 모양의 봉우리) 등을 견주어 볼 때 결코 재상의 묘자리는 아니었다. 그 윗대 조상들의 묘자리까지 보았으나 역시 재상이 배출될 만한 묘는 하나도 없어 이도사는 자신이 하늘같이 믿어오던 풍수설이 허황된 것은 아닌지 또는 자신이 뭔가 잘못 배운 것은 아닌지 하고 허탈감에 빠져 한숨만 쉬었다. 게다가 또 한 가지 풀리지 않는 난제는 계룡산 그 해골이었다. 주역상으로는 틀림없이 그 해골 때문에 눈이 아팠고 영의정의 집안과는 무관한데 어찌 그런 현상이 날까하고 고심하다가 영의정의 말이 뭔가 잘못이 있나 싶어 주역팔괘로 영의정의 심사(心事)를 알아보기도 했다.

이도사 자신이 앉아 있는 방위가 정서쪽이고 작괘 시간이 아침 묘시(卯時 ; 05 ; 00~07 ; 00시)이므로 진위뢰괘(震爲雷卦 ; ☳☳)가 구성되었다. 이 진위뢰괘는 상하 모두가 진뢰(震雷)가 겹쳐 실속이 없는 괘로써, '진경백리 유성무형(震驚百里 有聲無形)'이라 하여 진동하는 소리가 백리까지 들리는데 형체가 없다는 뜻으로 영의정 말에 거짓이 있음을 알 수 있었다.

이도사는 영의정을 은밀히 만나 괘설명을 하면서 사실을 털어놓을 것을 부탁했다. 영의정은 이도사의 부탁에 어쩔 수 없다는 듯이 한참을 눈을 감은 채로 뭔가 생각을 하는 눈치더니 나지막한 목소리로 이렇게 말했다.

"사실은 요전에 본 부모님의 영택(永宅 ; 묘자리)은 친부모가 아니고 백부 백모님입니다. 그 까닭은 아들이 없는 백부모님께서 저를 양자로 삼았기 때문이지요. 그러므로 내 생부님께는 항시 송구스런 생각과 함께 더 민망스러운 것은 생부의 묘자리도 모르는 불효자이기 때문이지요."

그제서야 이도사는 자신이 계룡산에서 보았던 해골 이야기를 해주고 그 해골이야말로 영의정의 생부임에 틀림없다고 말해 주었다. 그러한 까닭은 명당중에서도 재상이 나올 명당인데 해골이 굴러다니길래 임자를 찾아주려고 시험삼아 나뭇가지를 꽂아보았다는 것을 서로 얘기하고 들으므로써 알게 되었다.

영의정은 이도사가 시키는 대로 그 해골을 명당자리에 묻고 정성껏 모시게 되었다. 이도사는 영의정이 보답사례로 주는 거

☰ ☷ ☰ ☷

금도 뿌리친 채 방방곡곡을 돌아다니며 많은 사람들을 구제해 주고 다니다가 말년에는 도(道)에 능통한 축지법 변장술로 간혹 세상에 나타나 사람을 종종 놀라게 했다.

기인(奇人) 토정선생(土亭先生)

　조선 중종때 주역팔괘(周易八卦)에 능통한 형중(馨仲) 이지함(李之菡)이 있었다. 이지함은 그 유명한 화담(花潭) 서경덕(徐敬德) 문하에서 학문을 했고 한때는 아산(牙山) 현감의 벼슬에도 있었으나 적성이 맞지 않는다 하여 얼마지 않아 그만두고 말았다. 어려서부터 남다르게 총명하고 남 돕기를 좋아했던 그는 성장하여 결혼을 해서도 자신보다는 남을 위하는데 더욱 힘을 썼다. 부인과 자녀들은 남다른 고생을 함에도 불구하고 불만을 토하거나 그것으로 인해서 싸움하는 법은 절대 없었다. 나이가 더할수록 학문과 인격이 높아감에 따라 비록 없이 살긴 해도 그를 따르고 존경하는 사람이 날로 늘어 그들은 그들대로 어려운 일이 있으면 이지함의 조언대로만 실행했다.
　의학이 발달되지 않았던 시기였으므로 몸이 아파도, 장사가 잘 안되어도 이지함 말대로만 하면 모두 이루어졌기 때문에 날이 갈수록 문전에 사람들이 줄을 이어갔다. 이지함은 주역팔괘

☰ ☷ ☵ ☶

에 능통하였던 터라 그 괘를 응용해서 닥쳐올 액을 미리 내다 보고 피할 수 있게 하였기 때문이었다. 그러다보니 소문에 소문을 듣고 전국 방방곡곡에서 찾아온 사람들이 구름처럼 모여들었다. 그리하여 작은 골목길에 위치한 집을 놓아둔 채 많은 사람들이 모여들 수 있는 마포 나루터에 기둥과 상량을 전혀 사용하지 않고 순전히 흙으로만 쌓아올린 정자, 즉 일종의 토굴을 만들어 그곳에서 기거했다.

　그런 연유로 세상사람들은 이지함을 토정(土亭)선생이라 부르게 되었다. 너무나 많은 사람들이 자신의 운명을 봐달라고 하는 통에 순서를 기다리려면 며칠씩 걸리곤 했다. 토정선생은 그런 폐단을 줄이고자 주역팔괘를 응용하여 앞일을 알아볼 수 있는 예언서로 소위 「토정비결(土亭秘訣)」을 만들어 그 내용에 기준하여 예언을 해 주게 되었다. 그런데 그 「토정비결」이란 책이 너무도 신기하게 앞일을 잘 맞추자 우매한 백성들 중에는 근면성과 성실성을 무시한 채 약은 꾀로 악용하는 폐단이 일기 시작하여 할 수 없이 절반 정도만 맞고 절반 정도는 맞지 않도록 「토정비결」을 고쳐버렸다.

　토정선생은 몹시 가난해 밥솥이나 갓(冠), 신발 등을 제대로 살 수가 없어 쇠붙이(鐵)로 두들겨 만든 쇠갓(鐵冠)을 쓰고 다녔고, 솥에 구멍이 났을 때는 쇠갓을 뒤집어 놓고 솥으로 대용했고 신발은 나무를 파서 만든 나막신을 신고 다녔다. 특히 토정선생은 세상사람들의 생각으로는 도저히 이해할 수 없는 신비스러운 항해 기술로 제주도를 왕래하여 사람들을 깜짝 놀라게 했다. 그도 그럴것이 광풍(狂風)이 몰아치는 악천후에 닻

☷ ☷ ☷ ☷

을 단 큰 배들도 항해를 하지 못하고 있는 판국에 토정선생은 유유하게 조각배를 이용하여 제주도를 자주 왕래하였던 것이다.

어떤 의미에서 그랬는지는 아직도 신비 속에 쌓여있으나 일엽편주로 항해를 할 때면 꼭 닭 네 마리를 배의 귀퉁이에 매달아 균형을 유지하여 침몰의 위기를 모면했다고 한다. 그런가 하면 길을 가다가도 지팡이에 턱을 괸 채 서서 잠을 자기도 했다.

그가 남긴 저서로는 개인의 운명을 매년마다 볼 수 있는 「토정비결」과 주로 국가의 운을 비록(秘錄) 예언한 「토정가장결(土亭家藏訣)」이 있는데 그 학술적 근거는 주역팔괘에 두었던 것으로 「토정가장결」에는 우리나라 국운을 이렇게 예언하고 있다.

원숭이·쥐·용(申子辰) 해는 병란이 있고, 범·뱀·돼지(寅巳亥) 해는 혼란과 옥사(刑殺) 등이 일어날 것이라고 했는데 과연 그대로 임진왜란·병자호란·을사사화·을사오적신(乙士五賊臣)들의 매국노(賣國奴)사건과 1926년 항일학생 시위운동사건 등은 그가 예언한 일면을 그대로 실증해 주었다.

토정선생은 호걸(豪傑) 기인(奇人) 등으로 널리 알려져 있었기 때문에 그만큼 어려운 기문기답(奇問奇答)으로도 유명했다.

어느 사람이 선생에게,

"세상에서 가장 부자는 누구요?"

하고 질문하자,

"부막부어불탐(富莫富於不貪)이라 하여 이 세상에서 제일 가

☰ ☷ ☴ ☶

는 부자는 부자를 욕심내지 않는 것이라."
고 했고,
"이 세상에서 가장 귀인(貴人)은 누구요?"
라고 질문하자 선생은,
"귀막귀어부작(貴莫貴於不爵)이라 하여 이 세상에서 제일가는 귀인은 벼슬을 하지 않는 것이라."
고 답한 적이 있었다. 또한,
"이 세상에서 제일 강한 사람이 누구요?"
고 질문하자,
"강막강어부쟁(强莫强於不爭)이라 하여 이 세상에서 가장 강한 사람은 다투지 않는 것이 가장 강한 사람이라."
고 대답했다.

이처럼 토정선생은 보통사람으로서는 몇날 며칠을 두고도 생각지 못할 명답을 즉석에서 하는 것만 보아도 얼마나 달인(達人)이었던가를 알 수 있다.

한번은 조상의 제사를 모셔야 하는데 제수 살 돈이 없어 쩔쩔매자 대대로 내려오는 가보를 머슴에게 주면서 어느 곳, 어느 시각에 그곳을 가면 얼마에 산다는 사람이 있을 테니 팔아오라고 했다. 종은 시키는 대로 가르켜준 장소에 가 보았더니 토정선생이 예언한 대로 그 장소에 아니나 다를까 인상착의 하나 틀리지 않은 한 노파가 그 가보를 보더니 두말하지 않고 사갔다. 하도 신기하여 고개를 갸우뚱갸우뚱 하면서 집으로 돌아왔다. 머슴을 본 선생은 이렇게 말했다.

"내년 이맘때면 반드시 오늘의 그 시간에 그 가보를 다시 팔려고 그 장소에 나올 테니 그때 다시 사오라."
고 했다. 종은 이해할 수 없다는 듯이,
"정말입니까? 아니, 정말로 그 사람이 다시 팔러 나온다고요. 그런 경우가 어디 있어요?"
그러나 선생은 웃음을 띄우며,
"기다려보라."
는 것이었다.
일년이 지나고 다시 작년처럼 제삿날이 다가왔다. 종은 혹시나 하면서도 그 장소로 가 보았다. 그랬더니 선생이 예언한 그대로 그 노파가 그 가보를 다시 팔려고 가지고 나온 것이었다.
토정선생의 많은 예언에 비하면 그러한 예언은 극히 일부에 지나지 않는 사소한 것이었다.
토정선생은 이율곡(李栗谷) 선생과 친분이 있으면서도 서로의 이념이 달라 다툰적도 많았다. 그렇지만 한때 당파싸움으로 나라가 시끄럽게 되자 율곡선생이 귀향을 하기로 작정했다는 소식을 들은 토정선생은 율곡선생을 만나,
"율곡마저 귀향을 하게 되면 당파싸움은 누가 막고 백성은 누가 다스리나."
하며 설득을 해서 율곡선생의 귀향을 포기하게 한 적도 있었다.
선생이 일생을 마치자 나라에서는 이조판서의 벼슬을 제수하고 강문공(康文公)이란 시호를 내렸다.

기인(奇人) 남사고(南師古)

　남사고(南師古)는 조선 명종때(서기 1509~1571년) 천문지리(天文地理)에 능통한 사람이었다. 어린시절부터 총명하여 많은 사람들은 그 아이를 신동(神童)이라고까지 불렀다. 그렇다고 성장하여 장원급제를 하거나 벼슬을 탐한 것도 결코 아니었다.
　한때 그가 일종의 천문학 교수인 종6품의 관상감(觀象監)이란 벼슬을 하게 된 것도 역학(易學)·복서(卜筮)·상법(相法)·천문(天文) 등에 남다른 박식함이 있었기 때문이었다.
　선생이 어린시절에 불영사(佛影寺)란 절을 갔을 때 일이다. 스님 한 분이 선생을 보고 깜짝 놀라며 천기(天氣)를 받아 눈에 광채가 번뜩이고 있음을 보자
　"아! 그놈 참 영특하게 생겼구나."
　스님의 이 같은 말을 듣고 있던 선생이,
　"그럼, 스님 저하고 바둑 한 판 두지 않겠소이까?"
하고 청하자 스님은 마음 속으로,

≡≡　　≡≡　　≡≡　　≡≡

'바둑에 대해서는 둘째 가라면 서운하다 할 정도인 내가……어린 네가 아무리 총명하다고 해도 나를 감히 따라 올소냐?'

이런 마음으로 어린 남사고에게 쾌히 응락을 했다. 두 사람은 절 근처에 있는 부용봉(芙蓉峯)에서도 기암절벽이 수려한 노송나무 밑에서 바둑을 두기 시작했다. 두 사람이 바둑을 두는 광경은 한 폭의 그림과 같았다. 태고때부터 아름다운 산세에 몇백 년 동안 만고풍상을 다 겪으면서 꼬불꼬불하게 자라난 큰 노송 밑에서 백발이 성성한 노스님과 어린 나이인 남사고 선생이 마주하여 바둑을 두는 모습은 참으로 돋보이는 아름다움이었다. 처음에는 이내 승부가 날 것으로 생각했던 노스님은 시간이 갈수록 자신의 수가 남사고만 못하다는 것을 알고서 점점 불안해졌다. 남사고는 웃음을 띄면서 장난하듯이 쉽게 두고 있어도 승세를 계속 유지하게 되자 노스님은 망신스럽다는 생각에 얼굴이 벌겋게 상기되었다.

결국 바둑은 나이 어린 남사고가 이겼다. 화가 난 노스님은 갑자기 산천이 떠나 갈 정도로 큰 소리를 치며 모습을 감추어 버렸다. 그러더니 잠시 후 땅 속에서 머리와 콧등을 먼저 보이며 큰 황소처럼 변장하여 나타나면서 남사고에게 물었다.

"내가 이렇게 나타나도 무섭지 않느냐?"

고 하자 남사고는 태연한 모습으로,

"뭐가 무섭습니까? 본래 모습은 스님이었는데요."

하고 대답했다. 노스님은 자신이 어린 남사고와 힘을 겨루는 못난이였음을 깨닫고 후회했다.

그후 노스님은 남사고가 비범한 인물임을 알고 자신이 사부

≡ ≡≡ ≡≡ ≡≡

　로부터 전수받은 천문지리에 관한 각종 비록을 남사고에게 전해주었다.
　남사고는 심산유곡 깊은 동굴에 들어가 그 비전을 해독하여 능히 천기(天氣)를 알아볼 수 있는 능력을 갖게 돼 개인에 관한 미래는 물론이고 나라에 관한 미래를 한 치의 오차도 없이 예언하여 세상 사람들을 놀라게 하였다. 그와 같은 예언을 비록(秘錄)해 놓은 책이 자신의 호를 따서 지은 「격암유록(格庵遺錄)」이었는데 그 유록을 살펴보면 다음과 같은 대목도 있어 새삼 놀라움을 전해주고 있다.
　백호(白虎), 즉 호랑이 해 중에서도 흰색을 상징한 경(庚;금색같은 흰색인 데서 연유)자가 들은 해, 그러니까 6·25사변이 일어나던 1950년(庚寅)에 병화(兵火)가 있을 거라고 했으며 더욱 신기한 것은 피난처가 지금의 부산이 될 것이라고 예언했던 점이다.
　이 밖에도 '목인비거후 대인산조비래(木人飛去後 待人山鳥飛來)'라 했는데 이를 좀더 자세하게 풀어보면 다음과 같은 신비스러움을 알 수 있다.
　목인(木人)은 박씨(朴氏) 성을 말하고 비거후(飛去後)는 죽은 뒤란 의미이므로 박씨를 가진 사람이 죽은 후에는 대인산비래라 하여 최씨(崔氏) 성을 가진 사람이 나라를 다스린다고 하였다. 왜 하필 최라고 하느냐는 것은 대인산(待人山)은 최자(崔字)의 좌측에 있는 사람인자(人字)와 상층부에 있는 산자(山字) 그리고 새 조자(鳥字)는 새 추자(隹字)와 같으므로 이를 전부 합치면 최씨(崔氏)가 되고 비래(飛來)란 말은 다가온다는 뜻이 된다. 그러한 연유에서 그랬는지 앞으로 또 그러한 사실이 있을지는 확실치 않으나 5·16군사혁명으로 박정희(朴正熙) 장군이 나라를 다스렸고 그 다음으로는 최규하(崔圭夏) 대통령이 출현하게 되었다.

　남사고선생은 명종의 어머니인 문정왕후의 죽음을 예언하면서 선조(宣祖)가 왕이 된 후에 임진왜란이 있게 될 것이며, 학풍의 대두로 동인(東人)이니 서인(西人)이니 하는 붕당이 있게 될 것이라고 했다. 그리고 그의 특유의 파자법(破字法)으로 동인들이 살고 있는 낙산(駱山)과 서인들이 살고 있는 안산(鞍山)을 기준하여 붕당들의 미래를 정단(正斷)해 보이기도 했다.

　이른바 '낙산(駱山)은 낙자(駱字)가 마각(馬各)을 합친 자이므로 말(馬)을 타고 가다 떨어(各)진 형상으로써 처음에는 동인들이 국운을 좌지우지 하는 대권의 무리가 되나 결국은 각각(各各) 생각이 달라짐에 따라 분열되고 서인을 상징한 안산(鞍山)은 글자 그대로(鞍山) 바꿀 혁자(革字)에 편안 안자(安字)를 합친 까닭에 새로운 개혁 정책을 펴 안정의 대권을 유지한다.' 는 것이었다.

　그런가하면 우리 온 민족의 숙원인 남북통일이 언제겠냐는 시기도 「격암유록」에 비록(秘錄)하였으므로 살펴 볼 필요가 있다.

　'통합지년하시 용사적구희월야 백의민족생지년(統合之年何時 龍蛇赤狗喜月也 白衣民族生之年)'이라 하여 통일의 그날이 언제인가고 물음에 대한 답이 씌여 있는데 그것은 바로 용이나 뱀의 해가 될 것이며 붉은 개해(丙年)가 된다는 것이었다. 이를 계산해 보면 진사(辰巳 ; 용·뱀의 해)년은 12년마다 돌아오는데 그중에서도 병술은 2006년이고 병진 정사년은 2036~37년이 됨에 따라 우리 모두는 통일의 그 날을 기대해봄직도하다. 그리하여 통일의 한국을 새롭게 탄생시키도록 해야 할 것이다(白衣民族生之年).

이렇게 천도(天道)와 지도(地道)의 신비를 헤아린 선생이 어느날 별을 보고 자신의 수명이 다 되었음을 알고 객사나 면해볼 생각으로 관상감이란 벼슬을 그만두고 집에 돌아오는데 귀향길에서 그만 죽게 되니 세상사람들은,

"천문지리에 능통한 남사고선생도 인간의 수명만큼은 어찌 할 수가 없는 것이로구나."

하면서 한탄하였다.

김치(金緻)와 심기원(沈器遠)

　김치(金緻)란 사람은 사주학(四柱學)에 천성적인 소질이 있었다. 광해군(光海君)때 참판벼슬을 하던 어느 날, 자신의 사주(四柱)를 정단(正斷)해 보니 머지않아 파직할 운세이고 대북이니 소북이니 하여 당파싸움이 심해질 것으로 판단돼 참판벼슬을 그만두고 깊은 산으로 들어가 사주학에 몰두하고 있었다. 그러던 어느 날, 또다시 자신의 사주를 면밀히 판단해 보았더니 놀라운 사실이 발견되어 인명은 재천(在天)이란 말과 인생 무상함을 새삼 깨달았다. 왜냐면 김치 자신이 47세를 전후하여 북망산천(北邙山川) 유객(幽客), 즉 죽는다는 것이었다. 생각해 보니 참으로 난감한 일이 아닐 수 없었다. 생명이 아까운 것보다 할일을 너무나 못다 하고 죽는구나라는 생각에 종이에 씌어진 자신의 사주만을 뚫어져라 하고 바라 보았다. 이때 눈에 띄는 것은 수성면액(水姓免厄), 즉 성씨 중에 물수자(水字)가 들어 있는 사람을 만나게 되면 죽음의 큰액을 면할 수도 있다는

☰ ☷ ☳ ☶

것이었다. 그리고 역도(易道 ; 역학의 진리)에 일반적인 상식으로 시덕구제(施德救濟), 즉 많은 덕행을 쌓아 어려운 사람을 구해 주면 액을 다소나마 감소시킬 수 있다는 생각에 어려움에 처해 있는 불쌍한 사람들의 운명을 바꾸어주는 덕을 쌓아 액을 감소시키기 위해서 하산하고 집으로 돌아왔다.

남의 사주를 봐주며 수양을 하던 어느 오후에 자신의 생명을 구해줄 수 있는 귀인(貴人)이 나타날지 아니면 이대로 죽을 날만 기다려야 할지 등을 알아보고자 주역팔괘로 정단을 해보았다. 그런데 다음달 초승에 심(沈)씨 성을 가진 사람이 찾아 오는 것으로 괘상(卦象)에 나타났다. 그러면서 길성(吉星)중의 하나인 천을귀인(天乙貴人)과 역시 귀인이라 할 수 있는 청룡(靑龍 ; 주역괘를 판단할 때 응용한 여섯 신중 하나)이 양동(陽動, 괘가 움직였다는 것, 움직이면 힘이 배가 됨)하여 매우 길조가 있는 것으로 판단되었다.

김치는 주역의 판단에 따라 초승이 되자 심씨 성을 가진 사람이 오기만을 기다렸다. 특히 심씨나 지(池)씨 등 물 수자 변을 가진 사람이 찾아올 경우 물은 음성(陰性)에 해당하기 때문에 양성(陽性)인 낮시간 보다는 음성인 저녁 무렵이나 한밤중이 될 거라고 마음 속으로 짐작하면서 밤이 되기를 기다렸다.

하루 해가 저물고 어둠이 짙어지자 대문을 두드리며 김치를 만나볼 것을 청하는 사람이 있었다. 하인의 안내로 김치 앞에 앉아 있는 그 사람은 남루한 옷차림으로 보아 일견 농사꾼이나 장사치 등으로 착각할 수 있었으나 손마디가 매끈하고 얼굴 생김새김으로 보아 결코 농사꾼 같지는 않았다.

김치의 예리한 시선을 은근히 피하는 손님은 자신을 소개했다.
　"저는 벽촌에서 농사를 지으며 살아가고 있는데 흙 위에 불필요한 나뭇가지가 솟아나 그 나뭇가지를 제거하고 새로운 나무를 심어 묘목을 만들어 온 산천을 푸르게 하고 싶소. 저의 이름은 심기원(沈器遠)이라 하오."
　심기원은 김치에게 자신의 생년월일 등을 가르쳐주며 앞으로의 운세를 부탁했다. 한참동안 침묵만 지키고 있던 김치는 심기원의 사주를 붓으로 하얀 백지에 써놓고,
　"심공(沈公)이 나의 귀인이며 내가 또한 심공의 귀인이 되오."
라고 어리둥절한 말을 했다.
　그러자 심기원은,
　"선생이 저에 대한 귀인은 될 수도 있겠지만 내가 어찌 선생의 귀인이 된단 말이오?"
하고 말하자 김치는 자신이 얼마 전 판단했던 간명록(看命錄 ; 운명을 판단한 기록)을 보이며 심기원이 농사꾼이나 장사꾼이 아니라는 것도 알고 있으며 흙 위에 나무 등등 운운하는 것이나 적혀 있는 사주로 보아 반정음모를 꾀하고 있다는 것을 알고 있다고 설명했다. 심기원은 자리에서 일어나 과연 선생께서는 소문 그대로라며 큰절로 예의를 표시했다.
　그리고는 반정음모에 가담한 김유, 이귀, 이괄 등 동료들의 생년월일을 가르쳐주며 판단해줄 것을 부탁했다. 김치는 이들의 사주를 면밀하게 살핀 후 이 사람들은 모두가 얼마 아니해

☰ ☷ ☵ ☶

서 판서나 정승이 될 수 있는 귀격(貴格)에 해당한 사주라고 말했다. 심기원은 기분이 좋은지 고개를 끄덕거리면서 소매자락에 깊이 숨겨 놓은 큼지막한 비단에 씌여진 생년월일을 가르쳐 주었다.

새로운 백지에 심기원이 불러준 대로 사주를 뽑아놓은 김치는 깜짝 놀란 모습으로 돛자리를 깔고서 그 사주 앞에 큰절을 했다. 김치의 그 같은 모습에 심기원은 알 것을 다 알고 있다는 생각에 김치에게 지금 예를 올리고 있는 사주는 능양군(綾楊君)이고 거사 날자는 3월 22일이라고 털어놓았다.

김치는 손가락으로 갑을병정(甲乙丙丁) 자축인묘(子丑寅卯) 등을 새어 거사 날짜인 3월 22일을 집어보더니 그날은 지금의 왕인 광해군이 득세하는 날이라 불길하다고 했다. 그리고는 가장 좋은 날은 3월 12일이라고 말하자 심기원은 당황한 얼굴로 어떻게 하면 좋겠느냐고 근심어린 얼굴로 되물었다.

그러자 김치는 다른 날은 절대 성공할 수가 없으니 거사날을 바꾸는 게 가장 묘책이라고 강력히 주장했다.

결국 여러 동지들과 밀회를 하여 예정했던 3월 22일 보다 열흘 앞당긴 12일에 거사를 하여 성공하게 되니 능양군이 인조 임금이 되었고 광해군은 폐왕이 돼 쫓겨났다.

김치도 경상감사에 제수돼 다시 벼슬길에 올랐으나 맨 처음 죽을 시기보다 3~4년 더 살다가 죽을 때는

"인간이 아무리 날뛰어도 천수(天壽)는 어찌할 수가 없으니 공연히 헛수고 하지 말라."

는 유언을 남겼다.

서산대사(西山大師)와 사명당(四溟堂)의 도술시합

　서산대사(西山大師)를 일명 휴정(休靜)이라고도 하는데 자(字)는 현응(玄應)이요, 호(號)는 청허자(淸虛子)로 속세에서의 성은 최(崔)씨였다. 그의 제자인 사명대사(四溟大師) 사명당(四溟堂)은 일명 송운유정(松雲惟政)이며 자는 이환(離幻)이요, 속세의 성은 임(任)씨로 시호는 자통홍제존자(慈通弘濟尊子)였다.
　두 사람은 고승으로 유명하지만 사제지간으로도 더욱 유명하여 많은 일화가 남아있다.

　어느 날 사명당이 스승인 서산대사와 도술을 시험해 보기 위해서 남루한 옷차림으로 묘향산(妙香山)을 내려오는데 동에 번쩍 서에 번쩍 신출귀몰한 축지법(縮地法)을 써서 평안도를 거쳐 황해도 경기도를 지나 눈깜짝할 사이에 강원도에 이르렀다. 전번에는 자신의 수도장인 묘향산에 서산대사가 왔을 때 선녀들이 날라다 준 밥을 먹는다고 자랑하며 자신의 도술을 은근히 발휘해 보려고 했는데 그날따라 선녀가 밥을 가져오지 않아서 하루종일 기다리다가 망신만 샀는데 서산대사가 떠나면서,
"내가 가고 얼마 지나지 않으면 밥을 먹게 될 것이다."
라고 해서 헛일 삼아 기다렸더니 아닌 게 아니라 선녀들이 밥을 가지고 왔다. 그리고서 사명당에게 이르기를,
"제 시간에 가져오려고 했지만 천상식관(天上食官)에게 늦어도 괜찮다는 서산대사의 말씀에 따라 이제 왔소이다."
고 하는 것이었다.
　사명당은 그 일이 있고나서 자신의 도술이 서산대사에 못 미친다는 것을 알고, 그후부터 더욱 분발하여 도술을 연마해 이제는 서산대사와 견주어 볼 수 있다는 자신만만한 생각에 잠겨 있었다.
　사명당은 서산대사보다 스물셋이나 아래였으므로 그 기백이나 패기는 서산대사보다 앞섰지만 그래도 스승만한 제자가 없다는 말처럼 도술에 있어서는 어딘지 모르게 뒤졌다. 그렇다고 사명당이 결코 도술을 할 줄 모르는 것은 아니었지만 스승인 서산대사 보다는 못했다.
　사명당이 한참 도술을 걸어 동서남북을 종횡무진하고 다닐 무렵 세상에는 심심치 않은 소문이 구구했다. 그중에서도 서산대사와 사명당의 기상천외한 도술에 있어서 서산대사가 낫다느니 사명당이 낫다느니 소문마저 우열을 가리지 못할 지경으로 두 사람의 도술이 막상막하임을 실감케 했으나 시간이 흐를수록 서산대사가 사명당보다 한 수 위라는 세론이 지배적이었기도 한다.

다. 사명당은 자신이 서산대사만 못하다는 세상사람들의 말을 들을 때마다 더좀 잘해야겠다는 굳은 결심을 하면서도 뭔가 석연치 않았지만 측근에 있는 여러 스님들로부터 서산대사보다는 오히려 사명당이 훨씬 나을 것이란 말이 들려오기도 해 사명당은 마음 속으로,

'길고 짧은 것은 대봐야지.'

그러면서도 서산대사의 그 신출귀몰하고 신비 속에 쌓인 비법을 인정한 터라 다소 위축감도 없지 않았다.

'나에게도 승산은 얼마든지 있다.'

고 생각한 사명당은,

'이번 기회야말로 서산대사와 선의의 경쟁을 하여 천지조화를 부리는 서산대사를 천길만길이나 되는 궁지에 빠지게 하여 온세상 사람들을 깜짝 놀라게 해 줘야지.'

하는 결심을 하고 설레는 가슴에 비록 축지법을 쓰기는 해도 비호처럼 질주하는 것마저도 숫승인 서산대사보다 더디다는 생각을 갖기도 했다. 그러나 어느덧 서산대사가 수도하고 있는 금강산의 깊은 골짜기에 위치한 장안사(長安寺)에 도착했다.

우거진 숲속에서 지저귀는 새소리며 돌사이로 흐르는 맑은 물은 태고의 신비를 더해 주었다. 사명당이 험준한 계곡을 축지법이 아닌 발걸음으로 오르고 있을 때 서산대사는 눈을 지그시 감고 염주를 오른손 엄지손가락으로 돌리며 상좌승을 조용히 불렀다. 그리고,

"지금 저 아래 계곡에는 묘향산에서 여기까지 찾아온 사명당이란 스님이 오고 있으니 어서 가서 모셔오라."

☰ ☷ ☳ ☷

고 했다. 아무 영문을 모르는 상좌승은 깜짝 놀라며,
 "사명대사께서 수도하시는 묘향산과 여기 장안사는 아주 먼 거리인데 아무 전갈도 없이 오실 까닭이 있겠읍니까?"
 상좌승의 이 같은 부정적인 태도에 서산대사는,
 "얏"
 소리와 함께 손바닥을 펴보이며,
 "봐라, 저기 오고 있지 않느냐."
 상좌승은 서산대사의 손바닥을 쳐다보는 순간 또한번 깜짝 놀라지 않을 수 없었다. 그 손바닥 안에는 사명당이 오고 있는 모습이 거울처럼 선명하게 나타나 있었기 때문이다.
 그제야 상좌승은 몸둘 바를 모르고 곧장 사명당을 마중하려고 몇 발자국을 뗄 무렵 서산대사는 다시 상좌승을 부르며 이렇게 말했다.
 "이 계곡을 쭉 내려가다 보면 사명당이 물을 거꾸로 몰고 올 테니 시냇물은 반드시 역류할 것이고 바로 근처에 사명당이 올 거야."
 상좌승은 서산대사의 예지 능력에 감탄하면서도 너무나 자신에 찬 소리여서 고개를 갸우뚱거리며 발걸음을 재촉했다. 상좌승이 정신없이 가고 있을 때 공교롭게도 계곡의 맑은 물이 역류하는 바람에 물방울이 튕겨 시원함을 느낄 수가 있었다. 마침내 산모퉁이를 돌아갈 무렵 사명당이 오고 있음이 눈에 띄었다. 상좌승은 사명당 앞으로 다가가,
 "스님, 스님께서는 정녕 사명대사이시지요?"
 사명당은 아차하는 생각이 들었다. 왜냐면 서산대사가 마중

을 보낸 상좌승임을 알아볼 수 있었기 때문이었다. 벌써 서산대사보다 한 수 뒤지고 있다는 생각에 기분이 썩 좋지는 않았지만, 마중나온 상좌승에게 고맙다는 말을 하고는 그동안 서산대사의 도술하는 모습을 잘 봤느냐며 근황을 알아보았다.

그러나 상좌승은 자신으로서는 알아볼 수도 없을 만큼 신출귀몰하기 때문에 잘 모르겠다는 대답이었다.

어느덧 장안사에 당도하여 법당을 향하여 걷고 있을 때 서산대사께서는 법당의 돌계단을 막 내려오려던 참이었다. 사명당은 인사에 앞서 공중에 날아가는 새 한 마리를 획하는 소리와 함께 생포하여 주먹 안에 넣고서 서산대사에게,

"대사님, 소승이 쥐고 있는 이 참새가 죽었을까요, 아니면 살아 있을까요?"

하고 첫 질문을 가볍게 던지자, 서산대사는 껄껄 웃으면서,

"손안에 쥐고 있는 새이므로 그 새의 생사는 오직 사명당에게 달려 있을 뿐이오. 왜냐면 내가 죽었다고 할 경우에는 그 새를 그대로 날려 보낼 것이고, 살았다고 하면 손을 꼭 쥐어 살생도 불사할 테니 말이오."

서산대사의 이와 같은 말에 사명당은 주먹안에 있던 새를 획하고 허공에 날려버렸다. 그런데 이젠 서산대사가 내려오던 돌계단을 다시 올라 법당에서 향을 피워놓고 문턱을 넘어서면서 사명당에게,

"여보시요 대사. 내가 지금 한 발을 법당 안에 또 한 발은 법당 밖에 있는데 과연 어떡하겠오. 내가 밖으로 나갈 상이요 아니면 법당 안으로 들어갈 상이요?"

☰ ☳ ☴ ☷

하고 애매모호한 질문을 던졌다.
 이를테면 방금 사명당의 새에 관한 질문과 같은 것이었다. 사명대사가,
 '틀림없이 내가 밖으로 나올 거라고 이야기하면 안으로 들어갈 것이고 들어갈 것이라고 하면 밖으로 나올 거라.'
고 생각했다. 한참을 생각에만 잠겨있자 서산대사가 사명당에게,
 "대사 무엇하시오. 답을 내려야 할게 아니요?"
하고 독촉을 하자 사명당은,
 내가 멀리서 왔으니 법당으로 들어가 염불을 하는 것보다는 나와서 손님대접을 할 거란 생각에,
 "예, 대사님. 지금 법당 밖으로 나오시려고 하지 않습니까?"
하고 답을 던졌다. 그 말을 해놓고도 서산대사가
 '아니요, 나는 법당에 볼일이 있어 다시 들어 갈 겁니다.'
한다면 큰 낭패라고 생각했다. 그러나 서산대사는 역시 스승답게,
 "그렇소. 대사가 묘향산에서 예까지 오셨는데 당연히 손님대접을 하기 위해서 나가야지요."
하고는 돌계단을 내려왔다.
 사명당은 서산대사의 그 같은 너그러운 마음에 고마운 생각을 가지면서 서산대사와 정중한 예의를 나눈 뒤 자신이 묘향산에서 이곳까지 오게 된 연유를 설명하고 정식으로 도술을 겨루어 볼 것을 제의했다.

서산대사 역시 풍문에 사명당의 도술이 비범하다는 것을 아는 터라 쾌히 승낙을 했다. 그리고 먼저 사명당의 도술을 발휘해 보라고 하자 사명당은 일기당천(一騎當千)한 모습으로 지고 온 바랑에서 바늘이 가득 담겨 있는 그릇 하나를 꺼내 방바닥에 놓고는 한참동안 무언 응시(無言應視)하였다. 그런데 그릇에 담겨 있던 바늘이 보기도 좋은 흰국수로 변하는 것이었다. 사명당은 보란 듯이 국수를 먹으며 서산대사에게,

"사부님 시장하실 텐데 좀 들어보시지요."

사명당의 언행은 좀 경솔한 데가 있었으나 서산대사는 아무 말을 하지 않고 있다가 사명당이 남겨 놓은 국수를 맛있게 먹어 치웠다. 그리고는,

"아아, 맛있게 잘 먹었읍니다. 묘향산에서 이곳까지 국수를 가지고 오시다니 참으로 잘 먹었읍니다. 모두가 사명대사의 덕이지요."

이 말을 들은 사명당은 자신의 도술이 일단 성공적이라 생각하고는 서산대사에게,

"대사님, 바늘이 국수가 되었으니 속이 거북하지는 않으신지요?"

듣고만 있던 서산대사는,

"글쎄요, 그러면 사명대사께서 이미 뱃 속에 들어 있는 국수를 다시 바늘로 변화시킬 수는 없는지요?"

그러자 사명당은,

"이미 봄이 지나 가을이 된 것과 같은 이치가 아니겠읍니까. 그러니 국수가 바늘로 될 리가 있겠읍니까?"

☰ ☷ ☵ ☶

　　결국 사명당의 이 같은 말은 바늘이 국수는 될 수 있어도 국수가 바늘로 될 수는 없다는 의미였다. 그러나 서산대사의 입에서는 아까 먹었던 국수가 반짝거리는 바늘로 변하여 그릇에 하나하나 차 오르고 있었다. 당황한 사명당은,
　　"이 시합에서는 소승이 졌읍니다."
라고 항복했다.
　　그리고는 이번이야말로 견주어볼만하다며 바랑에서 계란 백여 개를 꺼내더니 보통 사람은 하나도 세우지 못하는데 백여 개를 일직선으로 쌓아 올렸다. 그러다보니 쌓아 올린 계란 높이는 얼마나 높은지 수척(數尺)에 다달아 바람만 조금 불어도 허물어져 금방이라도 박살이 날 것 같았다. 사명당은 자신만만한 태도로 서산대사에게,
　　"자아, 이젠 대사님 차례입니다."
라고 은근히 독촉을 했다.
　　보고만 있던 서산대사는 사명당과는 정반대로 허공에서부터 거꾸로 계란을 쌓아 내려오자 사명당은 입을 딱 벌린 채 똑바로 굳어있었다. 일직선으로 쌓아 올리기도 힘드는데 허공에 그것도 거꾸로 쌓아 내려오다니, 계란을 다 쌓아 내려온 서산대사는 일직선으로 된 계란을 공중에 매달린 상태에서 몇 차례 회전을 시킨 다음 큰 지팡이로 만들어 사명당에게,
　　"대사, 여기 있읍니다. 지팡이가 낡은 것 같으니 이것을 짚고 다니시지요."
하고 사명당 무릎 앞에 정중히 놓았다. 초조해진 사명당은,
　　'이번에야 말로 최후의 비장술(秘藏術)로 서산대사를 깜짝 놀

라게 해야지.'

 마음을 굳게 먹은 사명당은 초조하고 당황한 마음을 합장을 하여 다시 회생시키고는 하늘을 바라보며 입을 달싹거리면서 주문을 외우기 시작했다. 그러자 시커먼 먹구름이 금방 장안사의 창공을 덮어 씌우며 어두워졌다. 그런가 하면 바른 손을,
 "으앗."
하는 소리와 함께 허공에 거꾸로 짚은 채로 동동 떠 있었다. 그리고는 미친 듯이 고함을 치며 주문을 외우자 천둥이 치기 시작하고 장대같은 폭우가 쏟아져 금방이라도 온 세상이 물바다가 될 듯한 기세였다. 사명당의 위세는 당당하다 못해 광기(狂氣)마저 서린 듯한 느낌을 주었다. 온 세상을 꿀컥 삼켜버릴 듯한 사명당의 도술은 서산대사까지도 깜짝 놀라게 했다. 사명당이 도술을 풀고 원점으로 돌아오자 모든 것은 평온해졌다. 이마에 땀이 송글송글 맺혀 있는 사명당에게 서산대사는,
 "참으로 대사는 말 듣던 대로 도술이 대단합니다."
라고 칭찬을 해 주었다. 사명당은,
 '이만하면 감히 누가 내 도술을 따라올 수 있으랴.'
는 생각에 헛기침을 하며 별것도 아닌 것처럼,
 "원, 대사님도 겨우 이걸 가지고 뭘 칭찬까지……."
하고는 태연한 척했다.
 서산대사는 자신의 차례임을 알아 아까 사명당이 합장한 모습 그대로 하늘을 우러러 보며 주문을 외우기 시작했다. 참으로 긴장되는 순간이었다. 그 중에도 사명당은 자신의 능력을 유감없이 발휘했지만 서산대사의 합장 모습엔 뭔가 불안한 점

☰ ☷ ☱ ☶

이 엿보였다.
　서산대사가 한참동안 합장을 하고는 곁에 있던 지팡이를 허공으로 휙 집어 던지자 아까 사명당이 도술을 걸 때와 같이 이내 먹구름이 하늘을 뒤덮고 천둥 번개가 일기 시작하더니 폭우가 쏟아져 사방이 물바다가 될 듯한 기세였다. 그런가 하면 서산대사는 허공에 선 채로 내리던 폭우를 다시 하늘로 올라가게끔 조화를 부렸다. 뿐만 아니라 계절을 자유자재로 조화시켜 한동안 꾀꼬리가 우는 푸른 봄을 만들기도 하고 얼마 있다가는 함박 눈으로 온 산천을 흰 옷으로 갈아 입히고 그 가운데서도 먹음직스런 감이 주렁주렁 열리게 하는 도술 등은 사명당으로서도 도저히 상상할 수 없는 불가사의한 도술이었다.
　모든 것을 원상태로 되돌려놓자, 사명당은 서산대사에게 무릎을 꿇고 앉아,
　"대사님, 진즉 알아뵙지 못해 죄송합니다. 이제부터는 어떤 일이 있어도 대사님을 진정한 스승으로 모시겠읍니다. 우매한 소승을 용서하십시오."
라고 간청을 하자 서산대사는 꿇어앉아 있는 사명당의 손을 잡고,
　"대사, 일어나시지요."
하면서 사제지간의 정을 더욱 돈독하게 하였다.

　그후 사명당은 어떤 경우에도 자신의 도술을 스승인 서산대사와는 천양지차(千樣之差)임을 깨달아 감히 겨루어 볼 생각을 하지 않았다고 한다.

밤(栗)과 이(虱)의 극락왕생염불

 오곡백과가 황금물결로 출렁이는 어느 가을날, 서산대사와 사명당은 하산하여 어느 마을의 산모퉁이에 있는 정자나무 밑에서 바랑을 짊어진 채로 약간은 따분한 듯 쉬고 있었다.
 두 사람은 항상 언행을 조심하는 처지였지만 분위기가 어수선하고 따분할 때면 기문기답(奇問奇答)으로 부드러운 분위기를 만들곤 하였다. 그날도 별로 할말도 없는 딱딱한 분위기만 감돌자 제자인 사명당이 서산대사에게,
 "사부님, 저쪽 건너편에 아낙네가 광주리를 이고 오는 것이 보이시지요?"
하고 묻자 서산대사는,
 "아, 저기 저 논두렁 길로 오고 있는 아낙네, 그래 저 아낙네가 어쨌단 말인고?"
 그러자 다시 사명당이 서산대사에게,
 "사부님, 저 아낙네가 이고 오는 광주리 안에는 뭐가 들어 있을까요?"
 사실 서산대사로서도 이런 질문에 답하기란 참으로 곤란했다. 왜냐면 도술을 부려볼 만한 가치가 별로 없는데다가 아무 때나 도술을 걸게 되면 잡술에 지나지 않는다는 생각이 들었기 때문이었다. 그래서 이럴 때는 몸에 서린 도기(道氣)를 응용하여 영감(靈感)이나 예리한 직감(直感)으로 판단해내곤 했다.
 서산대사는 합장을 하고 눈을 지그시 감았다가 다시 번쩍 뜨고서 말을 시작했다.

☰ ☷ ☵ ☷

　　"저 아낙네가 이고 오는 광주리 안에는 먹음직한 밤(栗)이 들어 있도다."
고 말했다. 그러자 사명당은 재빠르게,
　　"그러면 몇 개나 될까요?"
　　다시 묻자, 서산대사는,
　　"아마 64개가 될 것이다."
　　이러한 이야기가 오고가는 동안에 마침내 아낙네가 광주리를 이고 두 사람 앞을 지나가게 되자 사명당이,
　　"아주머니, 아주머니."
하고 불러세우고는 잠깐만 광주리를 내려놓고 볼 수 있도록 부탁했다.
　　영문을 모르는 아낙네는,
　　"예, 스님, 그러시지요."
하며 광주리를 땅에 내려놓았다.
　　사명당이 빠른 동작으로 광주리 안을 확인해 보았다. 그런데 이게 웬일인가. 광주리 안에는 서산대사가 지적한 그대로 탐스럽게 생긴 알밤 64개가 들어 있었다. 아낙네를 보내고 사명당은 서산대사에게,
　　"사부님, 어떻게 해서 그처럼 정확하게 알 수 있었는지요?"
　　사명당의 이 같은 질문에 서산대사는 이렇게 설명했다.
　　"아까 광주리 안에 뭐가 들었느냐고 물을적에 저 푸른 창공에 까치란 놈이 나뭇가지를 물고 서쪽을 향하여 두 날개를 팔팔(八八)거리며 사라졌기 때문이다. 우리가 살아가고 있는 온누리에는 인간은 물론이고 하늘을 날으는 새들, 바다에 사는

≡≡   ≡≡   ≡≡   ≡≡

물고기, 눈에도 잘 띄지 않을 　　　 작은 미물일지라도 라도 일거수일투족에는 그에 상응한 이치(理治)가 반드시 있는데 하물며 까치란 놈이 나뭇가지를 물고 서쪽으로 날아가는데 역시 그에 합당한 이치가 있는 것이 당연하지 않겠느냐?"

　서산대사는 잠시 말을 끝마치고는 지팡이 끝으로 땅바닥에 밤율(栗)자를 써 가며,

　"까치가 서쪽으로 날아가는 것은 저녘서(西)자에 해당하고 나뭇가지는 나무목(木)자에 해당하여 이를 합성해보면 밤율(栗)자가 되므로 광주리 속에 밤이 있음을 알 수 있었고, 까치가 두 날개를 팔팔(八八)거리며 날아갔으므로 이는 하락리수(河洛理數)에 근거한 산술(算術)법칙에 의해 팔팔(八八)은 64, 즉 밤의 숫자가 64개임을 알 수 있었노라."
고 설명했다.

　서산대사의 설명에 이해가 가는지 사명당은 즐거운 표정으로 서산대사에게 조금전 설명 중에서 까치와 하락리수에 대한 것을 좀더 자세히 설명해 줄 것을 부탁했다.

　서산대사는,

　"까치란 놈은 본래 우주 공간을 날을 때 자연이나 인간들의 어떤 현상을 나타내는 일종의 연신조(連信鳥 ; 소식을 전하는 새)로 날고 있는 방향과 시간 등에 따라 전하는 뜻이 달라지는데 그 한 예로 오시(午時 ; 11 : 00～13 : 00시)에 정동쪽으로 날면 경쟁하는 일이 있게 되고, 동남쪽은 집안에 손님이 찾아오고 정남쪽으로 날면 남하고 다투게 되며 서남쪽으로 날면 기다리던 손님이나 소식 등이 없게 되고, 정서쪽으로 날면 어데선가

⚌ ䷁ ䷀ ䷗

　　좋은 물건을 보내오게 된다. 그리고 서북쪽으로 날면 진수성찬의 대접을 받게 될 것이며 정북쪽으로 날면 집안 사람이나 가축들이 나가 고민하는 일이 있게 될 것이고 동북쪽으로 날면 여자로부터 부쳐온 물건을 받게 될 것이다."
　　서산대사의 논리정연한 까치의 특성과 일거수일투족에 관한 신비는 하찮다고 생각하던 보통사람의 지식을 훨씬 넘어선 것이어서 사명당은 흥미롭게 듣고 앉아 있었다. 한참동안 이야기를 하다 보니 목이 말라서 바랑 옆구리에 매달려 있는 물통 뚜껑을 열고는 물을 두서너 모금 마신 후에 다시 이야기를 시작한 서산대사는 하락리수에 대해서 이렇게 설명했다.
　　"본시 하락리수라는 어의(語意)는 중국 고대에 치수공사를 하던 중에 이상한 말(龍馬)이 물 속에서 나타나 그 말등에 새겨진 무늬를 복희씨(伏犧氏)란 사람이 연구해 본 결과 천지창조의 기본 위치를 점수, 즉 숫자로 표시했음을 깨달아 이를 용마하도(龍馬河圖)라 하였으며 이 하도가 나온 뒤 상당한 시기가 지난 때인 하우씨(하나라 임금) 또는 문왕(주나라 임금)이 치수공사를 하다가 역시 물 속에서 거북이가 등에 우주만물의 성장 과정을 숫자로 표시하고 나타났기 때문에 이를 신구낙서(神龜洛書)라 했으므로 용마하도란 단어에서 하(河)자와 신구낙서란 락(洛)자를 합성하여 하락이라 했고 이 하락은 천지만물의 이치(理治)를 다스린 숫자란 뜻으로 이를 전부 합해서 하락리수라고 한 것이며 이는 곧 산술학(算術學)의 기초가 되는 것은 두 말할 것도 없고 만고에 성서라고 하는 주역(周易)의 기초가 되는 것이다."

말을 마친 서산대사는 걷기 시작했다. 그런데 이상하게도 늦다고 재촉하며 재빠르게 걷던 서산대사가 걸음을 멈추고 합장을 하고서 나무아미타불 관세음보살하며 염불을 외우고 있었다. 그러면서 바랑을 벗어 부치고 머리를 구부려 윗옷을 들춰 보이며 등을 좀 보라고 사명당에게 부탁을 했다.

아무 영문을 모르는 사명당은 서산대사의 옷을 들추고 등을 보았다. 그런데 아뿔사, 큰 이(虱) 한 마리가 서산대사의 피를 빨아 먹어 배통이 터질 듯 토실토실하고 색깔은 붉은 빛을 띤 채 등에 달라붙어 있는 것이었다.

사명당은 서산대사의 부탁에 따라 등에서 그 이 한 마리를 떼어내 손바닥 위에 놓았다. 서산대사는 미안하다는 듯이,

"아이구 엊그제 옷을 갈아 입었는데 이란 놈이 다른 해보다는 일찍 개업을 했구나."

그러더니 사명당에게 그 이를 가랑 잎에 도망치지 못하도록 놓아두라고 하고 둘은 나란히 선 채로,

"저 이 한 마리를 죽이는 것도 살생이니 죽어서 극락왕생하도록 염불을 외우자."

사명당에게도 권유하고는 사람이 죽을 때 극락왕생을 비는 영가(靈賀)를 외워주며 나무아미타불 관세음보살을 마쳤다. 그리고 손톱으로 가랑잎에 놓여 있던 이를 죽이고 나서 큰절 두 번을 올리고는 가던 길을 재촉했다.

동해비와 미수선생

　지금으로부터 3백여 년전 강원도 삼척에 용모가 준수하고 머리가 총명한 아이가 있었는데 세상 사람들은 그 아이가 장차 큰인물이 될 것이라고 평판이 자자했다. 모든 면에 있어서 뛰어났지만 그 중에서도 특이한 것은 눈썹 그 자체가 월등하게 길었다. 그리하여 그의 ˙호는 눈썹미 자(眉)를 쓴 미수(眉叟)라 했고 또한 학문이 뛰어나고 글씨가 동양에 제일이란 의미로 문부(文父)라 칭했는데 이름은 허목(許穆)이었다.

　많은 이들로부터 칭송을 받아가며 성실하게 살아가고 있는 아녀자 임씨부인이 있었다. 임씨부인은 항상 마음 속으로 천지신명께 장차 나라에 큰 기둥이 될 수 있는 옥동자를 낳을 수 있도록 소원을 빌었다. 그러던 어느 날, 친정에서 며칠 머무를 기회가 있었는데 이상하게도 졸음이 쏟아지고 피로가 몰려와 낮잠을 자게 되었다. 하늘에서 광채찬란한 하얀 구름이 둥실둥실

떠다니다가 임씨부인의 품속으로 들어왔다. 이로부터 태기가 있어 옥동자를 낳았는데 이가 바로 미수선생이라는 것이 첫째 탄생설이다.

또다른 탄생설은 미수선생의 외할아버지와 관계된 설이다. 임씨부인의 친정아버지가 잠을 자고 있는데 온 천지가 안개로 뒤덮여 암흑의 세계로 변해버렸는데 눈이 부시도록 흰 학(白鶴) 한 마리가 도포자락 속으로 날아 들어왔다. 그 노인은 본능적으로 학을 움켜쥐며 다른 곳으로 날아가지 못하도록 엎치락 뒤치락 하다 잠을 깨었는데 애석하게도 한바탕의 꿈이었다. 못내 아쉬움을 못이긴 채 기분이 찜찜하여 긴 담뱃대를 이용하여 담배 연기를 쭉쭉 들여 마시는데 도포 속에서 무엇인지 살아서 꿈틀거리는 기분이 들었다. 자세히 살펴보았더니 조금전 꿈속에서 보았던 흰 학이 꿈에서처럼 영락없이 도포자락 안에 실제 들어 있는 것이었다.

임씨부인의 친정아버지는,

'이 학이야말로 보통 학이 아니고 하늘에서 내려준 상서로운 귀물(貴物)이리라.'

생각하고 며느리를 줄까 아니면 지금 집에 와 있는 딸(임씨부인) 아이에게 줄까 여러 가지로 궁리한 끝에,

'그래도 한 치 건너 두 치라고 출가외인인 딸보다야 우리 집의 며느리에게 주는게 좋겠다.'

는 생각이 들어 며느리를 찾아보았지만 정작 주고싶었던 며느리는 없고 딸만 있어 마음이 초조해졌다.

때마침 사위(임씨)가 부임지로 가는 길에 날이 저물어 처가

☰ ☷ ☵ ☶

　에서 하룻밤 묵고 가겠다고 들렸는데 유별나게 이기주의고 욕심이 많은 임씨부인의 친정아버지는 학 때문에 사위가 와 있는 것조차 마음엔 그다지 달갑지 않았다. 그것은 자신이 품고 있는 학이 지닌 하늘의 정기가 집에 와 있는 딸과 사위쪽으로 가게 될지 모른다는 염려때문이었다.
　이러한 염려 때문에 사위가 딸과 동침을 못하도록 먼 길을 오느라 그나마 피곤한 사위를 자기 방으로 불러다 술을 마시게 했다. 그런데 이상하게도 사위에게 술잔을 돌려 술에 곯아 떨어지면 딸과 동침을 못할 것이라는 속셈에서 계속 술을 권했지만 오히려 자신이 먼저 술상 머리에서 곯아 떨어져 버렸다.
　이렇게 하여 임씨부인의 남편 임씨는 친정에 와 있는 부인과 동침을 하게 되었는데 이상한 것은 임씨부인의 친정아버지 도포 속에 숨겨놓은 학이 딸과 동침하고 있던 사위 방으로 가 있는 것이었다.
　술에서 깬 임씨부인의 친정아버지는 자신이 숨겨 놓은 학이 사위 방에 있음을 알고 그 학이 자신의 집안과는 인연이 없는 까닭이라고 체념하고 말았다.
　날이 밝자 부인과 동침을 한 임씨는 부임지로 떠나가고 시가로 돌아간 임씨부인은 곧바로 태기가 있어 잉태한 옥동자를 출산하니 바로 그 옥동자가 허미수(許穆, 허목) 선생이었다.
　이처럼 하늘의 정기를 받아 태어났다는 허미수선생은 아홉살때부터 저 유명한 한강(寒崗) 정술(鄭術) 선생으로부터 학문을 사사받았으나 겨우 56세때야 나이에 걸맞지 않은 참봉벼슬에 올랐다. 그러나 81세때는 우의정벼슬에 오르는 남다른 운명

☷ ☷ ☷ ☷

을 가진 분이기도 했다. 88세를 일기로 세상을 떠났지만 그의 공훈과 기행은 오늘날까지도 전해 내려온다.

허미수선생은 주역팔괘(周易八卦)에 능통하여 천지조화를 부렸으며 어떠한 악신요귀(惡神妖鬼)도 선생이 부린 도술에는 말 그대로 혼비백산하여 다시는 접근을 못했다고 한다. 그러나 이러한 것은 너무 막연해서 전설이라고 일축해 버릴 수 있겠으나 거친 해일과 풍랑 홍수 등을 주역의 원리를 응용해서 막아냈다 함은 참으로 신통력 있는 것이었다.

허미수선생이 현재의 강원도 삼척부사(三陟府使)로 재임할 때의 일이었다. 그곳은 부임해 오기 전부터 장마철만 되면 풍랑과 해일이 범람하고 홍수가 빈번하여 많은 인명 피해를 겪어야만 하는 곳이었다.

부임하여 몇 개월도 되지 않아 크나 큰 홍수가 닥쳐왔다. 제일 안전하다고 하는 동헌(東軒)에까지 물이 밀려들어 피신하는 어려움을 겪어야 했다. 한밤중에 장대같이 쏟아지는 폭우라서 온마을은 순식간에 물바다로 변해 집이 잠기거나 떠내려 가고 불쌍한 백성들은 떠내려 가는 집채 위에서 살려달라고 몸부림치다 출렁이는 물살에 그대로 잠겨버리는 안타까움을 보고도 어찌할 수 없는 능력부족에 삼척부사 미수선생은 남다른 번민과 갈등에 쌓여 있었다.

홍수가 지난 뒷수습을 마치고 며칠 동안이나 두문불출하고 있던 미수선생은 주역 원리를 통하여 홍수를 막아야 한다고 생각했다. 그런 소문이 백성들의 입에 오르내리자,

"아무리 주역에 능통하고 귀신과 대화를 나눈다는 부사라 할

☰ ☷ ☵ ☶

지라도 넋나간 사람이나 할 짓이지 정신이 바로 박힌 성한 사람으로서는 그런 생각을 할 수 있을까?"
하며 비방하는 쑥덕공론들이 난무했다. 그러나 개중에는
"천지도수(天地度數)를 부릴줄 아는 허부사께서는 그 일을 능히 해낼 것이다."
며 믿는 사람들도 더러 있었다.

그렇다고 광활한 물막이(저수지)를 쌓을 수도 없는 특이(特異)한 지형인 것은 모든이가 다 아는 사실이었다. 식음을 전폐하고 무아지경에 빠져들기 시작한 부사의 그런 상황을 보고 있는 이방 관속들은 어찌할 바를 모르고 부사가 앉아 있는 방만 바라볼 뿐 그들 역시 아무 방법도 쓸 수 없었다.

그러던 어느 날 밤, 부사가 앉아 있던 방이 갑자기 휜한 불빛으로 반짝임을 발견한 관속들은 궁금하여 서로 얼굴만 바라보았다. 그 순간 부사는 방문을 열고 나와 목욕재계를 하고 다시 방으로 들어가 엎드려 무엇인가 글을 쓰는 것이었다. 그 때가 바로 저 유명한 '동해비(東海碑)' 또는 풍랑과 해일 홍수를 막았다는 '퇴조비(退潮碑)'의 비문을 미수선생이 작성하던 역사적인 그 순간이었다.

비문을 다 쓴 미수선생은 곧바로 정갈한 석공을 엄선하여 비석을 만들도록 하고 정라항(汀羅港)에서 한참 떨어진 만리도(萬里島)란 섬에 그 비를 세웠는데 이때가 1661년(辛丑年) 헌종 즉위 2년째가 되던 해였다.

퇴조비를 세운 뒤부터는 큰 홍수로 물이 아무리 넘쳐 흘러도 그곳만은 범람하지 않았고 평상시에도 그토록 심하던 풍랑과

☷ ☷ ☷ ☷

해일이 평온해지기 시작했다. 그렇게 신비스러운 기운을 지녔던 비석이 미수선생께서 부사를 그만두고 고향에서 학문을 닦고 있는 동안 심한 풍랑과 해일로 인하여 두 동강으로 부러져 바닷속으로 자취를 감추고 말았다. 그 소식을 들은 미수선생께서 다시 그 비문을 써주었지만 안타깝게도 삼척까지 전달되지 못하고 도중에서 행방불명되는 비운을 당했다.

그러던 1707년 12월에 홍만기(洪萬紀)란 신임 삼척부사가 퇴조비의 원문을 천신만고 찾아낸 끝에 다시 세울 수 있었다.

그로 부터 삼년 뒤인 1710년 역시 삼척부사였던 박래정(朴來貞)에 의해서 현재의 육향산(六香山) 동쪽 산기슭으로 자리가 옮겨졌고, 그에 1969년 11월 12일, 비각(碑閣)을 세워 오늘에까지 이르게 되었다.

특히 그 비문은 동양에서 제일이라 하여 주역을 연구하는 사람이나 서도(書道)를 하는 사람, 역사학자, 금석학자 등이 끊이지 않고 연구차 견학을 하고 있어 역사의 이어짐을 실증해 주고 있다.

그 신비로운 비문중에서 한 구절로

'절목지차 빈우지궁(折木之次 牝牛之宮).'이 있는데 '나무가 두 줄기로 쪼개지면 다음 차례에는 암소의 거처에 당도하게 된다.'는 뜻이다.

이를 좀 구체적으로 풀어보면 나무가 두 줄기로 쪼개진다 함은 동쪽에 있는 목기(木氣)가 창조좌 성물(成物)의 기능을 완수했다는 의미이고 암소의 거처에 당도했다 함은 목기가 임무를 완수한 다음에는 다른 곳, 다시 말하면 천체를 상징하는 스물

☰   ☳   ☵   ☷

여덟 개의 별중(28宿이라고 함), 기성·두성(箕星·斗星) 사이의 암소, 즉 음축자(陰丑字)가 있는 주역 기본 팔괘상 간(艮)방을 지적하는 것이다. 이상에서 보는 일면처럼 그 뜻이 너무나도 무궁무진 심오하기 때문에 아무리 한학에 능통하다 할지라도 주역팔괘에 능통하지 못하면 그 신비를 알아볼 수 없고 아무리 명성있는 대학자라 해도 서도(書道)에 능통하지 않으면 그 서체(書體)를 헤아려 볼 수 없는 신문(神文)으로 이루어진 비문이다.

정역(正易)과 후천개벽시대(後天開闢時代)

    지금으로부터 1백여 년전 계룡산(鷄龍山) 국사봉(國師峯)에 하얀 도복(道服) 차림의 사람이 똑바로 앉아서 눈을 감고 합장을 한 채 침묵 상태로 뭣인가 하늘로부터 뜻한 바를 얻고자 기도를 하고 있었다.
    그러기를 무려 20여 년이나 계속하던 어느 날, 이름 모를 기이한 현상이 그의 눈 앞에서 일어났다.
    온천지가 빙글빙글 돌아가 그들 역시 만유(萬有)의 이치를 상징하는 역괘(易卦)가 명확히 나타났다. 이윽고 온 산천이 쩌렁쩌렁 울려퍼질 정도로 큰소리를 치며 이렇게 외쳤다.
    "앞으로 이삼백 년 후에는 온 천하에 후천개벽시대(後天開闢時代)가 열려 모든 인간들이 제자리를 찾게 될 것이다. 또 북극의 만년빙산(萬年氷山)이 무너지기 시작하여 그 얼음 덩어리가 하루에도 수백 리씩 흘러 내려 해일과 풍랑, 더 나가서는 바다가 육지되고 육지가 바다되는 비천복지(飛天覆地 ; 하늘과 땅

☰　　☷　　☳　　☳

이 뒤집힌다는 뜻) 현상이 있게 된다. 이는 불을 상징한 27이란 불(周易에 火象인 二七火를 말함)이 땅 속으로 들어가기 때문인데 이러한 신비(神秘)를 함축하고 있는 것이 바로 정역(正易)이니라."
하고 외쳐댔다.

　한 치의 앞도 가늠하지 못하는 게 우리네 보통사람들의 안목(眼目)인데 이삼백 년후에 닥쳐올 인간들의 삶을 예언한 자는 다름아닌 1885년, 충남 논산군 양촌면 남산(南山)이란 곳에서 태어난 김재일(金在一)이란 사람이었다.

　이름보다 일부(一夫)란 호로 더욱 잘 알려진 선생께서는 가문대대로 내려오는 선비정신을 계승하여 무엇보다도 경서인 주역팔괘에 대한 연구와 성리학(性理學)에 몰두하게 되었다. 그러다보니 인간들의 기본 존재의 원류와 우주창조, 그리고 더 나가서는 앞으로 전개될 머나먼 훗날에 관해서 그 신비성을 벗겨보려고 백방으로 노력하였다. 하지만 서책이 몇 수레나 되도록 자신이 원하는 신비는 완전한 비답을 얻지 못해 할 수 없이 비장한 각오로 계룡산 국사봉에서 입산수도 하게 된 것이었다.

　그 결과 수천 년전에 중국의 복희씨(伏犧氏)가 만들었다는 일종의 천지창조 설계도나 문왕이 만들었다는 일종의 인생설계도(人生設計圖)라 할 수 있는 후천팔괘도(後天八卦圖)를 능가한 새로운 정역(正易)을 만들었는데 몇 천 년전 만들어진 괘도(卦圖)에는 아버지 어머니 그리고 형제 등의 위치가 한결같이 측면에 구성되어 있어 혼란 시대가 도래한다는 의미를 나타내고 있다. 이를테면 아버지자리에 어머니가, 딸자리에는 아들 등이 배치되어 있어 세상살이 역시 옛날 광해군처럼 패륜아가 생겨나고, 아버지가 아들을 죽이고, 아들이 아버지를 죽이며, 시어머니가 며느리를 죽이고, 며느리가 시어머니를 죽이는 등, 일종의 혼돈과 죽음의 시대가 존재한다는 표식이다.

그러나 정역에는 맨 위에 아버지가, 맨 아래에 어머니가 그리고 좌우에서 자녀들이 부모를 받들고 있는 구도로 앞으로 그러한 새시대가 열린다는 것이었다. 그렇지만 그러한 인본도덕주의의 태평시대가 열리는 과정은 역시 그렇게 순탄하지만은 않아 지금 지구가 125도로 경사지게 기울어진 상태가 정역시대에는 바르게 제자리로 돌아오게 되고 주역에서 말하는 이칠화(二七火)가 하늘에 있다가 땅 속으로 들어가 높은 열기를 뿜어내므로 빙산이 녹아 내리기도 하고 사방 곳곳에서 화산이 터지며 새로운 온천이 어느 때보다 많이 발견될 것이란 예지였다.

그 중에서도 천지를 뒤바꾸어 놓을 엄청나게 불가사의한 작용은 녹아버린 빙하가 하루에도 수백리씩 바다로 밀려들어와 끝내는 그 바다가 넘치고 풍랑이 일어 일본 같은 섬나라는 흔적을 찾을 수 없을 만큼 물에 잠기게 되고 높은 산이었던 육지가 하루아침에 깊은 바다로 변해버릴 엄청난 소용돌이에 빠진다는 것이었다.

특히 기울어진 지구가 똑바로 서게 되므로 땅이 갈라져 마치 둥근 빵을 갈라놓은 것과 같이 제주도와 같은 섬이 수없이 새로 생길 수도 있고 히말라야 같은 산이 두 동강으로 갈라져 평야를 이룰 수도 있다는 것으로 그러한 과도기는 불의 근본 숫자가 2.7이므로 이삼백년간 지속될 것이라고 생각해야 한다.

☰　　☷　　☲　　☵

　　그러면 지금 우리 인간들이 살아가고 있는 현 우주체에 과연 그러한 현상이 일고 있는가?
　　우리 인간 눈에는 전혀 볼 수 없는 신비의 불(열기)이지만 이 불이 땅 속으로 들어가 빙산이 무너져 매일 160—170km씩 흘러가고 있는 것과 지구가 125도로 기울어진 것은 분명한 사실이다. 다만 해일이나 지각현상이 급증하진 않으나 상당한 시기가 흘러 우리 후세대는 그 엄청난 현상을 분명히 목격하게 될 것이다.
　　이상과 같이 불가사의한 내용은 전설도 아니고 엄연히 그 비록에 의해서 기술된 것인데 유불선(儒佛仙)을 능통한 고 탄허(呑虛)스님은 정역(正易)에 감탄하여 일반인도 쉽게 풀어볼 수 있게끔 책자를 직접 저술하기까지 했다. 특히 일부 종교도들은 세상이 불의 심판을 받을 것이라면서 멸망의 시대가 도래하여 금방 하늘이 무너져 내리기라도 할 듯한 말세론을 운운하지만 정역의 원리에서 일부선생은 그동안 비뚤어져 혼란에 빠진 인간들이 새로운 문명시대로 돌입 어느 시대보다도 편안한 삶을 영위할 것이라고 명시한 점이 특이하다.
　　일부 선생은 정역말고도 정역에 관계된 「무위시(無位詩)」, 「십이언(十二言)」, 「십일언금(十一言吟)」 등의 저서를 남기고 72세로 세상을 떠났다.

머슴의 파자(破字)풀이

 지금으로부터 3백 90여 년전 왜놈들이 자신들의 문명을 발달시킨 왕인(王仁)박사의 옛 은혜도 까맣게 잊은 채 소서행장(小西行長), 가등청정(加藤清正), 흑전장정(黑田長政) 등의 우두머리와 병졸들을 보내 임진왜란을 일으켜 국력을 쇠약하게 만들고 우리 한민족들을 도탄에 빠뜨려 사람이 사람고기를 먹어야 할 지경에까지 이르게 했다.
 몇 년간 피나는 전쟁끝이라 체면이나 명예 따위는 생각할 겨를 없이 각박한데다 인심마저 흉흉하여 목구멍에 풀칠도 못하고 살아가는 사람이 태반이었다. 백성들은 목구멍이 포도청이라고 굶주리다 못해 칡뿌리나 나무 껍질 등으로 허기진 배를 채우며 살았다. 세상이 어지럽다보니 인정이 메마를대로 메말라 마치 십년 가뭄에 쩍쩍 갈라지는 논바닥 같이 윤기없는 세상이 되고 말았다.
 이때 전라도에 사는 오천석(吳千石)이란 사람이 한양에 살고

☷ ☳ ☱ ☳

있는 친구 맹사달(孟思達)을 찾아갔다. 이 두 사람은 임진왜란 전에도 둘도 없는 친구로서 자신들 입으로도 붕우유신(朋友有信) 관포지교(管鮑之交) 운운하면서 천하에 둘도 없는 친구인마냥 과시를 하던 사이였다.

전라도 친구 오천석은 근근히 목구멍에 풀칠할 정도였고 한양에 사는 맹사달은 비교적 부유했지만 임진왜란으로 가세가 많이 기울었다. 부모와 형제를 왜란으로 잃은 채 두 내외가 겨우겨우 살아가고 있었다. 두 사람은 한때 같은 선생 밑에서 동문수학을 한 처지라 우정도 우정이었지만 학문도 비슷한 실력이었다. 전라도에서 며칠 동안을 걸어서 한양에 도달하여 맹사달 대문을 두드린 오천석은 지친 몸으로,

"여보시요, 여보시요, 아무도 없소?"

하고 대문을 두드리자 머슴치고는 제법 눈망울이 똑바로 박힌 녀석이 나와

"뉘시요. 이 집 오셨수? 들어오시오."

머슴의 안내로 친구 맹사달을 만난 오천석은 몇 년간 못본 친구치고는 어딘지 모르게 사람이 변했음을 직감할 수 있었다. 그러나,

'난리를 겪다보니 그럴 수도 있겠지!'

하고 지나쳤다. 한참을 임진왜란, 정유재란을 겪으면서 흘러간 7,8년 세월의 이런 저런 이야기로 서로의 회포를 나누었다.

오천석은 아무리 자신이 품위를 지키는 선비지만 먼 거리를 왔고 아직 여독이 채 풀리지 않은데다가 시장기마저 들어 입에서 금방,

'어이, 여보게. 나 밥한술 주게나.'
하고 싶었지만 그래도 양반 체면에 차마 그럴 수가 없어 혼자서만 끙끙 배고픔을 참고 있는 중이었다. 그때 부인이 들어와 서로 인사를 나누는데 친구 부인은 뭔가 맹사달에게 할말이 있는 것처럼 입을 열려다 말고 열려다 마는 눈치가 보였다. 그런데 이상한 것은 옛날 같으면 먹기 싫다는 음식을 억지로 먹이려고 애를 쓰던 친구가 전쟁통에 마음이 변했는지 때가 되었는데도 밥먹자는 말이 없어, 오천석은 할 수 없이 맹사달에게,
"지금 몇 시각이나 되었는가?"
고 묻자,
"오시(午時 ; 11 : 00~13 : 00시)가 넘어 미시(未時 ; 13 : 00~15 : 00시)에 접어든 것 같네."
고 말했다. 한참 있으려니까 맹사달 부인이 방으로 들어와 남편인 맹사달에게 파자법으로,
"저 서방님 인량복일(人良卜一)이오리까?"
란 이상한 말을 하자 남편인 맹사달이 재빠르게,
"월월산산(月月山山)이라."
고 응답했다.
그때서야 오천석은 두 사람이 주고 받는 대화가 무슨 뜻인지를 알고 당장 자리를 박차고 일어나 문밖으로 나오면서,
"에끼 이 나쁜 사람들! 어디 그럴 수가 있나? 아이구 나참 이렇게 기가 막힐 일이 있나? 그러니 일소인량(一小人良)이구먼. 에잇, 퉤퉤."
오천석은 울분을 참지 못해 얼굴이 붉어진 채 밖으로 나오

자 때마침 마루턱에 앉아 있던 머슴녀석이 어느 정도 유식했던지,
"에이, 기분 나뻐. 양반님네 행동이 그게 뭐여, 어 참말로 정구죽천(丁口竹天)이구먼."
오천석은 머슴녀석의 문자를 알아듣는 듯,
"흥, 너도 제법 풍월을 하는구나."
오천석은 그 길로 맹사달 집을 나와 한때 멸문지화(滅門之禍)를 당할 뻔했던 이구수(李九洙) 집을 찾아갔다. 그 집에서는 어려운 가세에도 불구하고 그런대로 훈훈한 대접을 했다.
오천석이 가고나니 그 집 작은머슴 하나가 마루턱에 앉아 있다가 문자를 쓴 큰머슴에게로 다가와,
"형님! 형님! 아까 주인 양반과 친구 그리고 형님까지도 뭐라뭐라 했는데 그게 무슨 뜻이오."
하며 꼬치꼬치 묻자 내심 알고 있는 지식을 과시하고자 했던 큰머슴을 잘 됐다싶어 아랫방 사랑채에서 쇠죽을 쑤어가며 둘러 앉아서 이야기를 시작했다.
비록 부지깽이로 글씨를 써가며 어려운 파자식 문자를 풀어 나갔지만 머슴녀석의 파자풀이야말로 일품이었다. 큰머슴은 작은 머슴에게 부지깽이로 머리통을 몇 번 탕탕 치고서는,
"아아, 정신차려 봐라. 맨처음 안주인 양반이 인량복일(人良卜一)이라 한 것은 밥상을 올릴까요? 하는 뜻으로 인량(人良)을 다시 써보면 밥식(食)자가 되고 복일은 윗상(上)자로 올린다 또는 드린다는 의미로 쓰이는데 여기에서는 올릴 상으로 쓰였던 것이야."

생각보다 이해하기 쉬워서인지 작은 머슴은,
"아, 그것 재미있는데 그것말고 또 있지 않아."
"알아, 임마. 뭐가 그렇게 급해. 바깥 양반이 말한 월월산산 (月月山山)은 친구가 나가면 밥상을 가져오라는 뜻으로 월월 (月月)을 합치면 벗붕(朋)자가 되고, 산산을 합치면 나갈 출자 (出字)가 되니까 결국 친구가 나가면이란 뜻이 되는 것이야."
작은머슴은 자꾸 신기한지,
"진짜 그런데. 야아, 글을 배우면 그런 것도 알 수가 있구나. 그럼 친구가 화가 잔뜩 나 밖으로 나가면서 뭐라했는데 그건 무슨 뜻이야."
"응, 그것은 너같은 놈을 두고 하는 소리야."
"예에, 형님! 형님이건 나같은 놈이건 빨리 풀어보시오."
"아, 그러지. 그 양반이 나가면서 일소인량(一小人良)이라 했거든. 그러니까 일소(一小)를 합쳐보면 아니 불자(不字) 되고 인량(人良)은 글자 그대로 어진사람 또는 착한 사람이라는 뜻 인데 거기에 아니불(不)자가 붙어 있어 따지고 보면 어질지 못한 사람이란 뜻이야. 알겠냐? 그러니까 너같이 말 안 듣는 사람을 가리키는 거야."
"와아! 형님은 어디서 그렇게 많이 줏어들었수. 참 형님도 맨 나중에 뭐라고 했지 않아. 그것도 좀 가르쳐 주슈."
작은 머슴의 성화였든, 지식을 발휘할 수 있는 절호의 기회 였든 파자풀이를 한 큰 머슴이나 작은 머슴은 한참 흥이 나 있었다.
큰 머슴은 제법 논리가 정연하게 글자를 풀이해 준 후 윗저

≡≡　≡≡　≡≡　≡≡

고리 가슴속에서 케케묵은 책 한 권을 꺼내며 혼자서 틈틈이 공부를 하고 있음을 작은 머슴에게 과시했다.
　한편 서운함을 참지 못하고 맹사달 집을 나갔던 오천석은 훗날 부자가 되고 맹사달은 그대로 살림이 기울었다. 오천석은 복수의 기회가 되기도 했으나 그런 행위는 온당치 못하다 하여 오히려 맹사달을 도와주었다. 맹사달은 크게 후회하며 예전의 실책을 오천석에게 깊이 사죄하고 우의(友意)를 더 돈독히 다졌다.

암행어사와 역학사

 지금으로부터 1백30여 년전, 그러니까 1850—60년도로 거슬러 올라가보면 갖가지 민란이 여기저기서 일어나 어려운 난세였다. 비분과 강개가 서린 격조 높은 시를 잘 쓰기로 유명한 강위(姜瑋)같은 사람은 자칫 무서운 소용돌이에 말려들지도 모를 격문(檄文)을 지어달라는 간청을 자주 받고는 어찌 할 수가 없어 무주 구천동(九千洞)이나 제주도 등지의 깊은 산골이나 외진 곳으로 피해다녔다.

 술과 시가 아니면 삶의 의미를 갖지 못할 정도로 술과 시를 좋아한 그는 성격이 호탕하여 젊은 제자들과도 어울려 술잔을 자주 기울였는데 그의 제자로는 종두법을 최초로 소개한 지석영의 형으로 글씨, 그림, 시에 능한 지운영(池運永)과 명문대가 출신으로 일찍부터 벼슬에 올라 한때 암행어사(暗行御使)도 지냈던 이건창(李建昌) 등의 훌륭한 인물들이 있다.

 이건창은 젊은 나이에도 품행이 단정하고 공과 사를 분명히 가릴줄 아는 깨끗한 인품을 지닌 사람이었기 때문에 임금까지도 신임을 하여 그를 암행어사로 제수시켜 어명을 내렸다.

어사 이건창에게 내려진 어명은 좀 특이했다. 어사라하면 대개 원성을 사고 있는 지방관원들이나, 특정한 사건으로 백성들에게 어려움이 닥쳤을 때 그 해결사로 나서는 게 보통이었는데 이건창에게 맡겨진 어명은 그게 아니었다. 지금의 경상도 지방 어느 역학사(易學士)가 무엇이든지 귀신같이 잘 맞추어내 많은 백성들이 노력보다는 일확천금의 기회만을 노리고 태만한 생활을 하게 되어 밤낮을 가리지 않고 그 집은 문전성시를 이룬다는 것이었다. 이에 그 역학사를 혹세무민(惑世巫民)으로 규정짓고 일단 벌을 주기 위해서 현지로 내려가서 암행을 하라는 것이었다.

이건창은 허술한 농사꾼의 옷차림으로 문제의 역학사가 있는 곳으로 갔다. 소문 그대로 문 앞에는 끝이 안 보일 정도의 많은 사람이 모여있어 거의 한나절을 기다리자 비로소 차례가 왔다. 역학사는 허름한 거적때기를 깔고 앉아 있었는데 시커멓게 늘어뜨린 긴 머리는 그의 무릎에 걸쳐 있었다. 손톱은 몇 년이나 깎지 않았는지 손가락 길이와 비슷했다. 얼굴 역시 파리같은 날것들이 기어다니면 혼적이 날 만큼 때가 절어있었다. 그런 모습으로 어두컴컴한 곳에 앉아 있어도 눈에서는 누구라도 알아 볼 수 있을 만큼 선명한 광채가 번뜩이고 있었.

다행히, 이건창 암행어사의 차례가 돼 역학사 앞에 앉을 수 있는 기회가 주어졌다. 역학사는 이건창 어사를 한참 주시하더니 향을 피워 올리고는 산통을 흔들어 주역팔괘를 뽑아보고,

☷ ☷ ☷ ☷

다시 그 괘를 백지에 써놓고 한참 주시하더니 앞으로 구부리고 있던 상체를 뒤로 갑자기 젖히면서 얼굴에 미소를 지었다. 몹시 궁금한 이건창은 아무 말도 없이 역학사 눈빛만 바라보고 있었다. 그리고는 마음 속으로,
 '이놈 만약 정단(正斷)이 틀리기만 해봐라. 당장 압송하여 옥살이를 시킬 것이니라'
하고 다소 틀렸으면 하는 생각을 하고 있는데 의연하게 앉아 있던 역학사가 갑자기 자리에서 일어나더니 밖으로 휑하니 가 버리는 것이었다. 어사는 기분이 좀 상했지만,
 '이놈의 영감탱이, 좀더 두고봐라. 감히 암행어사를 몰라봐.'
 그런저런 생각으로 한참이나 앉아 있는데 역학사가 옆구리에 낯선 돗자리를 끼고 와 이건창을 툭툭 치면서 돗자리를 깔 테니 자리좀 약간 비켜달라고 했다. 그렇지 않아도 괘씸하게 생각하던 차에 사람 무시하는가 싶어,
 '내가 암행어사요.'
하고 그 자리에서 당장 꽁꽁 묶어 옥에 처넣고 싶은 심정이었다.
 돗자리를 다 깔고 난 역학사는 다음 차례를 기다리고 있던 수많은 사람들을 돌려보내더니 이건창을 향해서 절을 크게 올렸다.
 "어사님 먼길 오시느라고 큰 고생하셨읍니다."
라고 응대를 하는 것이었다. 하도 엉겁결에 대하는 일이라 어사 이건창은
 "예예? 그게 무슨 말씀이십니까? 전 보다시피 농사꾼 아닙

니까?"
하고 역학사를 떠보았다. 그런데 더욱 놀라운 것은 어사 이건창이 항시 차고 다니는 어사패(御使牌)가 언젠가 돌 위에 떨어져 약간의 흠이 생겼는데 그런 사실까지 알아 맞추는 것이었다. 속으로는 몹시 놀라면서도 겉으로는 태연한 척,
"그렇게 잘 아시는 분이 왜 땅의 흠을 밟고 사십니까."
그러자, 역학사는 껄껄 웃으며,
"그러시다가 저 유명한 신라시대 선덕여왕, 도선대사, 무학대사, 하륜(河崙) 대감들까지도 욕하시겠읍니다. 그분들은 다 같이 먼 앞날을 훤히 내다보는 선각자요, 지혜총명한 분들이었지요. 그러나 임금이 있는가 하면 중도 있지를 않습니까? 만약 어사님 생각대로라면 앞일을 아는 사람은 그것을 악용할 수도 있다는 말이지요. 알면 알수록 더 자중하는 게 선각자의 몸가짐입니다. 중국의 열자가 말했던 '귀먹고 말 못하는 소경이라도 부자로 잘 살게 되는 것과 지혜있고 총명해도 못사는 까닭은 이미 하늘에서 정해준 운명'이라고 지적했소."
역학사의 이야기는 어디서나 쉽게 들어보지 않은 말들이었다.
두 사람이 자리를 옮겨 밤이 새는 줄 모르고 이야기 꽃을 피우다가 이건창 어사가 어떤 임무를 맡고 그곳까지 왔는가를 이야기 했다.
그날부터 두 사람은 의형제를 맺게 되었고 이건창은 어려운 문제가 있을 때마다 역학사에게 자문을 구하곤 했다. 그러니까 이건창 어사는 인간 누구에게나 하늘이 정해준 운명이 존재한

☰ ☰ ☰ ☰

다는 것을 굳게 믿었고 자신의 생년월일 등에 기준한 사주(四柱)를 뽑아달라고 부탁하기도 했다. 그리고는 다가올 몇달 동안의 것을 날짜별로 하루하루 뽑아달라고 간청을 했다.

그러자 역학사는 붓을 들어 열심히 날짜에 따라 앞으로의 일어날 일들을 적더니 이상하게도 두 달까지만 뽑아주고는,

"더 이상 필요가 없는데 헛수고 할 게 뭐 있소이까?"

라며 막무가내로 완강히 거절했다. 영문을 모르는 이건창 어사는,

"아, 형님! 우리가 의형제를 맺은 터인데 그런 부탁도 아니 들어 주시면 정말 서운하외다."

하고 정색을 했다.

그래도 역학사는 말없이 앉아만 있어 이건창을 더욱 궁금케 했다. 무슨 이야기라도 좋으니 얘기나 좀 해달라고 어린애처럼 떼를 쓰는 이어사에 역학사는 할 수 없다는 듯이,

"다음 달 그믐에는 죽어. 그런데 더 이상 사주를 뽑아서 무엇하게."

이건창으로서는 하늘이 무너지고 땅이 꺼지는 듯한 충격적인 말이었다. 더우기 역학사의 예언은 백발백중이라 차라리 틀렸으면 하는 생각이 간절했다.

낙심천만하여 넋을 놓고 앉아있는 이건창 어사는 잠시전만 하더라도 한나라의 임금으로부터 어명을 받은 일국의 당당한 어사였으나 죽음이 다가올 거라는 말 한 마디에 무척이나 허망하여 모든 것이 한순간에 무너지는 듯하고 인생이 죽음 앞에 얼마나 무력한가를 새삼 깨달았다. 그러나 이대로 죽을 수만은

없다는 생각에 의형(義兄)인 역학사에게 죽음을 면할 수 있는 비방(秘方)이 없을까 하고 애원하듯 매달렸다.
　역학사는 눈시울을 적시며 이렇게 설명했다.
　"다음 달 그믐께, '어느 산적떼들을 잡으라'는 어명이 있게 되는데 죽음의 시기는 바로 그날이 될 것이나 내가 시키는 대로만 한다면 죽음을 면할 수도 있다네."
　죽음을 면할 수 있다는 역학사의 말에 귀가 번쩍 띄인 어사는,
　"아니? 그게 정말이요. 살 수 있단 말이요?"
하고 반문하자 역학사는 고개를 끄덕이며 이건창에게 용기를 주었다.
　근심 속에 싸여 한달여를 보내고 그믐께가 되었는데 언젠가 역학사가 예언했던 대로,
　'지금 온나라 곳곳을 종횡무진하며 날뛰고 있는 도적떼들을 한 놈도 놓치지 말고 잡아내라.'
는 어명이 내렸다. 모든 것이 사실로 드러나기 시작하자, 역학사는 이건창 어사에게,
　"대체로 어떤 경우든 위급한 상황에서는 술과 여자를 피해야 하는 것이지만 이번 그믐에는 양기(陽氣)가 쇠약해지고 음기(陰氣)가 성해지기 때문에 여자를 가까이 하면 살 수 있다."
는 말을 하였다.
　마침내 그믐이 다가와 역학사가 시키는 대로 홀홀단신 도적의 소굴로 들어갔다. 가서보니 심산유곡에 한 마을을 이루고 있는 도적들의 소굴은 웬만한 관군으로도 그들과 대적하기는

힘들 것으로 여겨져 일단은 모든 것을 역학사가 시키는 대로 행동하기로 마음을 굳혔다.
　허름한 나무꾼차림으로 적촌(賊村)에 들어서자 어디서 어떻게 보고 쫓아왔는지 도적떼 십여 명이 그를 에워싸고서 그중 턱수염이 보기 사납게 나고 눈썹이 옛날 장비처럼 하늘을 향해 솟구친 자가 다가와 이건창 어사의 멱살을 틀어잡고는,
　"야! 이놈. 여기가 어디인줄 알고 들어와!"
하고 호통을 쳤다.
　그러자 이건창은 시치미를 딱 떼고
　"왜유우, 전, 나무하러 여기왔는데요."
　"나무꾼은 손마디가 이렇게 곱지 않아."
라며 의심하기 시작하는 것이었다. 이에 이건창은 상투속에 조심스럽게 숨겨 놓은 암행어사 마패가 걱정되었다.
　'만약 저 도둑이 머리채라도 잡고 내동댕이치는 날에는 끝장이다.'는 생각에 여간 마음이 조마조마한 게 아니었다. 멱살을 잡고 있던 도적은 곁에 있는 부하들에게,
　"이놈을 형님이 내일 오시니까 그때까지 동쪽에 있는 지하감방에 쳐넣어라."
이건창 어사를 발로 걷어차며 땅바닥에 쓰러뜨려 버렸다.
　이건창 어사는 머리를 다쳐 아픈 척하면서 상투 속의 마패를 아무 이상이 없나 만져보면서 다시 한 번 갈무리를 잘했다. 이렇게 해서 이어사는 도적들에 의해 지하감방에 갇힌 신세가 되었다.
　해가 지고 저녁이 되자 한 여인이 밥을 가지고 왔다. 도적 소

☰ ☷ ☵ ☶

굴에 있는 여자치고는 미인이고 언행이 바른 여인이었다. 밥이라고 해야 큼지막한 바가지에 담아내온 시커먼 꽁보리에 다 썩어가는 생선 한 토막이었다.
　여인은 어사에게,
　"옛소, 밥 여기 있수."
하고 바가지를 던지듯이 내밀고 휑 나가버렸다. 감옥 안에는 수 년, 수십 년 된 사람들이 십여 명 있어 마치 피를 먹고 산다는 흡혈귀나 지옥에 떨어진 사자(死者)들처럼 아비규환의 참상을 지니고 있었다.
　이건창 어사는 그 사람들에게 아까 그 여인이 누구냐고 물었다. 그러자 그 사람들은,
　"그 여자는 한때 남편과 이곳에 잡혀왔는데 여자는 워낙 미인이라서 도적 두목이 애첩으로 삼아 살고, 남편은 이곳 지하 감방에서 얼마 전 죽었소이다."
　이건창 어사는 비린내가 물씬 풍기는 썩은 생선 토막에 보리밥을 먹을 수가 없어 바가지만 멍하게 쳐다보고 있는 동안 전에 들어왔던 죄수들이 구미 당기는 표정들이라서 그들을 주려고 밥이 담긴 바가지를 드는 순간 이상한 점을 발견하였다. 그것은 비록 희미한 기름불빛이지만 썩은 생선 위에 벼알, 즉 뉘 세 개가 나란히 놓여있는 것이었다. 순간 전에 역학사가 여자만 가까이 하면 살 수 있다는 기억이 퍼뜩 떠올라 좀더 자세히 살펴보았다. 그리고는 생선을 네 토막 내서 그대로 가지고 있고 밥만 죄수들에게 나눠주었다. 물론 생선 위에 놓인 세 개가 무엇을 의미하고 있는지는 훤히 알고 있었고 아까 그 여인이

☷ ☷ ☷ ☷

또 올 것이란 것도 역시 원히 알고 있었다.
  죄수들은 서로 다투어 순식간에 보리밥을 해치워버렸다. 얼마지 않아 그 여인이 다가와 바가지를 달라고 하자 이건창 어사는 아무 말도 하지 않고 네 토막 된 생선을 다시 그 바가지에 담아 주었다. 그러자 여인은 고개만 끄덕대며 뭣인가 알아차린 듯한 눈치를 보였다. 그도 그럴것이, 사실은 먼저 질문을 던진 사람은 여인이고 그 질문에 답한 사람은 이건창 어사였기 때문에 답을 바라고 있는 쪽은 역시 그 여인이었다. 하지만 그들 둘 만이 통하는 대화이지 보통사람으로서는 손에 쥐어줘도 모를 무언(無言)의 대화였다.
  맨 처음 여인이 뉘 세 개를 나란히 놓았던 것은,
  "당신은 누구세요?"
란 말 뜻으로 방언에 따라,
  "뉘세요."
로 먼저 그 여인이 이건창 어사에게 던진 질문인데 이건창 어사는 곧바로 그 뜻을 알아차리고,
  "나는 바로 암행어사요."
란 뜻을 고기 네 토막(魚四)으로 나타냈던 것이다.
  그러니까 비록 그 글자는 달라도 어사(御使)라는 말소리 만큼은 알릴 수가 있었던 것이다.
  이건창 어사는 대화가 통했기 때문에 그 여인이 또 올 것이라 믿고 은근히 기다렸다. 여인은 삼경이 다 될 무렵 지하감방으로 이건창 어사를 다시 찾아와 뭔가 하고 싶은 이야기가 있으면 하라는 눈치였다. 이건창 어사는

"누 마리의 개가 두 산기슭에서 말을 하지요."
라고 간단하게 암시를 주었다.

그러자 여인은 알았다는 듯이 감옥문을 지키는 도적들과 다른 도둑들에게 두목이 도적질해서 갖다준 진귀한 물건들을 주며 이건창 어사를 자기 방으로 데리고 갔다.

이건창 어사가 말했던, '두 마리 개가 두 산기슭에서 말을 한다'는 의미는 감옥문을 나가고 싶다는 뜻으로 갇힐 옥자(獄字) 양쪽에 개견(犬)변이 있고 가운데 말씀 언자(言字)로 구성되어 있는 옥(獄)을 풀어서 그렇게 말한 것이며 두 산기슭이라는 것은 산이 두개 겹쳐 구성된 나갈 출자(出字)를 나타낸 것으로 이 두 글자를 모두 합해보면 옥출(獄出)이 되는 것이었다.

감방을 나와 그 여인과 대화를 시작한 이건창 어사는 모든 것을 사실대로 털어놓고 여인으로부터 도움을 청했다. 여인 역시 이곳을 나가려고 수년을 두고 기회를 매번 보아왔지만 사람들마다 여인이 암시하는 뜻을 헤아리지 못하여 실의에 빠져있던 터인데 다행히 이건창 어사를 만나게 된 것이었다. 그 여인은 그런 얘기로부터 자신이 맨처음 도적들에게 잡혀들어온 지금까지 얘기를 쭈욱 설명해 주었다.

여인은 전 남편을 잃고 비록 두목의 애첩이 되어 있으나 항시 이곳에서 탈출해야 한다는 마음뿐이었다며 눈물을 주루룩 흘렸다. 그러면서 다음날 오후 늦게 두목이 도착하므로, 우선 어사는 여인 복장으로 하고 내어준 말을 타고 가서 토벌병을 데리고 오라는 말을 했다.

그러는 동안

☷ ☷ ☷ ☷

"두목이 오면 낮에라도 동침을 하자고 칭얼댈 거예요. 그러면 미리 독약을 넣은 술상을 봐 두었다가 술한잔 마시고 잠자리에 들자고 하면 동침하고픈 생각에 그는 내가 시키는대로 할 것이예요."
라고 세세하게 설명해 주었다.

이건창 어사는 그 여인의 옷으로 여장을 하고는 말을 달려 인근에 있는 모든 관군에게 동원령을 내려 연합전선을 세우는 사이 도적 두목은 과연 오후 늦게 그 지하소굴에 도착하였다.

다른 때보다 유별나게 예뻐보이는 여인을 보자 도적 두목은 마음이 심히 동하여 여인을 끌어 자신의 품속에 꼭 껴안으려고 했다. 여인은 재빠른 동작으로 술부터 마실 것을 회유하며 온갖 애교를 다해 교태를 부렸다. 두목은 몸이 달아오르자 술을 큰 뚝배기에 따르라고 하더니 꿀컥꿀컥 마시고는 이내 앞으로 곯아 떨어져 버렸다.

여인은 두목의 겉옷을 벗기고, 속옷만 입힌 채 잠을 자고 있는 것처럼 이불 속에 눕혀놓고는 여인 자신도 다른 사람이 눈치 채지 못하게끔 속살이 보일듯 말듯한 홑치마만 걸친 채 농염한 모습으로 두목의 옆에 누웠다. 부하들은 어사가 없어진 것을 눈치채고 두목을 만나려 몇 번씩 왔지만 두목은 물론 여인이 속옷 바람으로 있으니 들어오지도 못하고 그렇다고 말을 건네지도 못한 채 돌아가기를 몇 차례 하는 동안 여인은 어사가 관군을 어서 이끌고 오기만을 애타게 기다렸다. 만약 두목이 자신이 탄 독약을 먹고 쓰러져 있는 것을 부하들이 눈치라도 채는 날에는 자신은 물론 암행어사, 그리고 관군까지 하나도 살아남지 못할 거라는 생각을 하면 온몸이 바짝바짝 조여지고 소름이 끼쳤다.
　날이 점점 어두워지고 밤이 깊어졌을 때 여인은 두목의 명령이라면서 날이 밝을 때까지 마음껏 술을 마셔도 된다는 명을 내렸다. 그러자 삽시간에 난장판으로 변해버린 도적들의 소굴은 완전히 무방비 상태가 되었다. 날이 밝아 아침이 되자,
　"암행어사 출도야"
하는 함성과 함께 이건창 어사를 선봉장으로 한 관군이 밀어닥쳤다. 금방 쑥대밭이 된 도적소굴에서 그렇게 백성을 괴롭히던 도적떼들은 일망타진 되었다.
　그 공로로 이건창 어사는 더 높은 벼슬을 얻었고 여인은 이건창의 애첩으로, 그리고 죽음의 운명에서 구원해 준 역학사와는 더 깊은 의형제로의 정을 나누었다.
　이건창 어사는 그후부터 인간에게는 반드시 운명이란 틀이 있다고 굳게 믿고 주역팔괘(周易八卦)에 대한 신비성을 풀어보고자 백방으로 노력했다.

기인(奇人) 강태공(姜太公)

지금으로부터 7백여 년전 중국 황하(黃河)의 물줄기를 따라 이어진 위수(胃水)라는 강가에서 백발의 수염을 휘날리며 삼년째 낚시질을 하는 노인이 있었다. 그 긴 세월동안 피라미 하나 낚지 못하고 허송세월만 보내고 있는 터라 사람들로부터 무위도식자라고 손가락질을 받았다. 그러면서도 끝까지 낚싯대를 붙들고 있는 그 노인은 옷자락 어디 하나 성한 곳 없이 누덕누덕 꿰매져 있는데 그나마 깔끔한 기색마저도 전혀 없었다.

한편 주나라를 건설하여 새로운 인재를 찾고 있던 문왕(文王)은 여러방면으로 지혜와 경륜이 있는 훌륭한 인물을 물색했으나 모두가 그만그만할뿐 특출한 현인(賢人)을 찾지 못했다. 그 당시는 국가가 하늘 일이나 나라의 모든 일을 판단할 때 무엇보다 역(易)에 의한 판단을 중요시하던 시기였으므로 역의 논리를 더욱 체계화시키던 시절이었다. 그로 인하여 소위 주역(周易)이 생겼던 것인데 인재를 찾지 못해 대단한 고민을 하는

☰ ☷ ☰ ☷

　문왕을 안타깝게 여긴, 주역팔괘에 능한 한 신하가 패를 뽑아 보더니
　"위수란 강가를 가게 되면 백발노인이 있는데 이분이 천하를 다스릴 경세가(經世家)라는 정단(正斷)이 내려졌사옵니다."
라고 임금께 아뢰었다.
　문왕은 그 신하가 정해준 날, 정해준 시간에 많은 신하들과 함께 위수강가로 나갔다. 막상 가서 보니 황량하게 드넓은 강가는 오히려 황무지나 무주공산(無主空山)처럼 적막감만 들었지 막연할 뿐으로 천하를 다스릴 수 있는 경세가(經世家)를 만날 수 있다는 것은 말도 안되는 헛된 소리라고 생각됐다.
　오직 하나 겨우 눈에 띄는 것은 저쪽 강변에서 삿갓을 푹 내려쓰고 앉아 있는 노인 뿐이었다. 신하들은 그 노인에게로 다가가 뭐라고 대화를 나누는 것같이 보였다. 문왕은 웬지 막연하고 답답한 생각이 들어 오던 길로 서서히 되걸어 나가면서 생각해보니 여기까지 오자고 한 신하가 은근히 미운 생각에 애시당초 경세가를 만나겠다는 목적을 단념해버리고는 넓은 황야를 멍하니 바라보고만 있었다. 그때 한 신하가 다가와,
　"경세가를 만나보시옵소서."
라고 주청했다. 문왕은 귀가 번쩍 띄이며,
　"아! 그래. 우리가 찾던 경세가가 있단 말이요."
　신하의 안내로 강가로 다가간 문왕은 큰소리를 쳤다.
　"이보세요. 경들은 나를 도대체 무엇으로 알고 이따위 행동들을 하오."
　그러자 한 신하가 문왕 앞에 엎드려,

"저기, 저, 낚시하는 노인이 바로 우리가 찾고 있던 인재입니다. 만나보시옵소서."

문왕은 기가 막혔다.

일국의 왕이 보잘것 없는 낚시꾼을 경세가라고 만난다는 그 자체가 우스꽝스런 일이라고 생각되었지만, 바다 속에 들어있는 신비의 구슬을 알 수 없듯이 사람도 그런 경우가 종종 있다는 생각에 일단 그 낚시꾼에게로 바싹 다가서 먼저 아는 체를 하고는 곧바로 예의를 올렸다.

사실 문왕의 그 같은 처신은 대단히 파격적인 것이었다.

한 나라의 임금이 그것도 처음보는 행색이 초라한 노인에게 많은 신하들이 바라보는 가운데서 큰 절을 올린다는 것은 보통 사람의 생각으로는 납득하기 어려운 일이었다. 문왕으로부터 큰 절을 받은 노파는 낚시하던 자리에서 일어나 세수를 하더니 문왕께 정중한 답례를 올렸다. 그리고는,

"이 늙은이는 강여상(姜呂尙)이라고 합니다. 할 일 없이 허송세월만 보낸다는 뜻으로 사람들은 나를 보고 태공망(太公望;무한정 바라만 보고 있다는 뜻)이라고도 부르지요."

문왕은 내심 놀라지 않을 수 없었다. 그도 그럴것이, 강여상이란 사람은 하늘의 뜻을 알고 땅의 기운을 헤아려 도술(道術)에 능하다는 소문을 들었기 때문이다. 그래서 문왕도 소문의 그 사람을 한번 만나 보았으면 하는 생각을 항시 갖고 있던 터였다. 그 바램이 우연찮은 기회에 현실로 나타난 것은 무척 다행스런 일이었다.

문왕은 그 자리에서 앞으로 자기를 돌봐줄 것을 간청했고 이

에 강여상은 쾌히 응락했다. 문왕은 강여상의 도량을 다소나마 가늠하기 위해서,

"낚시를 하실 때 어떤 생각으로 하십니까? 그리고 낚시에도 경륜이 필요하신지요?"

문왕의 이 같은 질문에 강여상은,

"낚시밥을 크게 던져주면 큰 고기가 물리고, 잘게 던져주면 작은 고기만 물리지요."

라고 하자 문왕은 크게 감동하였다.

강여상이 하는 이야기는 바로 제왕인 자신에게 해당되는 이야기로 크나큰 포용력이 있게 되면 큰 인물을 만날 수 있고, 또 다른 각도에서는 만조백관들에게 후한 녹(祿)을 주게 되면 사사로운 정치보다는 큰 정치를 할 수 있다는 것으로 받아들여 이해했기 때문이다.

문왕은 강여상을 왕사(王師)로 등용하였고 강여상은 이름대신 태공(太公)으로 불려지게 되었다. 훗날에는 제나라를 건설하여 시조가 되기까지 많은 경륜으로 어려운 난국을 해결했다.

천하를 낚은 강태공

당대의 최고 무능력자라고까지 손가락질을 받았던 강태공이 문왕으로부터 왕사로 등용되자 온 장안이 떠들썩하게 깜짝 놀라는 사람들이 많았다. 강태공의 명성은 날로 더해 가고 그러는동안 세월은 흘러 강태공이 등용된지 7—8년이 되던 어느 해

여름이었다.
 험준한 산봉우리 대여섯 개를 축지법의 도술로 단숨에 넘어 산수가 수려한 기암절벽에 앉아 있는 강태공의 눈에 산봉우리 아래 산등성이에서 소복차림의 여인이 손으로 땅을 치는 모습이 보였다. 이상하다 싶어 마치 융단을 타고 날아가 듯 가벼운 몸짓으로 여인이 있는 바로 근처 숲속까지 다가가 내려 앉았다. 산봉우리에서는 멀리 떨어져 있어서 울음소리를 듣지 못했을 따름이지 가까이 다가가보니 여인은 땅을 치며 통곡하는 것이었다. 또 한편으로 희한한 것은 무덤 속에 들어 있는 맹인을 원망하는 듯한 말을 하면서 대성통곡하는 모습이었다.
 시간이 흐를수록 그 여인은 울음소리가 커지며,
 "아이고 이놈의 영감탱이야, 나는 어찌하라고 그런 유언을 남겼어. 아이구 원통해라!"
 한참을 바라보고 섰던 강태공이 그 여인에게로 다가가,
 "여보시요, 부인. 무슨 까닭에 그다지도 슬피 우시오?"
 강태공의 이 같은 말이 몇 차례 반복되자 여인은 손수건으로 눈물을 닦으며 강태공을 힐끗 쳐다보았다.
 여인의 얼굴은 둥근형으로 쉽게 드러날 만큼의 미색을 갖추었다. 강태공은 깊은 산 속에서 여인과 단둘이 이야기를 나눈다는 것이 조심스러운 처지였지만 그래도 여인 혼자 깊은 산중에서 울고 있는 것으로 보아 무엇인가 말못할 사연이 있을거라는 생각이 들었다.
 통곡의 연유를 조심스럽게 물어보기로 마음 먹고 그 까닭을 하나하나 물어보기 시작했다. 여인은 강태공의 겸손한 태도가

☰ ☷ ☰ ☷

믿음직했는지 울음을 멈추고 조용한 어조로 입을 열기 시작했다.

"지금 이 무덤은 6년 전에 죽은 남편인데 이 괴짜 남편이 마지막으로 유언하기를, '내 무덤에 풀이 나지 않으면 재혼을 하고 만약 풀이 무성하면 독수공방을 하더라도 재혼하지 말고 과부로 살아가라'는 말을 남기고 세상을 떴읍니다."

그러자 강태공은,

"그러면 이렇게 무덤에 풀이 왕성하니 순리대로 혼자서 살아가시지 통곡할 필요가 뭐있는지요?"

여인은 강태공 이야기가 서운하다는 듯이,

"사람이 어디 그래요. 어쩌다가 한 남정네를 알았는데 그만 깊은 정이 들어 재혼해서 그동안 이루지 못한 달콤한 삶을 영위하자고 약속했으나 그래도 옛 영감의 유언이 생각나 와 본건데 이렇게 풀이 무성하게 자라고 있으니 이러지도 저러지도 못하고 울고만 있답니다."

여인의 그 같은 말은 원망과 절규에 가득 차 있어 무덤에 풀만 없다면 금방이라도 재혼하겠다는 속마음을 여실히 보여주었다.

강태공은 다시 그 여인에게,

"금년 나이가 몇이요?"

하고 묻자, 그 여인은 조금은 귀찮은 듯 큰 소리로,

"예? 마흔하나요, 마흔하나."

여인의 그 같은 퉁명스런 목소리에도 강태공은 껄껄 웃으며,

"아니, 왜 이렇게 큰 소리를 치십니까. 누가 보면 둘이 싸움

⚏ ⚏ ⚏ ⚏

한다고 하겠읍니다."

그러자 여인은,

"죽느냐 사느냐 하는 판에 그까짓것 따지게 생겼어요. 내 코가 석자인데."

여인의 감정이 가라앉고 이성을 되찾을 무렵 강태공은 그 여인에게 조용히 말했다.

"나는 당신을 희롱할려고 그런 것이 아니고 세상 남자들이 여자들만 보면 희롱하려고 애쓰지만 나는 오로지 당신을 돕고자 하니 아무 오해마시고 내가 어떻게 하면 당신을 도와 줄 수가 있는지 말해보오."

이 말에 그 여인은 귀가 번쩍 띄여 자신도 모르게 강태공의 손을 덥석 잡으면서,

"그러면 선비님께서 내가 재혼할 수 있는 비방(秘方)이라도 갖고 계신단 말이오?"

그러면서도 이내 여인은 실망한 듯,

"아니 이 무덤에 풀을 없애기라도 할 수 있는 신선이라도 된단 말이오? 그럴 수는 없겠지요. 그러니 나를 무엇으로 도와줘요?"

여인의 경솔한 언행에도 불구하고 불쌍하다는 생각이 든 강태공은,

"내가 이 무덤의 풀을 없애 줄 테니 당신은 내가 시키는대로 할 수 있겠오?"

여인은 의아하다는 눈초리를 하면서도 다시 재혼을 할 수 있다는 욕심에 고개를 끄덕이며 그렇게만 해주면 그러겠다고 했

≡ ≡≡ ≡≡ ≡≡

다.
　강태공은 그 여인에게 정북쪽을 향하여 정중한 마음으로 눈을 감고 숫자를 냅다 하나에서부터 셋까지만 세어 나가라고 말했다. 여인은 강태공이 시키는 대로 자세를 갖춰 바르게 앉고는 강태공의 말에 따라 온 산천이 떠내려가도록 큰 소리로,
　"하나, 둘, 셋."
하고 외쳐댔다.
　그런 외침에 무슨 신묘함이라도 깃들었는지 마지막 셋하는 순간 펑하는 소리와 함께 무덤에서 하얀 연기가 솟아나면서 주위가 금방 어두컴컴한 세계로 변했다. 여인은 너무도 순간적으로 일어난 일이라서 정신이 잠깐 몽롱해졌다. 그리고 하얀 연기가 가시고 정신이 들자 주위를 둘레둘레 살펴보던 그 여인은 어리둥절했다. 방금까지 곁에 서 있던 선비는 온데간데 없이 사라져버리고 그렇게 풀이 무성하던 무덤도 풀 하나 없이 빨간 흙무덤으로 변해 있지 않은가. 여인은 아까 그 선비가 정녕 신선(神仙)이었는데 그런 줄도 모르고 언행이 경솔했다며,
　"아이구 신선님! 고맙소이다. 정말 죽을 죄를 지었으니 용서해 주십시오."
라며 동서남북을 향해 엎드려 공손히 절하면서 기쁨을 감추지 못했다.
　강태공은 자신이 꼭 필요하다고 생각할 때만 써 오던 기문둔갑(奇門遁甲 ; 음양과 오행을 응용한 도술)이란 기상천외한 도술(道術)로 그런 조화를 부려 무덤의 풀을 없앴던 것이다.
　여인은 깊은 산중에서 너무도 순간적으로 일어난 일이라 무

☷ ☷ ☷ ☷

섭기도 하고 뒷일을 생각하면 즐겁기도 한 엇갈림속에서 정신을 가다듬은 여인은 우선 얼굴이나 씻고 집엘 가야겠다는 생각으로 그 무덤에 마지막으로 작별 인사를 올렸다.

"여보, 영감탱이. 당신이 말한 대로 당신의 무덤이 이렇게 뻘건 대머리가 되었으니 나는 시집을 가야겠소. 아이고, 아이고, 슬퍼어라!"

이러한 인사를 마치고는 부리나케 내려오는데 수백 척이나 되는 폭포가 있어 세수를 하려고 두 손을 모아 물을 떠올리려는 순간 깜짝 놀라 뒤로 넘어질 듯했다. 그리고는,

"에그머니, 저게 뭐야! 아까 그 선비님 아닌겨!"

그랬다. 수백 척이나 된 폭포수 절벽에서 그 여인의 모습을 보고 있던 강태공의 모습이 물그림자로 나타났던 것이다. 여인은,

"아이구, 신선님! 몰라뵈어서 죄송합니다. 절 받으시지요."

하고 몸을 엎드려 일어선 순간 또 한번 놀라움을 지울 수 없었다. 왜냐면 방금까지만 해도 절벽에 앉아 있던 그 신선이 어느새 허공의 바람을 타고 저 멀리 사라져 가고 있는 모습이 보였기 때문이다.

그후 그 여인은 뜻한 바대로 재혼할 수 있었고 남은 여생 또한 행복하게 마칠 수 있었다.

부인, 수고하십니다

주역비전(周易秘傳) / 186

☰ ☷ ☳ ☶

    강태공은 낮에 잠깐 왕실을 들러 문왕과 국사를 논하고 해가 질 무렵 집으로 돌아왔다. 그리고는 낮에 있었던 여인과의 이야기를 부인에게 들려주었더니 부인이 화를 벌컥 내면서,
    "여자가 한번 결혼해서, 남편이 죽으면 그것으로 그만이지 무슨 놈의 재혼을 하옵니까?"
라며 그 여인을 힐책하고 자신의 남편인 강태공에게도,
    "그런 부정(不淨)스런 여인을 뭣하러 도와 주었어요."
라고 부락스럽게 언설을 했다. 강태공이 생각해 봐도 부인의 하는 이야기는 당연했고 재론의 여지 또한 없었다.
    강태공은 마음 속으로 그렇게 말하는 부인이 믿음직스러워 여간 기쁜 게 아니었다.
    하지만 인간의 마음은 그릇에 담긴 물과 같이 이리 기울고 저리 기울어 인심조석변(人心朝夕變)이라 한 옛말이고 보면 열녀같이 말하는 부인도 자신이 죽으면 낮의 그 여인과 다를 바, 없겠지 하는 생각도 불현듯 일었다.
    강태공은 잠자리에 들면서,
    "아까 낮에 내가 도술을 부리느라고 기(氣)를 너무 많이 빼앗겨서 그런지 피로하오."
    깊은 잠을 이루지 못하는데 부인은 여느 때처럼 곤히 잠을 자고 있었다. 이른 아침 눈을 뜬 강태공은 여느 때 같으면 도술로 마을 앞 산봉우리를 단숨에 왕래했을 텐데 그렇지 못하고 겨우 일어나 등청하는 정도였다.
    그러기를 10여 일 강태공은 급기야 자리에 눕고 말았다. 일국의 왕사가, 그것도 도술로 유명한 강태공이 몸져 누워 있으

니 한나라의 걱정이 아닐 수 없었다.

　그러던 어느 날, 자정 무렵에 온 방을 누비며 입에서 선혈(鮮血)을 뿜어내면서 몸부림을 치는 모습은 보는 이로 하여금 안타까운 심정을 불러일으켰다. 새벽까지 그렇게 눈뜨고는 차마 볼 수 없는 고통을 겪다가 강태공은 끝내 숨을 거두고 말았다.

　온 세상이 다 아는 강태공이 죽자 조문객은 줄을 잇고 장례는 유월장(踰月葬), 즉 달을 넘겨 장례를 치르는 독특한 장례법으로 치르게 되었다. 주나라 방방곡곡에서 모인 많은 조문객들이 인산인해를 이루었다. 하루이틀도 아닌 무려 한 달이 넘는 긴 장례 기간에 상주, 강태공 부인은 여러 조문객 중에 시자를 데리고 다니는 용모준수한 쾌남(快男)과 맞절을 하는 중에 이상스럽게도 자신의 몸과 마음이 그 쾌남에게 끌려들어가고 있음을 느꼈다.

　참으로 희한한 일이었다. 지금까지 남자에 대해서 옆눈질 한 번 해 보지 않았던 자신이, 그것도 하늘과 같은 남편의 상중(喪中)에 마음을 끄는 남자가 있다는 게 도저히 도덕적으로 용납되지 않는 것이었으나 마음은 오로지 그쪽으로만 끌려 비록 상중이었지만 그 남자의 시자를 통해서 몇 번 만나게 되고 결국 동침까지 하게 되었다.

　두 사람의 밀월관계는 점점 깊어져 이젠 장례만 치르고 난 후엔 같이 살자고 언약까지 하였다. 그러는 동안 한 달이 넘어 마침내 장례일이 다가왔다. 그 쾌남이 더이상 머물러야 할 명분이 없어지자 두 사람은 죽은 강태공을 염하여 입관(入棺)하는 틈에 장례를 치르고 나서 두 사람이 어떻게 살아가야 할지

☷ ☷ ☷ ☷

를 의논하고 있었는데 갑자기 그 쾌남이 머리가 아프다며 쓰러졌다.
 온 손발을 사시나무 떨듯이 달달달 떨면서 입에서 거품을 뿜어내는 폼이 금방 죽을 것 같은 참상이었다.
 강태공 부인은, 시자에게 그 연유를 물어보는데,
 "우리 주인님은, 간질(癎疾)이란 천하에 몹쓸 병이 있어 가끔 이런답니다."
라고 말해줬다. 그러자 강태공 부인은 시자에게
 "이럴 때면 무슨 약을 쓰느냐?"
고 묻자 시자는,
 "예, 마님. 이럴 때는 주로 사람의 두개골(頭蓋骨)을 먹으면 쾌차하곤 했는데 요즘은 그 두개골이 다 떨어졌으니 큰 낭패입니다."
 가만히 듣고만 있던 강태공 부인은 뭔가 결심한 듯,
 "그러면 죽은사람 두개골도 되느냐?"
고 물었다. 그러자 시자는,
 "그럼요. 산사람 두개골이 전쟁터가 아니고서야 어디 있나요. 전쟁이 있을 경우는 소인이 몇 개 주워다 잘 보관하여 약으로 쓰곤 했지만 요즘은 강태공이란 분이 차원높은 경륜으로 임금을 보필하여 태평성대다 보니 버려진 두개골이 어디 그렇게 있어야지요?"
 시자의 이 같은 이야기를 듣고만 있던 강태공 부인은,
 "잠시만 기다려라."
하며 밖으로 나갔다. 방에서는 관을 막 들고나와 마당에 놓고

서 상여채비를 하는가 하면 다른 한편에선 수많은 사람들이 관을 붙잡고 목을 놓아 통곡하고 있었다.
 그런 와중에 완전히 이성을 잃은 강태공 부인은 시퍼런 도끼를 한손에 들고 관 옆으로 다가와 모든 사람들을 잠시 물러나게 하였다. 조문객들은 잠시 숨을 죽이고 상주인 강태공 부인의 행동을 멍하니 바라만 보았다. 한손에 아무리 날카로운 도끼를 들었을 망정 이렇게 비통한 상중인데 뭔가 할 말이 있겠지 하고 바라만 보고 있을 뿐이었다.
 강태공 부인은 자신이 서 있는 주위가 좁다며 약간씩만 더 관 곁에서 물러서라고 부탁하고서는 들고 있던 도끼자루를 두 손으로 멀찌감치 잡고서 머리 위로 올려 강태공의 시신이 들어 있는 관을 향하여 힘껏 내리쳤다. 그런데 이상스럽게도 관이 쪼개지는 게 아니고 탱하고 오히려 도끼가 튀어버리는 것이었다. 순간적이나마 여러 조문객들은,
 "으악, 저게 웬 변고냐?"
하고 소리쳤다.
 그러자 강태공 부인은 반사적으로 도끼를 다시 내리치려고 머리 위로 바싹 올리고는 힘껏 내리치려는 순간 바로 뒤에서,
 "부인, 수고하십니다."
라고 어디서 많이 들어본 귀에 익은 목소리가 들려와 본능적으로 뒤를 돌아다보았다.
 그런데 기겁할 일이 일어났다. 한달 전에 죽어서 입관까지 마친 강태공이 눈앞에 턱 버티고 서 있는 것이었다. 죽은 줄만 알았던 강태공이 그 같은 모습으로 나타나자 조문객들이 술렁

☰ ☷ ☵ ☲

댈 것은 말할 것도 없고 강태공 부인은 홍당무가 되어 고개를 숙이고 땅바닥에 바짝 엎드려 있을 뿐이었다. 조문객 중에는,
 "저년, 죽여야 한다."
고 외쳐대는가 하면 포악한 욕설들이 마구 쏟아졌다.
 강태공 부인은 이렇게 한달 남짓한 기간 동안 그것도 엄연한 남편 상중에 외간 남자와 정을 통한 용서받지 못할 천하에 부도덕한 패륜녀(悖倫女)로 낙인이 찍혀버렸다. 강태공은 껄껄 웃음을 지으면서 엎드려 있는 부인의 턱을 한 손으로 받쳐들고는,
 "수고하셨소."
하고 먼저 말을 건넸다. 그러자 부인은
 "한번만 살려주시와요?"
하며 애걸복걸 통사정을 하였지만 이내 모든 것이 끝나버린 강태공은 다시 껄껄 웃으며,
 "그렇다면 부인 내가 시키는 대로 하시오. 매마른 땅 위에 물 한 동이를 부어 단 한 방울도 남기지 말고 다시 물동이에 담는다면 용서해주겠소."
라고 단호한 어조로 잘라 말했다.
 그러나 그 말은 목을 매 죽으라는 엄포보다도 어려운 명령으로 한번 내뱉은 말에 책임지지 못함을 나무라는 뜻이었다. 부인은 그 길로 뛰쳐나가 물에 빠져 자결을 하고 말았다.
 강태공은 부인의 '한 여자가 한 남편을 섬기면 그만이지 재혼이 무슨 놈의 재혼이냐'며 자신은 남편이 죽더라도 절대 재혼같은 것은 하지 않겠다는 호언장담에 그렇게 현숙한 자신의

⚊⚊　⚋⚋　⚋⚋　⚋⚋
⚊⚊　⚋⚋　⚋⚋　⚋⚋

부인이라면 과연 어떠한 유혹과 고난에서도 절개를 지킬 수 있는가를 도술로 시험해 본 것이었다.

　강태공은 마음 속으로 돈과 권력, 그리고 갖가지 유혹 앞에서 무한히 연약한 게 인간의 마음인 것을 알게 되었다.

　강태공은 이렇게 하여 조강지처와는 사별하고 강태공 자신은 훗날 백일승천을 했다.

사석(謝石)선생

빵과 국수

"선생님, 오늘 왼종일 걸어와 배도 고프고 밤에는 잠도 자야 하는데 오갈 데가 없으니 걱정이옵니다."

제자의 이 같은 성화에도 스승은 태연한 척 좀체 자신의 속마음을 겉으로 들어내지를 않았다. 그를 따르는 제자로서는 답답할 수밖에 없었다. 하지만 송나라 고종황제가 임금이 되기 전 사사로운 자리에서,

'당신은 앞으로 임금이 될 것이라.'

고 단호하게 예언했던 일로 좌중을 깜짝 놀라게 하였던 적도 있었던 사람이라 업신여길 스승도 아니었다.

훗날 실제 임금이 된 고종황제는 그를 불러 관리로 등용했으나 자신에게는 너무 과분하다 하여 사양하고는 하늘을 지붕삼아 동가식 서가숙을 하면서 일생을 마쳤는데 그 사람이 바로

사석(謝石) 선생이었다.
　그는 주역팔괘와 파자법 등에 능한 고수(高手)로서 제자 한 사람을 데리고 방랑하던 어느 날 날이 저물자 제자가,
　"선생님 걱정이옵니다. 오늘밤은 어디서 지내지요?"
하고 성급한 어조로 묻자 때마침 우물가를 지나고 있을 때였는데 사석선생은 발걸음을 멈추더니 제자에게,
　"저 우물에다 돌 하나만 던져보아라."
하고 말했다. 그러자 제자는 무슨 영문인지도 모르고 길가에 있던 주먹만한 돌 하나를 별생각 없이 주어 던졌다. 돌은 풍덩 소리와 함께 우물 밑바닥으로 가라앉고 그 현상을 지켜보던 사석선생께서는 제자에게,
　"오늘밤 우리 두 사람이 신세를 지게 될 곳은 유석봉(柳石鳳)씨 집이 될 것이니라."
하고는 눈으로 훤히 보듯 말하고는,
　"마을에 반드시 유석봉이란 사람이 있을 테니 찾아보라."
고 일렀다.
　제자는 사석선생의 일방적인 지시에 못마땅해서 마음 속으로,
　'제기랄 몇년을 두고 사석인가 조석인가 하는 사부와 같이 다니지만 오늘날까지 뭐가 뭣인지 알 수가 없으니, 원! 무엇좀 가르쳐달라면, '자중해라, 경솔하지 말라, 아직은 때가 아니니라,' 이래가지고 언제나 천도(天道)를 아는 사람이 돼. 아뭏든 유석봉네 집이 어디에 있는지나 찾아봐야지. 만약 유석봉이 집만 없어봐라. 오늘은 한 마디 해 부쳐야지.'

☰ ☷ ☳ ☶

　　제자는 불만스런 김에 이런 생각을 했지만 실상 유석봉이란 집을 찾게 되자 사석선생의 예지에 깜짝 놀라고 말았다. 짐보따리를 풀고 숨을 돌린 후 제자는 사석선생에게
　　"어떻게 유석봉이란 사람이 이 큰마을에 살고 있음을 알 수 있었는지요?"
하고 물어보았다. 제자의 그같은 물음에 사석선생은,
　　"아까 네가 우물에 돌(石)을 던질 때 버드나무(柳)에서 새(鳳)가 팔팔거리며 날아갔으니 이를 합쳐보면 유석봉(柳石鳳)이가 되지 않느냐. 그리고 이집 번지를 물어보아라. 아마 64번지가 될 것이다. 그 또한 새가 팔팔하고 날아 팔팔은 64란 숫자가 나올 수 있는데 한 가지 더 확신을 주는 것은 그 새가 처음에는 북쪽으로 날아가려다 다시 서쪽으로 날아갔기 때문인데 본시 숫자의 방향은 동쪽에는 3·8 서쪽에는 4·9 남쪽에는 2·7 북쪽에는 1·6. 그리고 중앙에는 5와 10이 있는데 이것은 숫자의 기본원리로 대개 처음 일어난 일은 첫번째 숫자, 예를 들면 북쪽은 1을 서쪽은 4를 써야 원칙이다. 그러나 홀수는 양(陽)이고 짝수는 음(陰)(奇陽隅陰)이므로 주야를 가려서 써야 하는데 이를 다시 비교하면 양수는 주간이고 음수는 야간이다. 비록 양수인 일(一)이라 할지라도 음기가 강해진 석양무렵이므로 당연히 음수 6을 써서 64번지가 마땅히 되느니라."
　　사석선생의 이 같은 풀이에 제자는 더욱 더 궁금해 밖으로 나가 번지를 알아보았더니 64번지라고 주인인 유석봉이 대답했다. 이에 또한번 깜짝놀란 제자는 방으로 들어와 사석선생에게,

☷ ☷ ☷ ☷

 "선생님, 그러면 저도 선생님 덕택에 조금은 아는 것이 있게 되었사오니, 오늘 저녁은 뭐가 나올지 선생님과 제가 한번 알아맞추기로 할까요?"
 제자의 이 같은 제의에 선생은 쾌히 응락을 했다. 그리고는 두 사람은 옛날 제갈공명(諸葛孔明)이 적과 싸울 때 익히 활용했던 이른바 제갈공명 육임단시(六壬斷時) 법을 응용하기로 했다.
 제갈공명 육임단시법은 같은 월일시(月日時)에 패를 만들 경우에는 어느 누구라도 동일한 패가 나오게 되는 작법이었다. 그러므로 선생이나 제자가 동일한 시간에 패를 뽑으니 같은 패가 나올 수밖에. 그리하여 만들어진 패가 누런 뱀을 상징하는 황사패(黃蛇卦)가 나왔다. 하지만 분명한 사실은 똑 같은 패일지라도 심역현기에 따라 그 판단만은 각각 달라질 수 있는 것이다. 그래서 제자는 저녁밥이 뱀처럼 긴 국수가 나올 거라고 했고, 선생은 틀림없이 먹음직한 빵이 나올 것이라고 했다.
 제자는 자신만만한 태도로 황사패는 긴 뱀이니 국수가 나올 거라고 여유있게 장담했다. 사석선생은 본래 말이 별로 없는 성격이라 얼굴에 미소를 지으며,
 "응, 그래. 국수라, 그럴 수도 있겠지."
 두 사람이 패를 뽑아 이야기를 나누고 있는 동안 드디어 저녁 밥상이 들어왔다. 그런데 상위에는 김이 모락모락 나는 먹음직스러운 빵이 놓여있었다. 제자는 참으로 감탄하지 않을 수 없었다.
 같은 황사패인데도 자신은 국수라해서 틀리고, 선생은 빵이

☰ ☷ ☱ ☶

라 해서 적중하다니 신기할 뿐이었다. 제자는 저녁밥도 먹는둥 마는둥하고 사석 선생께 그 신묘하게도 적중한 연유를 물었다.
 "사부님, 똑같은 괘인데도 어찌하여 사부님께서는 적중하셨고 저는 틀렸는지요?"
 제자의 이야기를 신중히 듣고 있던 사석선생은, 오묘한 자연의 섭리를 곁들여가며 이렇게 설명했다.
 "동일한 괘이지만 공간적 개념, 즉 회천기(回天氣)에 따라 변화될 수 있고 그 변화라 함은 자연적 섭리에 기인하게 되느니 한 마디로 괘만 알고 자연의 이치를 깨닫지 못하면 악용할 염려가 있는 터, 너와 내가 똑같은 황사괘라서 국수라고 판단하는 것은 어떤 면에서는 당연하지만, 지금의 계절이 초가을이므로 국수같이 긴 뱀도 주먹만하게 똘똘 뭉쳐있는 때가 아니겠느냐? 그래서 빵이 된 것이며 만약 계절이 여름이었다면 틀림없는 국수가 나왔을 것이다."
 사석선생의 이와 같은 설명에 제자는 얼마 전까지만 하더라도 자신이 총명한 듯 호언장담했던 일들이 얼마나 경솔하고 허구적이었나를 새삼 깨달을 수 있는 동기가 되었다.

당신의 남편은 죽었소

방안에서 사제지간에 운명에 관한 이야기가 무르익어가자 저녁밥을 가지고 왔던 주인 유석봉은 세상에서 쉬 들어보지 않은 희한한 이야기라 한참을 관심있게 귀를 기울였다. 그러다보

사석(謝石) 선생 /197

☷ ☷ ☷ ☷

니 불미스런 일로 집에 와 있는 딸 생각이 나 사석선생에게 딸에 대한 운명을 부탁했다. 그러자 사석선생은 일단 그 딸을 데리고오라 한 후 그 딸에게 글자 한 자를 써보라고 했다. 그러자 딸은 하늘 천자(天字)를 제법 숙달된 필체로 써놓았다. 이에 사석선생은 날카로운 목소리로,
"남편은 죽었어."
라는 엄청난 소리를 했다. 그러자 유석봉의 딸은,
"그러면 어떤 까닭으로 나의 남편은 죽었나요? 아니면 혹시 자살이라도 했는지요. 자세히 좀 말씀해 주세요."
주인집 딸의 그 같은 부탁이라서 사석선생께서는 다시 글자 하나를 또 써보라고 했다. 딸은 답답 울자(鬱字)를 약자로 썼다. 사석선생은 한참동안 글자를 바라보고 나더니,
"저녁무렵에 숲속에서 어질지 못한 사촌이 죽였군."
하고 말하자 주인집 딸은 귀가 번쩍 띄였다. 사석선생이 말한 대로 얼마 전 자신의 남편은 저녁 밥을 지을 무렵에 사촌이 불러내 집을 나간 후 소식이 끊긴 까닭이었다.
결국 사석선생의 파자풀이를 듣고 관청에 고발(告發) 하여 자세한 조사를 해본 결과 사촌이 죽였음이 밝혀져 그 사촌을 붙잡아 하옥시키기에 이르렀다.
지금까지의 파자풀이를 쭉 관심있게 보고만 있던 제자는 처음에 쓴 하늘 천자(天字)부터 그 까닭을 묻자 사석선생은 다음과 같이 입을 열었다.
"우선 맨 처음 쓴 하늘 천(天)은 지아비(남편) 부자(夫字)가 목이 달아난 상이니 필시 남편이 죽었을 것이고, 두번째로 답

답 울(鬱)은 좌우에 두 나무 목(木)변이 있어 숲속을 이루고 그 가운데 저녁 석(夕)이 있으니 저녁무렵이라 할 수 있고 넉 사(四)변 밑에 북망 간(艮)은 맨 위에 단점을 더하면 어질 량(良)이 되지만 점 하나가 없으니 어질지 못하단 뜻이고 다시 넉 사(四)변과 맨 밑 우측에 마디 촌(寸)변을 한 단어로 구성하면 사촌(四寸)간이란 결론이 되느니라."

제자는 사석선생이 많은 예언을 하고 돌아다녔지만 오늘처럼 순전히 파자법으로 응용한 법은 보기 드물었다.

단 하루 저녁만 머물다 떠나려고 했지만 유석봉이 한사코 붙잡고 놓아두질 않는 바람에 며칠을 더 머물게 되었다. 이에 유명한 사석선생임을 뒤늦게 알게 된 사람들이 밤낮을 가리지 않고 모여들었다. 도적질하는 도둑이거나 도박하는 사람 등 별 희한한 무리들이 다 모여들었다.

노름꾼과 평(平)자

그중 어느 노름꾼은 찾아와 애원하기를,

"지금까지 노름으로만 세월을 보내다보니 잘못이란 것을 알고 있어도 논밭떼기 다 팔아대고 가재 도구까지도 다 팔아 노름 밑천을 댔으나 다 잃고 이제는 이러지도 저러지도 못하는 신세가 돼 앞으로 제 일생 가장 큰 노름판을 벌여 본전만 찾게 된다면 손을 떼겠읍니다."

라고 비장한 각오로 애원했다. 그렇듯 돈을 모을 수 있는 비방

☷ ☷ ☷ ☷

　(秘方) 하나만 가르쳐달라고 통사정을 하는 성실치 못하고 허황된 꿈을 갖고 살아가는 그 노름꾼이 얄미웠으나 이번 한번만 하고 손을 뗀다는 말을 믿고 사석선생은 한 방법을 가르쳐 주기로 했다.
　사석선생은 그 노름꾼을 향하여 충고하듯이 큰소리로,
　"이번 한번이야, 두번 없어."
하고 다짐을 놓자 그 노름꾼은 고마워서,
　"예예, 그러믄요."
하면서 마치 놀란 당나귀처럼 귀를 쫑긋거리며 신중히 달려들었다.
　선생은 노름꾼에게 무슨 글자든지 한 자만 써보라고 했다. 노름꾼은 마음도 불안하고 심장의 박동이 높아가자 마음과 몸에 평화스러운 날이 깃들기를 바라는 뜻에서 평할 평(平)자를 거친 필체로 써서 사석선생에게 정중히 올렸다. 선생은 노름꾼이 쓴 평(平)자를 바라보고 난 연후에 노름꾼에게,
　"10월 18일에 북쪽에서 일생일대 가장 큰 노름을 하면 그동안에 잃은 재산보다도 훨씬 많은 돈을 거둘 수 있으리라."
고 예리한 판단을 내렸다. 그러자 노름꾼은 선생께 큰절을 열두 번도 더 하고는 이번 한번만 돈을 따면 절대 노름을 않겠다는 맹세를 스스로 여러번 다짐하면서 자리를 떠나갔다.
　노름꾼은 집에 돌아와 노름밑천을 준비하느라 여념이 없었다. 마침내 10월 18일이 되자 비장한 각오로 노름판에 끼었다. 사석선생 말대로 노름할 때에는 부인 속곳을 지니고 있으면 재수가 좋다는 말에 그것을 사타구니에 차고는 노름을 했다. 그

☱ ☷ ☳ ☶

러나 처음부터 계속 잃기만 해 마음이 여간 불안한 게 아니었다. 밤은 깊어지고 자정이 될 무렵 가지고 온 돈을 몽땅 걸고,
 '만약 이번에도 잃으면 사석선생에게 쫓아가 멱살을 잡고 분풀이를 해야지.'
하는 생각이 은연중에 솟구칠 정도로 화가 치솟았다.
 손에 땀을 쥐는 순간이었다. 논밭 수십 마지기가 걸린 큰 판돈을 걸었기 때문에 이번 마지막 판이 어떠냐에 따라 인생이 좌우되는 긴박한 순간이었다.
 상대가 먼저 자신만만한 태도로,
 "나는 갑오 밑에 열여덟이요."
하고 내비쳤다. 노름꾼은 순간 가슴이 철렁했다. 그러나 끝까지 기도하는 마음으로 도기(賭器)를 두 손으로 움켜쥐고 서서히 펼쳐본 그 순간 갑오(甲午)가 나와 상대의 끝수를 누르고 승리하게 되었다. 승리했다는 확신이 순간적으로 들자 자신도 모르게 주먹으로 바람벽을 있는 힘껏 세차게 치니 벽이 그만 뚫려버렸을 정도로 힘이 솟았다.
 사석선생 말대로 많은 돈을 따게 된 노름꾼은 도박에서 완전히 손을 떼고 딴 돈 일부를 불쌍한 걸인들을 위해 썼다.
 소문이 온 마을에 퍼지자 또다른 노름꾼이 사석선생을 찾아와 자신도 그렇게 큰돈을 벌 수 있을 거라는 생각에, 역시 평할 평자를 정중하게 써서 사석선생에게 비치고는 판단을 기다렸다. 그런데 이게 무슨 놈의 날벼락인가. 똑같은 평할 평자를 써올렸는데 사석선생 첫마디가,
 "당신은 지금 육십이 안된 나이지요?"

그러자 노름꾼은,
"예? 지금 쉰여덟이지요."
그 말이 떨어지기가 무섭게,
"당신은 내년 10월 18일에 죽어!"
하고 쏘아부치듯 말을 내뱉었다. 그러자 그 노름꾼은 사석선생에게 욕설을 하면서 돌팔이니, 도적놈 보다도 더한 놈이니, 무식한 놈이 혹세무민하고 다닌다며 관청에 고발을 하여 잡아가게 한다고 으름장을 놓았다.
그래도 사석선생은,
"고발을 하려거든 내년 10월 18일이나 지나서 해야 되지 않겠느냐?"
며 껄껄 웃고는 그 노름꾼을 타일러 보냈다.
그후 시간이 흘러 그 노름꾼은 육십을 못 넘기고 10월 18일에 이르러 그만 세상을 뜨고 말았다. 그동안 제자의 끈질긴 질문에도 그에 상응한 해답을 속시원하게 설명해주질 않더니 그것은 죽고 사는 것을 경솔하게 미리부터 발설하는 행위는 천기누설(天機漏洩)이라 하여 의식적으로 피해 오던 사석선생의 뜻이었다. 그러는 동안 예언한 대로 그 노름꾼이 죽게 되자 비로소 다음과 같이 설명했다.
평할 평(平)을 분리해 보면 1(一)이 맨 위에 있고 그 다음 8(八)이 있고 맨 아래에 10(十)을 합쳐보면 18, 10, 즉 10월 18일이 구성되고 이것을 다시 합치면 상하로 18이란 숫자가 되어 이러한 것을 주역에서 말한 홍형기수(洪炯奇數) 1과 갑기자오(甲己子午)란 선천수를 합하면 19가 되는데 갑오(甲午)라고 부르게 되는 까닭은 홍형기수에서 1이란 숫자는 천간(天干) 갑 (甲)이 되고 오(午)는 선천수 9가 되므로 갑오가 형성된다는 것이다. 그러니 평자 한 자를 가지고 여러 가지 측면으로 볼 수 있어 언뜻 보면 쉬운 것 같지만 사실은 어려운 파자풀이라고 강조했다. 그리고 60세를 넘기지 못하고 죽을 거란 판단이 나올 수 있었던 것은 평할 평(平)에 맨 위에다가 한 점을 더하면 60(苹)이 되지만 본시 평할 평자는 맨 위에 점(·)이 없으므로 결국 60이 못 된다는 사석선생의 진지한 설명이었다.

　제자는 내일이면 유석봉의 집을 떠난다는 선생의 말에 짐보따리를 챙겨 놓은 채 잠을 제대로 못 이뤘다. 날이 밝자 선생과 제자는 새벽부터 대문 앞에서 자신들의 운명을 딱 한번만 봐달라고 애원하는 많은 사람들의 간청을 못 들어줌을 못내 섭섭하게 생각하면서 유석봉의 집을 떠나 휘적휘적 걸어갔다.

갑부가 된 명태장수

　사석선생과 제자가 개나리봇짐을 등에 걸치고 이곳저곳을 돌아다니던 어느 지방에서의 일이었다. 그날도 여느 때와 같이 어느 민가에서였는데 여름철이라서 저녁밥을 먹고 마루에서 담소를 나누고 있던 중 마당을 쓸던 머슴녀석이 다가와,

　"선생님, 소인놈의 앞날을 좀 봐주세요. 무엇인가 다른 것을 해야하는데 밑천도 없고 그래서 막연하게 살아가고 있으니 앞으로 장사라도 하면 살 수 있을지요? 아니면 머슴살이로 일생

☷ ☷ ☷ ☷

을 마치고 말는지 등을 가르쳐 주시면 그 은혜 잊지 않겠사옵니다."
　머슴은 무엇인가 자신의 운명을 바꾸어보고자 하는 욕망이 강한 사람이었다.
　사석선생은 그 머슴의 적극적인 삶의 자세가 대견스러워 주역팔괘를 응용해서 미래를 예언해 주기 위해 괘를 뽑았다. 그 결과 만사는 때를 기다려야 한다는 수천수괘(水天需卦 ; ☵☰)가 나왔다. 그리하여 머슴에게,
　"지금 너의 마음은 하늘에 구름이 끼어 있어도(雲霧中天) 비는 쏟아지지 않는 격이니(有雲不雨) 답답하고 쓸쓸하기 그지 없으나 언젠가는 그 비가 세상만물을 이롭게 하는데 쓰일 터이니 머슴살이를 그만두고 장사를 해 보아라."
고 권유했다.
　사석선생으로부터 이러한 이야기를 들은 머슴은 즐거워하면서 한편으로는 장사를 하더라도 밑천이 걱정이라 한숨만 내쉬었다. 선생은 그 집주인을 만나,
　"그 사람이 어차피 머슴살이를 그만두고 집을 떠나게 될 운명에 처해 있으니 가능하면 돈을 좀 대주는 선덕을 베푸신다면 후일에 그 덕이 몇 곱절로 다시 돌아올 것이오."
라고 얘기하고 머슴을 꼭 도와줄 것을 간곡히 부탁했다.
　사석선생의 이러한 부탁으로 그 머슴은 남의 집살이를 청산하고 주인이 주는 돈으로 장사를 시작하게 되었다. 사석선생께서 그 머슴에게 재차 부탁하기를,
　"어떠한 일이 있어도 서두르지 말고 때를 기다리는 마음을

장사의 기본으로 삼으라."
고 이르고는 삼자지동(三子之冬)에 구십당일(口十當一)이란 글씨를 써주고 떠나갔다.

　세월이 꽤 흘러 머슴살이 하던 그 종은 여러 차례의 시련 끝에 제법 큰 몫돈도 만들었으나 비단을 사가지고 싣고 오던 배가 풍랑을 만나 바다 가운데서 침몰하는 바람에 그만 무일푼 거지가 되다시피 쫄딱 망해버렸다. 그러한 가운데서도 생명을 건져 살아있다는 게 다행으로 여겨져 새로운 각오로 마른명태 장사를 시작했다.

　처음에는 등에 짊어지고 다니는 보부상으로 하찮게 팔았으나 날이 갈수록 장사가 제법 돼 사람을 좀 두고 하는 객주(客主)가 되기도 했다. 그리하여 명태를 쌓을 수 있는 큰 창고까지 지을 만큼 웬만한 돈이 벌렸다. 그런데 뜻하지 않았던 문제가 생겨 고민에 쌓여있지 않을 수 없었다. 그것은 모든 재산을 다 모아서 쌓아놓은 명태 위에 말로 형언할 수 없을 정도로 큰 황구렁이가 서리서리 도사리고 있어 그 구렁이가 없어지기 전엔 명태를 도저히 꺼낼 수가 없게되어 여간한 낭패가 아니었다. 처음에는,

　'얼마 아니면 사라지겠지?'

했으나 여름이 지나 명태가 잘 팔리기 시작하는 가을이 되어도 사라지지 않자 전에 사석선생이 적어준 문구가 문득 생각이 나 근처에 있는 유명하다는 대학자에게로 가 풀이를 해보는데 삼자지동(三子之冬)이란 갑자년(甲子年) 병자(丙子 ; 11월을 말함) 월, 자일(子日 ; 쥐날)을 말하고, 구십당일(口十當一)은 갑부(甲

☷ ☷ ☷ ☷

富), 즉 입구 안에 열 십을 더하면 갑자(口十 ; 甲字)가 되고 당일(當一)이란 마땅할 당자(當字)에 일(一)을 더하면 곧 부자 부(富)가 돼 이 뜻을 전부 종합해 보면 갑자년 11월(子月) 자일(子日)에 큰 갑부(甲富)가 될 수 있다는 풀이였다. 생각해보면 금년이 갑자년이므로 다음 돌아오는 11월의 자일이 얼마 남지 않아 혹시나 하면서 그때까지 기다렸다가 창고에 있는 명태를 내보려는 마음을 먹고 있었다. 특히 몇년 전 사석선생이 모든 것을 서두르지 말고 기다리는 미덕을 가져보라고 했던 말이 생각났기 때문에 애써 꾹 참고 구렁이가 사라지기만을 기다렸다.

그러는동안 시간이 지나 삼자(三子)라고 하는 11월 자일이 다가와 아침 일찍 창고문을 열어보았다. 그런데 이상하게 엊그제까지만 해도 명태를 보금자리로 해서 잔뜩 웅크리고 있던 황구렁이가 어디론가 가고 없었다. 그래서 명태를 서서히 내기 시작했는데 때마침 온 나라에는 독감이 유행병처럼 마른명태국에 고추가루를 섞어서 먹기만 하면 감기가 감쪽같이 낫게 되는 기이한 현상이 일었다.

이에 보통 때의 값보다도 몇 십배나 비싼 가격에 출하해도 물건이 모자라는 상태여서 생각지 않은 떼부자가 되었다. 그리하여 고래등같은 대궐집과 머슴들을 수십 명이나 두고 살아가게 되었다.

과연 예언대로 자기 삶이 행복스럽게 풀려가자 그 사람은 그러한 운명을 미리 알고 예언해줬던 사석선생을 찾아가 다소나마 은혜를 갚았다. 뿐만 아니라 인간만사는 반드시 때가 있는

☰ ☷ ☱ ☶

　것임을 깨닫고 그에 맞는 순리적 행동으로 생활 기본을 세우기도 했다.
　한편 전에 자신이 머슴살았던 때의 주인은 깡그리 망해 걸인 신세가 되어 그를 찾아왔다. 그리하여 그 옛주인에게도 집과 논밭을 사주고 옛 은혜에 충분히 보답했다. 그리하여 은혜를 입은 옛 주인은 있을 때 선덕을 베풀면 반드시 그 은혜가 자신에게로 돌아온다는 보편적인 진리에 감탄하여 그 후론 더욱 더 선덕을 베풀며 근실하게 살아갔다.

사주팔자(四柱八字)

천자와 농사꾼

　송나라때 고종은 사석선생의 예언대로 임금이 되자 그에 감동하여 전국에 있는 유명하다는 예언가, 대철학가, 도사 등을 불러모아 자신과 같은 생년 생월 생일 생시, 즉 사주팔자가 똑같은 사람을 찾아오라 했다. 그 결과 촌 오지에서 농사를 지으며 산다는 이길몽(李吉夢)이란 사람이 고종 앞에 서게 됐다. 고종은 이길몽의 위아래를 몇 번이나 훑어보고서는 묻기를,
　"그대는 나와 사주팔자가 같은데 그래, 어디서 무엇을 하며 살아가고 있는고?"
하고 묻자, 이 길몽은,
　"예, 상감마마. 소인놈은 산간벽촌에서 벌(蜂) 열세통을 치며 살아가고 있읍니다."
하고 대답했다. 고종은 뭣인가 수긍이 가는지 고개를 끄덕대며

다시 물었다.

"그러면 건강은 어떻게 유지하느냐?"

고 하자 이길몽은,

"예, 상감마마. 소인이 살고 있는 곳은 산수(山水)가 수려하고 주위에 병풍처럼 둘러쳐 있는 열세개의 산봉우리가 있어 맑은 공기가 충만하여 이렇게 건강하옵니다."

라며 은근히 과시했다. 고종은 웃음을 지으며,

"과연 운명이란 묘한거구나. 나는 한 나라의 임금으로서 열세 성(十三省)을 다스리고, 열세 명이나 되는 제후(諸候)를 거느리고 있는데 그대는 벌을 열세통이나 기르고 있다니 같은 처지로구나."

하고 파안대소를 했다. 이길몽은 송구하다는 듯이,

"상감마마, 그것은 당치 않습니다. 일국의 국왕과 벌 열세통을 어떻게 비유할 수 있단 말씀이옵니까."

고종은 이길몽에게 이렇게 그 연유를 설명했다.

"본시 천칙(天則)으로 한 나라에 두 임금이 있을 수가 없으므로 그대가 벌 열세통을 기르는 것은 내가 열셋이란 성역(省域)을 통솔하는 것과 같은데 그 이치는 벌통마다 그 안에 많은 벌을 거느린 여왕(女王)벌이 있어 결국 열셋이나 되는 왕(제후)을 통솔하는 것은 바로 이길몽 그대니 그대가 바로 천자(天子)가 아니고 무엇이겠는가. 더우기 주위에 열셋이나 되는 산봉우리에서 벌들이 날아다니며 꿀을 만들어내고 있다니 그대는 오히려 나보다도 더 마음이 편안한 천자가 아니겠오?"

고종의 이와 같은 설명을 듣고 있던 이길몽은,

☷ ☷ ☷ ☷

 "과연, 그러하옵니다. 크고 작은 범위는 있지만 다 같이 십삼성(十三省) 십삼제후(十三諸候)를 거느린 상감마마나 벌 열세 통과 여왕벌 열셋을 거느린 것은 똑같습니다."
라고 인정했다.
 고종은 이길몽을 돌려 보내고 신하들을 불러,
 "인간에게는 반드시 보이지 않는 운명(運命)이란 것이 존재히느니, 그런데도 세상에는 간혹 미신(迷信)이라고 일축해버리는 사람이 있지만 그것은 역리(易理)의 근본 뜻을 이해하지 못한 데서 오는 소치오."
라며 운명에의 열변을 토했다.
 명나라때 태조(太祖)도 자신의 생년 월・일・시 등이 똑같은 사람을 찾아오라고 어명을 내린 일이 있었다. 명이 내린지 한 달이 다 되어갈 무렵 신하의 안내로 명 태조 앞에 보기에도 흉칙한 거지 한 사람이 악취를 풍기며 무릎을 꿇고 앉았다. 거지는 얼마나 세수를 하지 않았는지 땟국물이 줄줄 흐르는 시커먼 얼굴에 입에서는 지독한 냄새가 풍기겼다.
 태조는 그 거지에게,
 "거지 생활을 몇 년이나 했느냐?"
고 묻자,
 "이제 겨우 한 이십년이 되옵니다."
 거지로써의 대단한 경력을 과시하듯 대답했다.
 그래서 태조는 거지에게 다시,
 "나는 임금의 몸이 돼 그 이름이 사방 곳곳에 났는데 너는 어찌하여 거지가 되었는고? 너와 나는 똑같은 생년월일시에 태

☰ ☷ ☰ ☷

어났으므로 소위 사주팔자가 같은데 왜 이렇게 다른 삶을 영위하고 있는지 그 까닭을 알 수 있느냐?"
고 물어보았다. 그러자 그 거지는,
 "예, 상감마마. 어차피 인간의 삶은 꿈과 같은 것 아니겠읍니까. 소인은 밤마다 꿈 속에서나마 천자(天子)가 돼 많은 신라들과 그리고 천하의 미인들을 후궁으로 두고 호의호식을 하며 살아가고 있읍니다. 세상사람들은 나를 보고, '거지, 거지, 미친놈'이라고 비웃지만 나만의 천국, 나만의 세계에서 그 어느 누구도 맛볼 수 없는 글자그대로의 기상천외(奇想天外)한 삶을 영위하고 있읍니다. 그러하오니 상감마마께서 고귀한 천자가 돼 나라를 다스리는 것이나 꿈 속에서 천하를 다스리는 소인이나 뭐가 다를 바가 있겠읍니까?"
하며 스스로의 판단을 자랑스럽게 펼쳐놓았다.
 태조는 거지의 말을 듣고 파안대소(破顔大笑)하며,
 "세상에는 운명이 있다 없다하여 다툼이 있더니 운명 있음은 역시 거역할 수 없는 하늘의 이치로구나. 양기(陽氣)가 강한 때는 낮으로 인간들이 주로 활동하는 양계(陽界)에는 내가 천자가 되지만 귀신들이 주로 활동하는 음계(陰界)에는 그대가 천자가 되느니 이는 인간의 거역할 수 없는 운명이렸다."

 태조는 자신의 처지와 걸인의 처지가 같은 생년, 생월, 생일, 생시에서 비롯된 까닭임을 실감하고는 그 거지에게 집과 노비를 하사했다.

끝내는 죽어야 할 사람

　중국 한나라때 문제(文帝)란 임금은,
　'등통(登通)이란 사람이 굶어 죽을 상이다.'
라고 세상에서 이름난 예언가들이 너도 나도 말을 했기 때문에 하루는 궁금하게 여긴 문제가 어명으로 그 등통이란 사람을 불러오라 했다.
　문제 앞에 꿇어앉은 등통은 웬일인가 싶어 긴장된 얼굴로 문제의 용태만 옆눈질하고 있었다. 문제는 등통의 얼굴을 들도록 하고 아무리 살펴보아도 조금 못생긴 얼굴이다 뿐이지 아무런 이상을 찾아볼 수 없었다. 그리하여 관상을 잘 본다는 신하를 불러 귓속말로,
　"왜 저 사람이 굶어죽을 상인지를 말해보시오."
했다. 문제도 운명이란 것을 그렇게 많이 믿지 않았기 때문에 귓속말로 설명하고 있는 신하 이야기를 다 믿으려 하지 않고 오히려,
　"등통이 굶어죽지 않을 때는 그대의 목을 치겠느니라."
며 엄포를 놓았으나 신하는 끝까지,
　"등통은 굶어서 죽게 될 것입니다."
라고 주장했다. 그래서 문제는,
　"그러면 저기 앉아 있는 등통이 굶어죽을 팔자라면 내가 굶어죽지 않도록 재산을 주어도 끝내 죽을 운명이겠느냐?"
고 신하의 관상론(觀相論)을 끝까지 부정했다. 그래도 신하는,
　"한번 굶어죽을 팔자를 타고난 사람이 재산을 받는다고 살아

☰ ☷ ☶ ☷

갈 경우라면 생명을 돈(재물)으로도 다스린다는 결론이 돼 결국 운명이 존재하지 않는다는 결과가 되니 재물을 주시는 것도 고려해 볼 문제라고 생각합니다."
라고 말하자 여러 신하들이 있는 가운데 신하와 그런 일로 입씨름을 하고 있는 임금 자신의 권위가 떨어진 것만 같아 기분이 좋지 않았다. 그래도 끝까지 운명이 있다고 주장하는 신하를 얄미운 생각에 그 자리에서 포박하여 옥에 처넣고 싶었지만 꾹 참고 등통이 예언한 날짜에 안 죽으면 목을 베기로 마음을 굳혔다. 그리고는 등통에게 갑부가 될 수 있는 돈산(錢山)을 내려주었다.

이 돈산은 일종의 구리가 생산되는 동산(銅山)으로 가만히 앉아서도 많은 돈을 벌 수 있다 하여 세상 사람들이 돈산으로 부르게 된 산이었다.

옥에 갇혀 있는 신하는 호언장담을 했지만 막상 갇힌 몸이 되고는 겁이 덜컥나 여간한 갈등과 번민에 마음을 상하지 않으면 안되었다. 처음 구리산을 임금으로부터 직접 하사받았던 등통은 많은 돈을 벌어 궁궐같은 집에 종만해도 수십 명일 만큼 굶어죽을 것이라는 관상가나 예언가들의 판단이 무색할 정도로 부자로 살아갔다. 상황이 이렇게 되자 등통이 굶어 죽을 만한 이유는 눈을 씻고 찾아볼래야 찾아볼 수가 없어 많은 사람들은 운명이 전혀 없는 것인데 스스로들 만들어 낸 것이라고 헐뜯고 그런 돌팔이 관상가나 예언가 등은 당연히 벌을 받아야 옳다고 야단법석이었다.

그런데 갑자기 등통이 병에 걸렸는데 희한하게도 절식(絶食)

을 해야만 하는, 즉 음식을 먹으면 안되는 야릇한 병에 걸려 끝내 굶어 죽고 말았다. 그렇게 되자 문제는 옥에 가뒀던 신하를 사면해주고 정식으로 자신의 경솔함을 뉘우쳤다.

제왕과 신선

송나라가 건국되기 이전의 난세에 천하를 얻을 대야망을 품고 화산(華山)이란 곳에서 구국의 야심을 닦고 있던 진도남(陳圖南)이란 백발도인은 구름 낀 하늘을 바라보며,
"오! 하느님, 이 난세를 수습할 지혜와 용기를 주시옵소서. 어서 빨리 한시가 급합니다."
기원을 발원하고 있었다.

몇 년간 도의 경지에 다다르다보니 앞날을 예지하는 능력이 있던 진도남이라는 백발도인은 새벽 일찍 일어났다. 그리고 냉수에 목욕을 하고는 아홉 척이나 되는 긴 지팡이를 짚어가며 화산중에도 가장 험준하고 보통 사람의 능력으로는 감히 올라갈 수 없는 정상을 비호처럼 날아올라 눈을 감고 합장을 하여 앞으로 돌아올 미래에 대해서 천안통(天眼通)을 시도해 보고는 깜짝 놀랐다.
눈을 감고 있는데도 마치 거울에 물체가 나타나듯이 돌아올 미래사가 훤히 펼쳐 보여졌다. 세상 저쪽에서는 도적놈들이 부녀자들을 겁탈하는 것이며, 과부가 홀아비와 정을 통하는 것,

☰ ☷ ☵ ☶

　유부남 유부녀가 음침한 곳에서 땀을 뻘뻘 흘리며 통정하고 있는 모습, 그리고 서로 나라를 얻고자 역모를 꾀하고 있는 간신들의 무리와 지자(知者)들의 무리가 날뛰고 있는 모습들이 참으로 난세 그대로 나타난 때문이었다.
　그 많은 현상들 중에 진도남을 더욱 깜짝 놀라게 한 엄청난 현상은 생년 생월 생일 생시 등이 똑같은 조점검(趙點檢)이란 사람의 머리에 천하를 얻을 천기(天氣)가 무지개처럼 빛나고 있는 것이었다. 진도남은 그 길로 하산을 하여 천하를 얻을 야망을 펼치며 여러 인재들과 접촉을 하면서 그 기세를 궁성으로 몰았다. 그러나 궁성을 앞에 얼마 남기지 않고 있을 때 천하를 진동하는 천군만마(天軍萬馬)의 함성이 들려왔다. 이상하다 싶어 급히 말을 몰아 달려가 보았더니 이미 사주팔자가 같은 조점검이 천하를 얻어 입궁하고 있는 중이었다.
　진도남은 그 자리에서 궁성을 향하여 큰절을 올리고서 껄껄 웃고는 그 즉시로 말머리를 돌려 다시 입산하였다. 운명의 순리를 따르고자 함이었다. 그후 진도남은 도에 전념하여 신선이 돼 수많은 사람을 제도하였다.
　인간 세상에서 가장 존귀하고 높은 사람은 천자라고 할 수 있겠으나, 도를 닦아 신선이 되는 것도 그만큼 존귀한 것이다. 그러나 뭇사람들은 그 진실을 모르고 편견에 사로잡혀 있으나 천하를 다스린 조점검이나 도를 닦은 진도남은 비록 맡은 지위가 다르고, 하는 일이 다를 망정 인간 세계에서의 제왕이든 천상계의 신선이든 그 존귀함은 같다고 할 수 있는 것이다.
　'하늘에 태양이 둘 있어서는 안된다.'

⚏ ⚏ ⚏ ⚏

는 진리를 말하고 입산수도한 진도남의 명언은 자신을 아는 일이 얼마나 중요한 것인가를 새삼 깨닫게 해주는 말이 되었다.

성종과 남첩을 둔 여인

지금으로부터 5백여 년전 조선왕조 9대 임금인 성종(成宗)은 사주팔자에 관심을 갖고 있던 어느 날, 한 신하를 불러놓고 좋은 날(吉日)을 골라 자신과 같은 생년 생월 생일 생시에 출생한 사람을 찾아오라 어명을 내렸다. 명을 받은 신하는 온 나라를 샅샅이 뒤져본 결과 성종 임금과 사주팔자가 똑 같은 한 여인을 데리고 왔다.

여인의 뛰어난 미모와 시냇물이 흐르는 듯한 막힘없는 언변은 보통 여인과는 사뭇 달랐다. 한 마디로 여걸이라고 함이 오히려 옳은 표현일 것이었다. 서울에 산다는 그 여인은 자신이 지금까지 살아온 파란만장한 삶을 죽 늘어놓았다.

"조상대대로 풍요로움을 누려온 가문에서 태어난 소인은 어릴 때 남다르게 머리가 총명하고 지혜가 많아 사물을 보면 예리한 판단을 했다고 합니다. 그래서 그랬는지 아버님께서는 소인을 유별나게 사랑해 주었사옵니다. 나이가 들자 아버님의 권유에 따라 인품이 고결하기로 유명한 선비와 결혼을 하게 되었지요. 그러나 뜻하지 않게 남편이 급사하는 바람에 졸지에 청상과부가 되고 마는 지경에 이르렀사옵니다. 남정네의 정을 모르는 채 밤이면 남모르는 슬픔과 번민에서 헤어나지 못하고 독

⚏ ⚎ ⚍ ⚌

수공방을 하다가도 낮이 되면 양반체면을 도외시하지 못하는지라 주로 역사책을 탐독하며 세월을 보내고 있사옵니다."
 성종임금은 자신하고 사주가 같다면 뭣인가 일치하는 점이 있어야 될 텐데 그렇지 못하여 이상하다 생각한 나머지 그 여인을 향하여 엄중한 어명을 내렸다.
 "그대가 모든 것을 솔직하게 털어놓는다면 지금까지 한 말에 거짓이 있을 망정 용서하겠으나 계속 엉뚱한 거짓말로 짐을 희롱한다면 살아남지 못할 것이니라."
 성종 임금으로부터 엄명을 받은 여인은 눈물을 흘리면서,
 "상감마마, 죽을 죄를 지었읍니다. 소인을 죽여주세요."
라며 본분을 밝혔다. 그러면서,
 "다른 것은 사실이나 부자란 말은 거짓이었사옵니다. 사실은 몹시 궁핍하게 찌든 생활이라 종살이를 하다가 주인집이 노비첩에서 면제를 시켜주고 중매를 해서 결혼하게 되었사옵니다."
 성종은 여인이 종살이에서 면제돼 남편이 죽은 시기 등을 대조해 본 결과 그 여인이 종살이 인명부에서 면제받던 날 성종은 정식으로 임금이 되었고 여인의 남편이 죽던 날 성종 임금은 왕비를 잃게 되었음을 알고 기이하게 생각했다. 하지만 성종임금은 십여 명이나 되는 많은 후궁을 거느리고 있는 터라 그에 상응한 운명을 찾아보고자 더욱 자세히 물었다. 그러자 그 여인은 얼굴이 붉어지면서 성종 임금에게,
 "상감마마, 소인이 무슨 말씀을 드려도 괜찮은지요?"
하고 조심스럽게 운을 띄우자 성종 임금은,

☷ ☷ ☷ ☷

"모든 것을 알아보고자 모처럼 어려운 자리를 마련했으니 티끌 만큼도 거짓없이 털어놓는 게 짐을 돕는 길이오."
라며 털어놓을 것을 종용했다. 여인은 그제야 웃음을 띠면서,
"소인은 옛날 중국 어느 왕비가 정부를 10여 명 두었듯이 소인 또한 공교롭게도 열세명의 남첩을 두고 밤을 즐기고 있사옵니다."

성종 임금은 그 여인이 신분은 다르지만, 자신이 한나라의 군왕계(君王界)에서 임금으로 즉위하고 왕비가 일찍 죽은 것과 후궁을 열세 명이나 둔 것 등의 사주팔자와 여인이 종살이에서 면제는 되었으나 남편이 일찍 죽은 것이며 남첩을 열세 명 둔 것의 사주팔자는 같은 생년월일시의 운명으로 서로 환경만 다를 뿐 그때 그때 상황이 서로 대응되게 나타난 것이라고 심중을 굳히고 운명이란 것을 확신하게 되었다.

사대독자의 살인누명

조선조 중엽에 아들이 몹시 귀한 가문의 삼대독자로 정홍수(丁弘洙)란 선비가 있었다. 홍수는 그 귀한 아들 하나라도 얻기 위하여 유명하다는 명산대천을 찾아다니며 공을 들였다. 그 공덕이었음인지 겨우 아들 하나를 얻게 되어 그 아이 이름을 정창옥(丁昌玉)이라 지었다. 창옥은 자라면서부터 남다른 비범함에 뭇사람들의 칭찬이 끊이지 않았다.
사대독자인 귀한 아들이었으니 그야말로 금지옥엽(金枝玉葉)

☰ ☷ ☳ ☶

으로 들면 날까 놓으면 깨질까 아주 귀엽게 키웠다.
　그러던 어느 날 지나가던 걸승이 아이(창옥) 얼굴을 삿갓을 쳐들고 내려보더니,
　"어허, 그것 참 안됐구나."
하면서 혀를 끌끌 차고는 사라졌다.
　창옥 아버지는 아차 하면서 무엇인가 궁금한 생각에 그 걸승을 찾아보았지만 그 걸승은 이미 모습을 감추어버린 뒤였다. 그후 세월이 흘러 아이가 열 댓 살 먹게 되었을 때 인간의 운명을 귀신처럼 알아맞춘다는 길도사(吉道士)를 찾아갔다.
　길도사는 향을 피운 방안에 향냄새가 진동하자 주역팔괘를 응용하여 창옥의 앞날을 예지하기 시작했다. 작괘(作卦)를 해놓고 괘상(卦象)을 한참 주시하더니 다음과 같이 예언을 했다.
　"이 아이는 틀림없이 열여덟때에 명문가 규수와 혼례를 치르게 될 것이오. 하지만 혼례를 치르고 동침하다 급사를 하게 되니 이 또한 한 인간의 슬픔이 아닐 수 없소."
　이런 예언을 들은 아이의 아버지 정홍수는,
　"사대 독자인 아들이 그럴 바에야 차라리 내가 죽어 그 액땜을 할 수는 없소이까?"
하며 길도사에게 매달렸다.
　눈물을 흘리며 매달리는 정홍수가 길도사에게 막무가내로 통사정을 하자 길도사는 냉정한 표정을 지으면서,
　"인간의 운명은 하늘이 이미 정해준 천명인데 그 어찌 나약한 인간의 힘으로 그것을 좌지우지 할 수 있겠소이까?"
하며 단호하게 거절해버렸다.

☰☰ ☰☰ ☰☰ ☰☰

"그리고 설령 액을 면할 수 있는 비방을 가르쳐준다 해도 그것을 순간적으로 지키지 못하고 마는 게 또한 인간이지요."
 길도사의 이 같은 설명에도 불구하고 정홍수는,
 "사람 하나 살려주시오."
하며 애원했다.
 길도사는 매달린 정홍수가 안타까워,
 "본래 생명을 대하는 비방(秘方)은 천기누설에 해당하기 때문에 그 비밀을 철저히 지켜야 하며 만약 그렇지 못하고 경솔하게 처신하면 반드시 천해(天害)가 있게 되오."
라고 설명한 후,
 "자식을 살리고자 애타는 부모 마음을 가상히 여겨 그대에게 비방 하나를 가르쳐주오리다. 아들인 창옥이가 혼례를 치른 후 사흘 동안만은 누가 죽인다 해도 아니, 죽으라고 사약을 내린다 해도 아무것도 먹지 말 것이며 처가집에서 자는 것은 물론이고 어떠한 음식도 먹어서는 아니되고 심지어는 물 한 모금이라도 마셨다가는 생명을 부지하기 어려울 것이오."
라고 힘주어 설명했다.
 이렇게 비방을 설파한 길도사는 누런 종이(黃紙) 위에 개 세 마리를 그린 그림을 접어주면서,
 "이 그림을 아들인 창옥이에게 주되 펼쳐보지 말고 생명이 위급하다고 느낄때 펴보도록 하시오."
라고 지시했다. 그후 세월이 흘러 창옥이가 열여덟 살이 되자 길도사가 예언한대로 혼담이 날마다 줄을 이었다. 그 중에서도 물색하고 물색한 재상딸 박선영(朴仙英)과 혼례를 치렀다.

창옥은 길도사가 시키는대로 잠은 물론이고 물 한 모금도 처가 집에서 먹지않고 집으로 돌아오자 사람들은,
 "별 이상한 혼례도 다 보았다."
며 비아냥댔다. 그런가하면 신부 측에서도 의아하게 생각했다. 그도 그럴 수밖에 없는 것이 아닌 밤중에 날벼락처럼 혼례를 치른 신랑이 본가로 돌아가 버리자 신부는 그대로 친정에 눌러 있게 되었다. 그리하여 혼례초부터 독수공방을 하게 된 신부는 불운하게도 삼일째 되던 날 비명에 죽고 말았다. 칼에 깊숙히 찔린 배의 상처에서 나는 피가 방바닥에 흥건하게 고였고 아래 속옷은 벗겨져 있었다. 상황이 이렇게 되자 창옥의 처가식구들은 하늘이 무너진 듯 대성통곡을 했고 많은 사람들은,
 "신랑이 한 짓이 아니고 누가 그랬겠느냐?"
며 신랑을 죄인으로 몰아부쳤다. 그도 그럴 것이 물 한 모금 밥 한 숟갈 먹지 않고 잠도 자지 않은 채 신랑이 제집으로 돌아갔으니 그런 말을 듣는 것도 결코 무리는 아니었다. 처가 식구들은 우선 시신을 거두어 장례를 치르고는 신랑을 살인범으로 단정, 형조에 고발하였다.
 살인죄 누명을 쓴 채 형틀에 매어있는 창옥은,
 "나는 절대 그 사람을 죽이지 않았다."
고 완강하게 부인했으나 형조판서는 눈알을 위아래로 부라리며 바른대로 말을 하라고 주리를 틀어댔다. 너무나 엄청난 고문에 못이겨 길도사가 가르쳐준 대로 했을 뿐이라고 사실대로 털어놓았다. 하지만 형조판서는 그것으로는 물증이 될 수 없다며 목을 쳐서 저자거리에 매달도록 지시했다.

☷ ☷ ☷ ☷

　창옥은 내일 날만 밝아지면 목이 댕그랑하고 끊어질 것을 생각하니 온몸이 오싹했다. 밤새도록 잠을 이루지 못한 채 옥에 갇혀 있는데 형장에서 목을 치는 망나니가 다가와,
　"이놈아! 가자. 내가 오늘은 너의 목을 베는 게 하루 일과다. 그러니 죽을 놈 같으면 일찍감치 죽어야 나도 일찍 손발 씻고 처자식 있는 집으로 돌아갈 게 아니냐."
　창옥이는 막연하게나마 무엇인가 골똘히 생각하고 있었다. 그리고는 큰소리로 외쳐댔다.
　"아! 바로 이거다."
　그 언젠가 길도사께서 가르쳐준 비방이라며 아버지가 허리춤에 간직하라고 했던 호신용 그림이란 것이 생각났다. 허리춤에 똘똘 뭉쳐 있는 그림을 꺼내 형리(刑吏)에게 주면서 형조판서에게 전달해주고 오도록 부탁했다. 그러자 형리는,
　"그참! 별놈 다 보았네. 무슨 놈의 이런 좋지도 않은 종이뭉치를 주라고 하는 거야."
　형조판서에게 바쳐진 그 그림이 서서히 펼쳐지기 시작할 때 한참동안 그림을 보고 있던 판서는 큰소리로 영을 내렸다.
　"여봐라, 지금 당장 가서 신부집에 있는 머슴 황삼술(黃三戌)이란 놈을 냉큼 잡아오도록 해라."
고 명령했다.
　형조판서가 펼쳐본 그림에는 누런 종이에 개 세 마리가 그려 있기 때문이었다. 누런 종이는 황씨(黃氏) 성을 말하고 개 세 마리는 삼술(三戌)이 되므로 이를 종합해 보면 황삼술(黃三戌)이 되었다. 그리하여 머슴살이 하는 머슴중에서 황삼술을 잡아

오도록 했던 것이다. 형틀에 묶인 황삼술은 죽을 죄를 지었다며 모든 것을 사실대로 털어놓았다.
 "사실은 소인놈이 오래 전부터 죽은 아씨집에서 머슴살이를 해오던 차에 아씨의 얼굴이 어찌나 예쁘고 품행이 단정한지 나도 모르게 흘딱 반해 언제부터인가 짝사랑을 해오고 있었는데 갑자기 아씨가 혼례를 치러버렸읍니다. 혼자서 울분을 참지 못해 아씨방으로 들어 갔지요. 사실은 신랑 놈이 괘씸해서 죽이려고 칼을 쥐어들고 들어갔는데 아씨께서 혼자서 속옷바람으로 주무시고 계시길래 이불 속에 슬그머니 손을 넣어 젖가슴을 살짝 만져 보았는데 그순간 염치도 없는 남근(男根)이 마치 참나무 장작과 같이 빳빳하게 일어서길래 숨소리를 죽여가며 아씨 속옷을 배꼽 위로 슬슬 걷어올리고 염치 없는 놈을 그곳에 대고 엉덩이에 힘을 주어 밀어넣는 순간, 아! 소리와 함께 아씨가 그만 잠에서 깨 불을 켜더니 소인 놈의 뺨을 후려쳤지요. 그래도 소인 놈은 꿇어 앉아 아씨께서 한번만 제게 몸을 섞어주신다면 죽어도 소원이 없겠읍니다라고 사정했지만, '죽일려면 죽이거라.'고 몸을 내밀기에 엉겁결에 칼로 젖가슴을 내리쳤읍니다."
라며 살인하게 된 과정을 울먹이며 말하는 것이었다.
 그후 머슴의 목이 저자거리에 매달리고 누명을 벗은 정창옥은 길도사를 찾아가 의부(義父)가 돼줄 것을 사정하여 부자간의 정을 맺으니 정창옥은 길도사를 친아버지처럼 섬겨 생명의 은인에 보답하였다.
 일설에 의하면 길도사는 맹인이었다고도 하는데 길도사는

인간의 운명을 명확하게 볼 수 있는 천리안을 가진데다 그에 상응한 횡액(橫厄)을 면할 수 있는 비방에도 능했던 사람이었다.

생명을 구한 간통

 길도사가 유명하다는 말을 들은 문지영(文芝永)이란 선비가 저녁무렵 길도사집으로 찾아왔다. 지영은 사방곳곳을 돌아다니며 백성들의 풍습을 보기 위하여 먼 여행을 떠나야 하는데 앞으로 별탈은 없을런지 운명을 점단해달라고 했다. 길도사는 주역팔괘(周易八卦)를 하얀 종이 위에 먹을 뚝뚝 찍어 그려놓고 말하기를,
 "당신이 사흘째 여행하는 대낮에 반드시 급사를 하게 되니 여행을 포기하는게 좋겠소이다."
라고 했다. 그때야 문지영은 솔직담백하게 털어놓았다.
 "소생은 국가에 녹을 받은 사람으로서 어명을 받아 백성들의 여러가지 풍습을 사실대로 적어 임금께 올려야 하므로 여행을 하지 않을 수는 없사오니 그 액을 피할 수 있는 비방을 가르쳐 주셨으면 합니다."
라고 사정을 하자 길도사는 웃음을 띠면서,
 "한번은 죽음의 액을 면할 수도 있으니 오직 스스로를 생각하여 떠나시도록 하시오."
 지영은 길도사의 말이 떨어지기가 무섭게,

☰　☷　☵　☴

"그러면 도사님, 죽음의 고비가 한번이 아니고 몇 번 있단 말이요? 그리고 죽음에서 생명을 구하는 일인데 그 어찌 소인에게 스스로 생각하라 하십니까. 그러시지 말고 소인에게 살 수 있는 비방을 직접 가르쳐 주십시오."

길도사는 문지영이 한나라의 관리로서 그 맡은 바가 큰 것을 생각하여 비설(秘說)을 조용히 설파하기 시작했다.

"사흘째 여행하던 날 동쪽에 위치한 주막에서 자고, 해가 동쪽 하늘에 솟아 오를 때쯤 길을 가다보면 맨 처음 어여쁜 여인을 만나게 되는데 인정사정 볼 것 없이 여인의 속곳을 내리고 간통을 해야만 무사하게 될 것이오."
하고 비방을 가르쳐 주었다.

지영은 명심하고 또 명심하겠다는 말을 남기고 길을 떠났다. 길도사의 예언대로 여행길의 사흘째가 되던 날 해가 동산에 솟아오를 때 동쪽으로 된 꼬불꼬불한 길을 가다보니 수양버들이 축 늘어진 개울가에서 옹곳이 앉아 빨래를 하고 있는 여인이 있었다. 푸짐한 엉덩이를 출석이며 치마는 속곳위로 걸어부친 채로 힘차게 빨래를 해대는 모습은 힘이 대단한 장정의 모습과도 같았다. 얼핏보기에 초상을 치른 여인이거나 현재 상중에 있는 여인같았다.

지영은 길가에 있는 큰돌에 몸을 의지하고 앉아 그 여인이 빨래를 다하고 집으로 돌아가는 모습을 물끄러미 바라보았다.

이윽고 지영이는 말을 종에게 돌려주면서,

"주막에 가서 쉬고 있거라."

해놓고 그 여인을 미행하기 시작했다. 한참이나 그 여인을 뒤

☷ ☷ ☷ ☷

따르다 보니 여인이 초라한 초가집으로 들어가는 것이었다. 여인은 자신을 따라와 사립문 밖에서 기웃거리고 있는 지영을 힐끗 쳐다보며,
 "어느 양반이 일이 있어 나를 따라오신 모양인데 할말이 있거든 들어오시오."
라고 지영에게 먼저 말을 건넸다. 지영은 집안을 다시 한번 살펴보았으나 아무도 없음을 확인하고 방으로 들어가 여인에게 길도사가 말한대로 자신과 몸을 섞어 줄 것을 애원했다. 그러자 여인은 대담하게도,
 "그대를 오늘 처음 만나기는 했지만 보통 선비님은 아닌 것으로 보이는데 그대가 장차 죽을 횡액을 당한다니 참으로 슬픈 일이웁니다. 그러나 이렇게 하찮은 이몸도 상놈의 딸이기는 하나 남녀를 구분하지 않고 처신해보는 일은 없었는데, 오늘처럼 선비님의 말씀을 듣고보니 이는 여색을 즐기자는 흥취가 아니고 사지(死地)를 면해보자는 묘한 처지이므로, 지금 마침 남편께서 멀리 떠나가고 이 집에는 소인 혼자만 있으니 몸을 허락하리다."
 뜻하지도 않게 두 사람은 백주에 벗은 몸이 돼 무아의 경지에 빠져들었다. 일을 다 마친 뒤, 지영은 여인에게 돈 열두 냥을 후히 내렸으나 여인은 끝내 사양하고 말았다. 그러면서 여인은,
 "내가 비록 상놈의 딸이기는 하나 선비님에게 몸을 허락하게 된 것은 사람을 구하자는데 있지 결코 돈을 탐내서 한 것이 아니웁니다."

☰ ☷ ☱ ☶

　라고 말을 해 지영은 오히려 고개를 숙일 수밖에 없었다. 그런 가 하면 다시는 찾아오지 말라는 부탁을 하기도 했다.
　노곤한 몸을 이끌고 주막으로 돌아가 보니 종이 반가이 맞이 했다. 그런데 종은,
　"아유! 주인님, 이 소인놈이 어제 죽을려다 겨우 살아왔읍 니다."
　지영은 깜짝 놀라 그 연유를 종에게 물어보자, 종이 설명하기를,
　"어제 십여 리쯤 오다가 마침 돌다리 하나를 건너게 되었는데 뒤에서 우르륵하는 소리와 함께 뒤따라 오던 말이 소리쳐 울어대는 순간 그 돌다리가 무너져내려 말은 그 자리에서 즉사하고 소인놈도 가까스로 피했지만 이렇게 발목에 돌이 맞아 부어 있읍니다요."
　말만 들어도 소름이 끼쳤다. 지영은 그 후에도 몇 차례 죽을 고비가 있었지만 그때마다 길도사가 시키는 대로 했기 때문에 횡액을 면할 수 있었다.

옥근삼타야(玉根三打也)

조선조 중엽에 한 신하가 임금을 배알하려고 어전을 찾았다. 일은 급한데 임금이 자리에 없자 신하는 곁에 있는 김상궁에게 다가가,

"어이 여보게, 김상궁. 전하는 어디에 계시오."
하고 물었다. 그래도 김상궁은 못들은 체하고 서 있기만 했다. 그러자 신하는 눈을 부릅뜨며 큰소리로,

"이봐앗! 상궁, 내가 하는 말이 들리지 않는가."
그때서야 김상궁은,

"예예, 대감! 전하께서는 지금 옥근삼타야(玉根三打也)를 하고 계십니다."

사서오경(四書五經)을 읽었던 신하였지만 너무나 생소한 문자라 금방 무슨 뜻인가를 알아차리지 못했다. 한참을 생각해 보고는,

"그래서 김상궁이 그랬구나."

☰ ☷ ☲ ☵

하고 뜻을 이해한 듯 고개를 끄덕끄덕했다.
 왜냐면 옥근(玉根)이란 말은 남성의 성기인 남근(男根)을 말하고 삼타야(三打也)란 세 번을 친다는 뜻으로 이를 종합해보면 구슬같은 뿌리를 세번 쳤다(打)는 것으로 임금께서는 소변을 보러갔다는 것을 말함이었다.
 예나 지금이나 우리 민족은 3이란 숫자에 본능적으로 민감한데 그것은 창조의 개념에서부터 비롯된 것이다. 하늘, 사람, 땅(天人地), 이 세 가지가 우주를 형성하고 지탱하므로 우리 인간들이 더불어 존재하게 되고 만물이 영구 소생할 수 있다고 믿은 까닭이었다. 일년의 계절도 초·중·말기로 나뉘어지고 사람 몸도 상중하로 분리되었으며 심지어는 손가락 마디나 팔다리까지도 셋으로 나뉘어졌다. 그래서 남녀를 막론하고 누구나 본능적으로 3이란 숫자를 거의 이용하며 살고 있다. 다만 그러한 현상을 못느낄 뿐이다. 그래서 여자들도 소변을 볼 때 마지막으로 찔끔대는 것을 세번하고 소변을 맺는가, 하면 남자들은 손가락으로 또는 옥근이 걸쳐 있는 옷 등으로 세번을 털어낸다. 이렇게 우리 인간들은 아주 작은 것까지도 자연의 섭리에 따라 움직이고 있다는 것이다.
 어느 날 밤이었다. 신하가 급한 일이 있어 어전으로 임금을 만나러 갔지만 자리에 없어 밤도 늦고 해서 그만 돌아가려다 그래도 워낙 급한 일이기에 임금이 침실로 사용하는 곳으로 가 보았다. 문 앞의 멀찌감치에는 상궁들이 머리를 숙인 채 있었고 방안에는 희미한 불빛만 어른거렸다. 신하는 상궁에게,
 "지금 전하께선 주무시오?"

☷ ☷ ☷ ☷

라고 묻자 아무 대답이 없어 한참을 그대로 서 있으니 다 늙은 노상궁이 곁으로 다가오더니 귓속말로,
 "전하께서는 지금 무풍천하 일금동중(無風天下 一衾動中)이오."
 곁에 있는 젊은 상궁들은 속으로 질투라도 나는 듯 비아냥거리는 표정을 지었으나 노상궁의 귓속말을 들은 신하는 지금 왜군이 궁궐로 쳐들어 온다 해도 지금 하고 계시는 일은 끝을 내어야만 함을 판단하고 발걸음을 돌렸다.
 노상궁이 말한 문자를 풀어보면, 무풍천하(無風天下), 바람 한 점없는 고요한 세상에 일금동중(一衾動中), 한 가닥의 이불만 들썩거린다는 문자법으로 결국 지금 임금께서는 왕비와의 잠자리에서 쾌락의 극치를 느끼고 있다는 뜻이었다. 그러니 그처럼 무아의 경지에서 다른사물이 보일 까닭이 없었다. 신하는,
 '임금께서 낮에는 정사에 힘드셨고 밤에는 원자를 보기 위해서 저토록 애를 쓰고 계신데 내가 무슨 염치로 방해를 놓을까.'
 하고 집으로 급히 돌아와 아들 딸 일곱을 낳아 온몸이 비틀비틀한 할멈의 무감각한 몸을 임금이 침실로 쓰고 있던 희미한 불빛을 연상해 보며 더듬었다.
 그로부터 얼마 후 신하는 다시 왕비를 알현하기 위해서 찾아갔으나 왕비는 없고 상궁들만 있어,
 "왕비께서는 어디 가셨소이까?"
하고 묻자 한 상궁이 있다가,
 "예예, 실은 좌불삼체(坐不三滯)중이옵니다."

☰ ☳ ☵ ☶

하고 말했다. 그 말을 듣고는 얼굴이 붉어진 채 밖으로 곧장 나왔다.
　좌불삼체란 앉아 있으나 완전하게 앉은 것도 아니고 세번을 찔끔찔끔 한다는 내용으로, '지금 왕비께서는 소피중입니다.' 란 뜻이었다.

옥문에 있는 쥐 이빨

　조선조때 어느 도학자는 혼례를 치른지 삼년이 넘어도 남편에게 몸을 주지 않는 부인때문에 고민하고 있었다. 도학자는 무식한 부인의 버릇을 고쳐보려고 밖에서 바삐 일하고 있는 부인을 불러들여 급히 도복(道服)을 챙겨달라고 했다. 그러자 의아하게 생각한 부인은 어디를 가는데 그토록 급하게 서두르냐고 다그쳐 물었다. 한참을 묵묵무답인 남편의 행장에 부인은 더욱 궁금하여 갖은 애교를 다 부렸다. 그래서 도학자는 마음속으로, '바로 이때다.'
생각하고 다음같이 말했다.
　"다름이 아니고 밤나무골 박선비 부인의 옥문에 쥐란 놈 이빨 두 개가 나서 죽었소. 혼례를 치르고 나면 누구나 음양교접(陰陽交接)을 하면 무사할 수 있으나 그것이 전혀 없거나 얼마간 하지 않으면 그 이빨이 점점 커져서 나중에는 죽고 만다오."

☰ ☷ ☰ ☷

하고 엄포를 잔뜩 놓았다.
　부인은 그때서야 도학자인 서방을 붙들고 늘어지면서,
　"아무리 바쁘더라도 잠깐 기다려주시오."
라고 하더니 속곳을 발목까지 해깝게 내리고 치마는 배꼽 위로 훌쩍 올려부치고는 왼쪽 다리를 넓게 벌려 고개를 사타구니 밑으로 들이밀어 자신의 옥문을 들여다보았다. 그런데 이상하게도 쥐 이빨 두 개가 제법 뾰족하게 자라나고 있는 것이었다.
　겁이 덜컥 난 부인은 체경을 갖다놓고 두 다리를 벌리고 몸을 구부려 다시 쳐다보았다. 아무리 봐도 역시 쥐 이빨 두 개가 양쪽 옥문 벽에서 뾰도록이 자라고 있음을 확인하고는 도학자인 서방에게 매달리며,
　"이 노릇을 어쩌면 좋아요?"
하면서 가득 걱정되는 모습으로 다가와서,
　"당신이 좀 살펴보시오."
라며 손을 끌어 당겼다. 그리고는 뾰족하게 나온 그 쥐이빨 모양의 솟아난 살을 만져보며,
　"초상집에 가는 것보다 내것을 먼저 고쳐주시오."
라고 애원했다.
　도학자는 두 다리를 벌리고 있는 부인의 옥문을 살살 쓰다듬으며 흥분시킨 다음 혼례올린 첫날밤에 치러야 할 일을 3년만에야 겨우 치를 수 있었다.
　그 후 부인은 순진하게도 그 쥐이빨 두 개가 자라나지 않게 하려면 때를 가리지 않고 큰일을 치러야하는 것으로 알고 대낮에 손님이 있어도 개의치않고 눈짓을 보내곤 했다. 늦게나마

☰ ☷ ☰ ☷

옥문출입이 잦게 된 도학자는 오히려 양기가 쇠약해져 결국 몸져 눕게 되고 이에 부인은 서방이 없으면 쥐이빨이 자라나 자신도 죽을 것으로 알고,
 '그럴 바에야 서방따라 죽는 게 낫지.'
라며 자살을 하고 말았다.
 옛말에 경국지색(傾國之色), 즉 색을 너무 가까이 하면 나라가 기운다는게 과언이 아님을 여실히 입증해준 이야기이다.

기인(奇人) 용수쟁이 노인

　'앗! 이게 웬일인가? 우리 마을이 백리청해(百里靑海)라니 이게 무슨 조화란 말인가?'
　주역팔괘(周易八卦)를 백지에 그려본 노인은 깜짝 놀랐다. 지금부터 1백여 년 전의 일로 노인이 살고 있는 청주(淸州)에서의 일이다. 백여 년전만 하더라도 치산치수(治山治水)가 미흡해서 매번 홍수가 나도 어쩌는 수 없이 재난이 피해가기만을 빌 뿐이었다. 그래서 노인이 금년 홍수에도 마을이 무난할 것인가 하고 주역을 응용하여 여름철 장마를 대비한 우기(雨氣)를 판정해 본 것이다. 물론 그 마을은 본래 수해상습지로 해마다 닭·돼지 등이 떠내려가는 정도는 보통있는 일이라 집이나 사람에게만 큰 피해가 없다면 다행으로 알고 살아가고 있었다.
　하지만 지금 노인의 백지에 나타난 괘상(卦象)은 장마철에 마을이 물바다(百里淸海)가 되는 것으로 나와 있으니 여간한 걱

☷ ☷ ☷ ☷

정이 아니었다.
　며칠을 두고 생각을 해 보았지만 별 묘안이 떠오르지 않았다. 그 이유중의 하나가 홍수같은 일종의 천기정단(天機正斷)은 경솔하게 뽑아보지 않아야 될 뿐더러 그러한 천기(天機)를 알고 있다 하여도 천기누설을 한 천해(天害)로 더 큰 피해가 있을지 모르는 염려에서였다. 그렇다고 몰랐을 때의 얘기지 알면서도 속수무책으로 앉아 있을 수만은 없는 노릇이었다. 그래서 많은 생각끝에 술 항아리에서 청주(淸酒)를 뜰 때 필요한 용수를 팔러다니기로 마음먹었다.
　그 용수를 등에 지고,
　"청주를 뜨시오."
하고 골목골목을 외치고 다녔지만 가을도 아닌 불볕 더위가 기승부리는 여름철이라서 용수를 사는 사람은 하나도 없었다. 노인이 팔러다니는 용수는 그것을 팔아 어떤 이익을 취하자는 게 아니고 오로지 앞으로 홍수가 크게 일 청주(淸州)바닥을 뜨라는 소리로 청주에서 이사를 하란 뜻에서였다. 그러나 천기누설의 천해가 있어 아무에게나 마음 터놓고,
　"청주를 떠나가시오."
라고도 못하고 술인 청주(淸酒)에 비유하여 용수를 짊어지고 다니면서,
　"청주뜨시오."
　"청주뜨시오."
라고 표현하며 사전에 알리고 다니는 것이었다.
　남들은 들판에 나가 일을 하고 점심때면 시원한 나무 그늘에

☰ ☷ ☵ ☳

서 낮잠을 자는 등 평온하게 지내는 모습들이었다.
 "무슨 놈의 정신 없는 노인네가 이 여름철에 청주(淸酒)를 뜬다고 용수를 팔러 다니는 겨어. 아휴답답해."
하고 겉보기에 어리석은 노인만 탓했다.
 정작 답답한 쪽은 노인이었다. 머지 않아 마을에 먹구름이 몰려오면서 물바다가 될 터인데 그것도 모르고 푸념만 하고 있으니 더욱 답답할 수밖에 없었다. 보통 사람의 지혜로는 노인의 깊은 마음을 도저히 헤아릴 수가 없는 게 당연한 일이었다.
 며칠간을 땀을 흘리며 구부러진 허리에 용수를 지고 다녔지만 단 하나도 팔지 못한 채 석양 무렵이 되어선 집으로 돌아와야만 했다. 모든 것을 단념하고 꼬불꼬불한 산모퉁이를 돌아오는데 산기슭에 초가 한 채가 있었다. 그곳으로 터벅터벅 다가가보니 집주인으로 보이는 백발노인이 있어 헛일 삼아,
 "노인양반, 청주뜨는 용수 하나 사시오."
하고 말을 건네자 그 백발노인은,
 "알았소. 내가 그 용수를 전부 사리다."
하며 모조리 샀다. 기쁘기도 하고 심상치 않은 점도 있고해서 용수를 팔러다니던 노인은 백발노인에게,
 "아이! 뭐 술장사라도 하시려구요. 하나만 사시지 않고 왠 걸 이렇게 다 사시는지요."
 그러자 백발노인은,
 "그대가 나보다도 더 수고하지 않소? 그래서 다 산게요."
 날이 어두워 앞을 잘 분간 못할 정도인데도 백발노인의 눈에서는 광채가 번쩍이고 있었다. 이상하다고 생각한 용수쟁이 노

☷ ☷ ☷ ☷

인은 웬지 겸손해야 한다는 마음이 우러나 머리를 숙인 채 한참 서 있는데 백발노인은,
 "자오가 상충이오."
하면서 금새 어디론가 사라져 버렸다. 용수쟁이 노인은,
 "자오(子午)가 상충(相冲)……."
하면서 머리를 좌우로 흔들어가며 깊이 생각했다.
 방금 그 노인은 보통노인이 아니었다. 왜냐면 그 수많은 사람들이 자신의 말을 헤아리지 못하고 단 한 사람도 용수를 사지 않았는데 바로 그 백발노인은 모두 다 사버리지 않았는가, 그리고, '자오가 상충'이란 말은 역학(易學)에 씌여진 말로 자(子)는 밤 열한시에서 다음날 새벽 한시까지이고 오시(午時)는 낮 11시에서 13시까지를 말하는데 이 둘의 시간에 대한 자오(子午)는 서로 융통성이 있다는 것으로 밤 자시에 일어날 일이 낮 오시에 일어날 수도 있다는 뜻으로 이해했다. 본시 용수쟁이 노인이 마음 먹기로는 오일(午日) 자시에나 홍수가 질 것으로 예상하고 있었으나 조금 전의 백발노인이 자오가 상충이라는 것으로 본다면 바로 내일이 자일이지 않는가. 그리고 전번에 괘를 뽑을 때 오일(午日)에 홍수가 날 것으로 예상돼 아직 일주일 정도 남아 있다고 생각했는데 노인의 말대로라면 자일은 바로 내일이지 않은가?
 노인은 아무래도 백발노인이 말한 자오가 상충한다는 말이 마음에 걸려 만약을 몰라 자신이 지금까지 용수를 팔러다니던 이유를 들어 마을사람들 일부에게 가재도구 등을 미리 높은 곳으로 옮기도록 하였다. 물론 노인은 천기누설임을 알면서도 사

≡≡ ≡≡ ≡≡ ≡≡

람이 죽고 사는 것인데 자신에게 내려질 천해(天害)가 두려워 묵인한다는 것이 양심상 허락지 않았기 때문이다. 일부에서 집안 살림들을 옮기자 비아냥거리는 사람도 있고 어떤 사람은,

"벌건 대낮에 필요 없는 용수인가 뭣인가를 팔러다니다니, 이제와서는 사람을 꾀어 이사를 시킨다."

하며 미친 영감이라고 했다.

　일부 마을사람들만 짐을 옮겨놓고 만약을 몰라 제일 높고 안전하다는 산꼭대기에 앉아 있는데, 밤 열시쯤, 즉 자시가 가까와질 무렵 장대 같은 소낙비가 상상할 수 없을 만큼 퍼부어대기 시작했다.

　그동안 무사태평으로 노인의 말을 듣지 않고 마을에 남아 있던 사람들은 사람 살려달라고 소리를 치며 부산하게 몸을 피했다. 소, 닭, 돼지등은 소리를 꽥꽥 지르며 큰 물줄기에 일순 휩싸여가고, 미처 몸을 피하지 못한 사람들은 어린애를 부둥켜 안고 떠내려가는 지붕 위에서 소리치다 산더미처럼 밀려드는 물살에 휩쓸려 그만 사라지고 마는 참상은 차마 눈뜨고 볼 수 없는 일들이었다.

　그래도 많은 사람들이 미리 산으로 몸을 피해서 피해를 줄일 수 있었기 때문에 불행중 다행이었지만 노인은 끝내 아쉬워하며 후회의 한숨을 길게 내쉬었다. 그러면서 푸념하기를,

"차라리 이 늙은이가 뺨을 맞더라도 끝까지 설득을 했어야 하는데……."

　밤 자시부터 쏟아지기 시작한 폭우는 다음날 낮 열한시가 되도록 줄곧 쏟아져 마을 한 복판은 완전히 물바다가 돼버렸다.

그런데, 그때 저멀리서 가물가물하게 보이는 한 노인이 삿갓을 폭 눌러쓴 채로 낚시질을 하는 것이 보였다. 먼곳에서 보기에 그 낚시꾼은 금방이라도 물에 휩쓸려 떠내려 갈 것만 같은 불안함 때문에 용수를 팔러다녔던 노인은 젊은 청년들과 함께 그곳으로 가 보았다. 용수쟁이 노인은 낚시를 하고 있는 노인에게 다가가,
　"저 노인 양반, 물이 점점 불어올 테니, 저기 안전한 곳으로 가시지요."
하고 권했다. 그래도 듣는둥 마는둥 아무 소리를 하지 않고 있자 같이 간 청년들이,
　"뭐! 이런 영감이 있어 떠내려 가 죽을 것을 생각해서 이곳까지 와서 권하면 얼른 가야지 무슨 배짱으로 대답마저 안해."
　그때서야 낚시를 하고 있던 노인은 젊은이에게,
　"고맙네. 이 늙은이를 모시러 오셨다니, 그러나 잠시 후면 비가 개일 걸세."
　그리고는 용수쟁이 영감을 향해서,
　"이보시오, 노인장. 이제야 자오가 상충임을 알았오?"
하면서 삿갓을 벗는데, 바로 그 백발노인이었다. 깜짝놀란 용수쟁이 노인은 그 자리에서 큰절을 올리며,
　"미처 사부님을 몰라뵈서 죄송합니다."
라며 머리를 조아렸다.
　절을 하고 일어서는 순간 백발노인은 또다시 어디론가 사라져버렸다. 살아남은 자들은 뒤늦게나마 생명을 구하고자 용수까지 팔러다녔던 용수쟁이 노인에게 찾아와 자신들의 경솔했

￣￣￣　￣￣￣　￣￣￣　￣￣
￣￣￣　￣ ￣　￣ ￣　￣￣
￣￣￣　￣￣￣　￣ ￣　￣￣

던 언행을 용서해 줄 것을 청했다.

　용수노인은 그 백발노인이 누구인가를 알아보기 위해서 패를 뽑아본 결과 배괘동자(排卦童子) 즉, 주역팔괘의 신법(神法)을 하늘에서 관장하는 육정육갑(六丁六甲) 사조(四曹)의 신동(神童)임을 알았다. 신동은 상대가 노인임을 감안하여 변장한 것인데 그 신동은 주역팔괘를 정성으로 수학하고 인간을 위해서 좋은 일에 응용하며 인간의 지혜가 미치지 못할 때 나타나 선도를 하고, 만약 악용을 하면 벌을 주는 신이었다.

　그래서, 옛부터 주역팔괘를 뽑을 경우 착한 마음으로 향을 피워 신동을 미리 불러놓고 작괘를 하므로 주역팔괘에 능한 사람일수록 다른 신이 접근을 못하게 된다. 이러한 까닭으로 주역괘에 능한 역술가가 다른 신을 몸에 받고자 해도 신이 잘 내리지 않아 헛수고만 한다.

　용수쟁이 노인은 그런 일이 있은 뒤부터는 더 배워야 한다며 마을에서 멀지 않은 곳에 위치한 암자에 들어가 있는데 날마다 그를 찾는 사람들이 밀려 들었으나 한편으로는 하늘만 알고 있어야 하는 천기누설을 했다는 의미에서 아들 삼형제가 물속에 빠져죽는 천해(天害)를 꿈 속에서 받았다. 다만 실제로 그래야 할 것을 백발노인으로 나타난 신동의 힘에 의해 무사했던 것이다.

　암자에서 심신을 수양하며 어려운 일에 처해 있는 사람들을 위해서 신기한 예언을 많이 했는데 그중에서 박씨 성을 가진 한 청년과의 대화는 유명하다.

　느티나무골에 산다는 청년은 지극한 효자로 이름이 나 있었다. 가정 형편이 어려워 품팔이로 생계를 이어갔다. 어머니가 몸져 눕게 되자 백방으로 약을 써 보아도 치료가 되지 않자 약방문에도 능하다는 용수쟁이 노인을 찾아왔다. 노인은 그 청년에게,

"아무 날 어느 방향에서 어느 사람에게 약을 지으면 신효(神效)가 있을 거라"

고 가르쳐주었다. 따라서 청년은 노인이 시키는 대로 약을 지어다 어머니께 드렸더니 언제 그랬냐는 듯이 쾌차했다. 완치된 어머니께서 사연을 묻고, 즉 노인이 시키는대로 했을 뿐이라는 아들의 말에 기뻐하더니 사례비도 주지 않고 그냥 왔다는 아들 이야기에 크게 노여움을 사며 당장가서 사례비를 드리고 오라시며 다소간의 돈을 주었다. 청년의 생각에,

'전번에는 그냥 오기도 했는데, 오늘은 어머니께서 드리라는 돈에서 절반만 주어도 되겠지.'

하고 돈을 미리 나누어서 넣고 갔다.

노인 앞에 앉은 청년은 어머니 말씀을 하면서,

"선생님 얼마 되지는 않지만 받아두세요."

하고 미리 나누어 놓은 돈을 꺼내 노인 앞에 내밀었다. 청년의 생각과는 전혀 다르게 그 노인은 아주 호된 모습으로 자기를 무섭게 쳐다보았다.

청년은 별것 아닌것 마냥,

"저, 선생님! 왜 그러시지요? 제가 뭐 잘못했나요."

청년의 말이 끝나기도 전에 노인은 청년을 향해서,

"네이놈! 오른쪽에 감추어 둔 돈 내놔. 어머니께서 나에게

☰ ☷ ☱ ☶

다 주라고 했지. 언제 너하고 나누어 가지라고 했어!"
　얼굴이 홍당무가 된 청년은 그자리에서 큰절을 올리며,
　"죽을 죄를 지었사옵니다."
라고 백배사죄하자 노인은 껄껄 웃으며 청년이 다시 내준 나머지 돈을 돌려주면서,
　"야! 이놈아! 어서 받어."
　무슨 영문인지도 모르고 잔뜩 움츠리고 있는 청년은 마치 쥐가 고양이 한테 쫓겨 어쩔줄 몰라하는 주눅든 모습이었다.
　노인은 청년의 마음을 안심시키고는,
　"네가 나에게 절반만 주고 네가 절반을 차지하게 된 것은 너의 잘못이 아니고 오늘 내 일진이 절반만 받으라는 이미 정해진 일진이니 절반은 어차피 네돈이니라."
하며 돌려주었다. 노인의 신묘함은 말할 것도 없이 인간적인 너그러운 마음에 감탄한 청년은 그 노인의 제자가 되어 그 노인처럼 신묘함을 부리곤 했는데 하루는 문안차 사부인 그 노인을 찾아갔다.
　가서 보니 한 여인이 사부에게 혼례택일을 하고 있었다. 그러나 곁에 있던 제자가 볼 때에는 사부는 지금 큰 실수를 하는 것으로 보였다. 왜냐면 혼례택일에 있어서 신부가 피해야 할 방향 중에서 옥녀방(玉女方)이란 것이 있는데 이 옥녀방을 피하지 않으면 신부가 아프거나 또는 여러 가지 살성(殺星)이 범하여 죽게 되는 것이다.
　이 옥녀방은 계절에 따라 사방으로 봄에는 동쪽, 여름에는 남쪽, 가을에는 서쪽, 그리고 겨울에는 북쪽에 옥녀가 있다하

☷ ☷ ☷ ☷

여 그쪽으로 들어오거나 앉으면 불상사가 있게 된다는 것이었다. 그런데 그러한 것을 누구보다도 잘알고 있을 사부께서 옥녀방인 남쪽으로 들어가도 좋다는 택일을 해주는 것이었다. 제자는 금방 입에서,
　'사부님! 그것은 잘못입니다.'
란 말이 터져나올 것만 같았다. 택일을 받은 여인은 자리를 떠나갔고 둘이만 있는 기회를 틈타,
　"사부님, 아까 그 택일은 옥녀방에 걸린 게 아닙니까?"
하고 조금은 자신 있게 물었다. 그러나 사부는 태연하게 자세 하나 흐트리지 않고,
　"다음에 알게 될 거야."
하고 대답을 마쳤다.
　그후 얼마 있다가 제자는 길을 걷다 땀이나 쉴 생각으로 마을 근처 정자나무 밑에 앉아있는데 한 신부가 가마꾼들에 의해서 옥녀방을 범하면서까지 오고 있었다. 물론 보통사람으로서는 알 수 없지만 제자 눈에는 신부 가마뒤에 옥녀란 악귀(惡鬼)가 따라붙어 가고 있어 신부에게 불상사가 있을 것만 같았다. 한 가지 더욱 놀란 것은 그 가마 속의 신부는 바로 일전에 사부께서 택일해 주었던 신부임을 알 수 있었다. 왜냐면 신부의 행렬중에 일전에 사부네 집을 왔을 때 바로 그 여인과 같이 왔던 신부 어머니가 뒤따르고 있었기 때문이었다.
　생각다 못한 제자는 사부의 은혜를 생각해서 뒤따라 가던 옥녀란 악귀를 물리쳐 신부가 무사하도록 손을 썼다. 그리고는 사부에게로 숨도 돌려 쉴 사이도 없이 문을 열고 들어갔다. 마

☰ ☳ ☶ ☷

침, 손님은 아무도 없고, 사부 혼자서 높다란 목침을 베고는 낮잠을 자고 있어, 제자는 급한 김에,
"사부님 사부님."
하고 흔들어 깨웠다. 사부는,
"응, 알았느니라. 거기에 놓여있는 종이를 떠들어보아라."
제자는 무심코 두 겹으로 접혀 있는 종이를 들추어보고 깜짝 놀라지 않을 수 없었다. 그것은 날카로운 필체로 산수화 한 폭이 그려져 있었는데, 다름이 아니고 정자나무 밑에 한 남자가 앉아 있고 그 옆길에는 어느 신부가 가마를 타고 가는데 가마 뒤에는 머리를 산발한 채로 숨어서 따라가고 있는 옥녀란 악귀가 보였다. 그리고 백지의 공간에 '옥녀악귀 제자척출(玉女惡鬼 弟子斥出)'이라고 씌여 있었는데 그 뜻은, '옥녀란 악귀를 제자가 내쫓아 줄 것이다.'라는 내용이었다. 그렇다면 사부께서는 모든 것을 이미 훤히 알고 있었다는 것이었다.
잠에서 깨어난 사부는,
"그 방향이 아니고는 신부가 갈 만한 길이 없었는데 주역괘를 풀어보니 네(제자)가 옥녀를 물리칠 것이 예상돼 마음 놓고 택일을 해주었느니라."
고 태연자약하게 설명하는 것이었다.

천리(天理)를 헤아린 괘사(卦師)와 전봉준

'엇! 이게 웬 괴변일까? 녹두장군 전봉준이 나를 죽이려고 말을 달리고 있다니, 지금까지 이 늙은이가 녹두장군을 위해서 내 나름대로 최선을 다해왔는데 그리하여 어려운 지경에 놓인 전세를 승전세로 이끈 때가 한두 번이 아니었는데 이제와서는 나를 죽이려고 말을 달리다니 그것 참 괘씸한 지고!'
 이 이야기는 약100(1894)여 년전 일로 동학혁명 당시 전봉준과 유명한 대철학가와의 사이에 있었던 비화이다.

 일국의 임금이 되는 왕도에 있어서나 천하통일의 대업을 이루고자 하는, 이를테면 동학혁명과 같은 민중봉기등을 수행하는 데는 표면에 드러나는 선봉장 뒤에 반드시 하늘의 뜻을 알고 땅의 변화무쌍함을 아는 회천지혜인(回天智慧人)이 있기 마련이었다. 중국 한왕(漢王)의 군사(軍師) 장자방(張子房)이나 조선조 계유정란(癸酉靖難) 당시 단종을 폐위하고 임금이 되었던 수양대군의 뒤에서 장자방 노릇을 했던 한명회 등이 그런 인물들이다. 또한, 역발산의 역사(力士) 유비가 초라한 오막살이에서 백년서생으로 지내고 있는 제갈공명을 세번이나 찾아가 자신의 군사(軍師)가 돼 줄 것을 간청하여 끝내 유비와 운명을 같이한 것이나, 문왕의 왕사 강태공, 이태조의 왕사 무학대사, 의적으로 유명한 임꺽정의 갖바치 도사나 서림(徐琳) 등 다 열거할 수 없을 만큼 무수한 인물들이 다 그 예이다.

전봉준 같은 이도 비록 사제지간이란 특별한 예의를 논한 적은 없으나 전쟁터를 나갈 때는 귀신을 뺨친다는 어느 괘사(卦師)의 예언을 참고로 하여 출전하곤 했다고 한다.

그러던, 어느때 괘사가 하는 예언이 잘맞지 않아 싸움에서 크게 패한 전봉준은 패전에 따르는 울분을 참지 못해 예언을 잘못한 괘사를 단칼에 목을 치려고 군사들을 이끌고 밤새도록 말을 달려 오는 중이었다. 괘사는 다른 때와 같이 아침 해가 뜰 무렵 그날의 운수를 살펴보기 위해서 괘(卦)를 뽑아보려고 세수를 하고 마음을 정돈한 다음에 미리 준비해논 백지 위에 작괘(作卦)를 해놓고 팔신(八神 ; 여덟 신으로 괘를 판단하는데 기본이 됨) 등을 살려보니 해괴망칙스런 변고가 그처럼 나타나는 것이었다. 바로 그날 낮에 전봉준이 자신의 목을 치러온다니 생각할수록 기가 막힐 노릇이었다.

'세상이 험악하다보니 별 희한한 일도 다 있구먼.'

'전봉준이가 설령 내 목하나 날렸다하여 감히 누가 시비를 하겠는가 ? 억울한 사람은 나말고 누가 있단 말인가 ! 이럴때면 차라리 파리가 돼 먼 곳으로 날아가고 싶지만 그러지도 못하고

☷ ☷ ☷ ☷

야단 났구먼, 세상사람들은 파리목숨 파리목숨하며 하찮게 생각하나 내 목숨은 전봉준 앞에서는 그보다도 훨씬 무력한지도 모른다.'

한참을 먼 산만 바라보고 있던 괘사는 손뼉을 딱 치며,

'옳지 바로 그것이다. 그걸 내가 왜 이제야 깨달았단 말인가. 지금 전봉준이가 나를 죽이겠다고 말을 달려오고 있는 살기(殺氣)는 막을 수 없을 망정 죽음을 피할 수 있는 비방(祕方)은 있다. 그것은 전봉준도 주역괘에 능함으로 나를 찾다가 없으면 반드시 주역괘로 나의 행방을 점단해 볼 것이다. 그러므로 바로 이 점을 역이용한다면 죽음을 피할 수도 있을 것이다. 옛날 중국에서 어떤 역학사가 죽음을 면하기 위해서 복상삼척토(腹上三尺土), 즉 배위에 석 자의 흙이 덮여 있으니 이는 반드시 죽은 무덤으로 상대를 오인케하여 생명을 구해낼 수 있었다는 고사와 같이 나도 바로 그런 방법을 써야지.'

이러한 생각을 하면서 괘사(卦師) 자신이, 항시 짚고 다니던 죽장(지팡이)의 중간을 뚫기 시작했다. 그리고, 뚫린 죽장에 물을 가득 채워 집에서 한참 떨어져 있는 산기슭 중에서도 옹달샘이 있어 습기가 많은 곳에 숨어 하늘을 바라보고 반듯하게 누어 물이 가득 차 있는 죽장을 일직선으로 세웠다.

아침 새때쯤이 되자 전봉준은 눈에 살기가 등등한 모습으로 괘사의 대문을 발로 걸어 차고서 괘사가 거처하는 방문을 신발을 신은 채로 들어서더니 이내 칼을 쭉 뽑으며, 큰소리로,

"이봐, 쥐새끼 같은 영감탱이! 내가 올줄 알고 숨어 있소? 내가 당신 때문에 얼마나 큰 피해를 본줄 아시오?"

그러더니 갑자기 아랫목 벽에 둘러쳐 있는 병풍을 단칼에 두 동강을 내버렸다. 아마 패사가 거기에 숨어 있는 줄 아는 모양이었다. 밖으로 나온 전봉준은 부하들을 시켜 이잡듯이 이곳저곳을 뒤져 찾아내도록 엄명을 내렸다. 한참을 찾아봐도 패사가 집안에 없자, 패사가 예상했던 대로 전봉준은 손수 주역괘를 뽑아 보았다.
　그런데 이게 또한 무슨 조화란 말인가? 지금껏 찾고 있던 패사가 석 자나 되는 물 밑에 있으니(腹上三尺水) 죽은 게 아닌가. 전봉준은 이와 같은 괘풀이가 나오자, 부하들에게 지금껏 우리가 찾고 있던 영감은 죽었으니 단념하라고 다시 영을 내리고는 말머리를 돌려 사라졌다. 이에 산기슭에 숨어 있던 패사는 지금 전봉준이 어떻게 하고 있나를 알기 위해서 다시 괘를 뽑아보았다. 그 결과 진위뢰(震爲雷)란 괘가 나왔는데 그 괘가 갖고 있는 뜻을 보면 유성무형 진경백리(有聲無形 振驚百里)라 하여 소리는 있는데 실제 형체는 없고 놀라는 진동소리가 백리에 들린다하는 뜻이었다.
　'나를 찾는다고 야단법석을 떨다가 아무 성과 없이 그대로 가버렸다는 결론이니 이제는 안심해도 되겠구먼.'
하고 집으로 돌아온 패사는 어지러진 집안을 정리하고 평상시처럼 행동했다.
　그후 패사가 살아있다는 소문을 들은 전봉준은 패사를 찾아와 그때 자신이 일시적으로 잘못했던 행동을 사죄하였다.

충절녀(忠節女) 논개(論介)

　지금으로부터 4백여 년 전. 밤 여덟(戌時)시경 주진사(朱進士) 내외는 저녁밥을 먹고 내일에의 살림꾸리기와 가정을 어떻게 이끌어 가야 할지 등을 다정하게 의논하고 있었다. 남편 주진사는 배가 남산만큼 부풀어 만삭이 된 부인을 바라보며,
　"여보, 해산날이 언제요?"
하고 정중하게 묻자 부인은 수줍어 하는 모습을 지으면서,
　"서방님, 별걸 다 물으세요. 그런 일은 우리 같은 아낙네가 관여할 일이지 서방님 같은 선비께서는 모른 체 하시는 거예요."
　부인의 이 말이 막 끝나자 마자,
　"아이구! 배야, 왜 이렇게 배가 아프지?"
하며 진통이 시작되는 듯 부인의 얼굴은 심하게 일그러졌다.
　부인은 무적지근한 아랫배를 자신의 손으로 쓰다듬으며 혹시나 해서 소피를 보았지만 그래도 양쪽 방광이 쏟아지는듯 무

겹고 진통은 더욱 심해갔다.
 이상하다싶어 배를 자세히 쳐다보았더니 뱃속에서 태아가 노는냥 뱃가죽이 움직였다. 그때야 부인은 해산을 하게 될 모양이라는 생각이 들어 방으로 들어가 이부자리를 깔고 누웠다. 곁에 있던 주진사는 부인이 해산할 기미를 보이자 밖으로 나와 담배를 피우고 있었다. 방안에 혼자 남은 부인의 신음소리를 내며 문고리를 잡고 안간 힘을 주는 모습이 불빛 그림자로 비추어 나타났다. 부인이 그렇게 몸부림을 치자 밖에 있던 주진사는 어쩔줄 모르고 발만 동동 구르고 있는데 갑자기,
 "응애~응애~"
하는 힘찬 아기 울음소리가 유난스럽게도 카랑카랑하게 울려 퍼졌다.
 주사는 아기 울음소리가 힘찬 것으로 보아 '사내아이구나' 하는 생각을 하였으나 실은 바로 저 유명한 논개(論介)가 탄생되는 순간이었다.
 논개가 태어난 해는 갑술년(甲戌年)으로, 음력9월이라서 달의 상징인 간지도 갑술(甲戌)이고 그날이 마침 9월 9일이었으므로 낳은 날자의 간지도 갑술이며, 낳은 시간이 밤 여덟시 종반이라 역시 갑술이 되는, 그러니까 논개의 사주팔자가 갑술년 갑술월 갑술일 갑술시 등으로 갑자(甲字) 넷과 술자(戌字) 넷으로만 구성된 것이다. 이를 주역팔괘로 작괘해보면 진위뢰(震爲雷)괘로 엄청나게 강한 팔자였다.
 이렇게 희귀한 사주팔자를 지니고 태어난 논개가 부모의 사랑을 흠뻑 받으며 자라 어언 열세 살의 나이가 되었을때 공교

롭게도 부친이 병으로 세상을 떠나가버리자 두 모녀는 당장 끼니 이을 걱정에 할 수 없이 작은아버지(숙부) 집에 들어가게 되었다. 워낙 논개의 미색이 뛰어나고, 언행이 단정하여 많은 사람들이 칭찬을 아끼지 않았다.

그러나 재물에 남다르게 욕심이 많은 작은아버지는 논개를 이웃마을 부잣집 며느리로 내줘버렸다. 논개의 신랑은 사람노릇을 도저히 할 수 없는 백치(白癡)병신이었다.

기가 막힌 논개는 이왕에 시집을 온 이상 마음굳게 먹고 잘 살아보려고 노력했지만 날마다 발작을 하는 신랑 병세를 더 이상 보고 있을 수 없는 참담한 상황이었다.

고통에 견디다 못한 논개는 울며불며 맨발로 외가에 피신해 가기에 이르렀다. 급기야는 신랑집의 고발로 포졸들에게 잡혀 옥살이를 하게 되었다.

그러나 장수 현감에 의해서 문초를 받기 시작한 논개는 모든 것을 사실대로 털어놓았다. 뒤늦게야 논개 작은아버지의 간계(奸計)에 빠져들었음을 알게 된 현감 최경회(崔慶會)는 정상을 참작하여 논개에게는 무죄를 내리고, 대신 딸을 고생시킨 명목으로 논개 어머니에게 2년의 관청에서 종살이를 하라는 일종의 관비형(官婢刑)을 내렸다.

갈 곳이 없게 된 논개는 현감 최경회의 보살핌으로 그의 집에서 기거하게 되었다. 친부녀처럼 생각하고 살아가던 두 사람에게 큰 변화가 일고 있었다. 그것은 논개 나이 열아홉 살이 될 무렵 공교롭게도 최경회의 부인이 몸져 눕고 얼마지 않아 그만 병사하고 말았다. 주위정세가 이렇게 되자 논개는 최경회의 후

☰ ☷ ☵ ☶

　실이 돼 그런대로 행복하게 살아가고 있었다. 그러나 운명의 장난은 그것으로 끝나지 않았다.
　한 여자로써 행복하게 살아가던 논개에게 엄청난 충격의 비보가 날아들었다. 임진왜란의 국난이 있자 최경회는 경상우도 병마절도사(慶尙右道 兵馬節度使)로 임전했는데 그만 진주성싸움에서 장렬한 전사를 하고 말았다. 남편의 전사비보를 받은 논개는 그 자리에서 비장한 각오를 했다.
　'남의 나라를 침략한 왜놈들 두고봐라! 이 소첩이 서방님의 원수를 갚고 말것이다.'라고 분노를 하며 복수의 날을 기다렸다.
　때마침 칠월칠석(七月七夕)을 맞은 왜장들은 촉석루(矗石樓)에서 승전을 기념하는 대연회를 베풀고 흥청망청 놀고 있었다. 논개는 많은 조선 기생들이 왜장들 사이에서 춤과 노래로 그들을 즐겁게 하는 틈을 타 기생으로 변복을 하고 노래와 가야금 반주로 왜장들의 가슴을 들뜨게 하기 시작했다. 절세 미인에다 노래와 가야금 솜씨가 뛰어난 논개는 왜장들끼리도 서로 질투하는 대상이 되었다.
　논개는 이미 죽기로 결심해 아무것도 두려울 게 없었다. 논개의 자태에 몸이 달은 왜장, 모촌곡육조(毛村谷六助)는 자리에서 벌떡 일어나 논개에게 춤을 요청했다. 논개는 마음 속으로,
　'이놈, 너는 오늘이 제삿날이다. 타향 이국만리 와서 죽는 게 불쌍하기도 하나 서방님의 원수를 갚고 나라에 충성을 하기 위해선 어쩔수 없다!'고 생각하며 응했다.

≡≡　≡≡　≡≡　≡≡

　논개는 금방이라도 왜장의 얼굴에 침이라도 뱉고 싶은 복받치는 감정을 억누르고 왜장을 촉석루 난간으로 점점 유인했다.

　수백 척이나 되는 촉석루 절벽 아래는 보기만 해도 오금이 저릴 정도로 무서운 파도가 출렁이는데, 논개에게 완전히 넋이 빠진 왜장은 한 치라도 더 논개를 자신의 품 안으로 끌어당기려 추태를 부렸다. 논개는,
　"서방님, 왜 그러시나이까? 제가 이렇게 껴안아 드리면 되질 않습니까?"
하면서 있는 힘을 다 하여 왜장을 껴안고는 재빠르게 왜장을 난간 쪽으로 위치를 바꾸어 복수의 괴력을 다해 밀어부쳤다. 처음에는 왜장이 떨어지지 않으려고 안간힘을 썼지만 이미 그것은 최후의 발악으로 발버둥치는 몸짓일 뿐이었다. 이렇게 해서 논개는 왜장을 껴안은 채 물 속으로 뛰어들어 한많은 일생을 마치게 되었던 것이다.
　논개 사주를 오행(五行)으로 보면 목토(木土)로만 구성돼 있고 갑술(甲戌)이 넷이므로 남편인 금기(金氣)가 전혀 없고, 아들을 상징한 화(火)가 뚜렷하지 않아 역시 자식도 없는 게 특징이다. 역리학상 일기생성격(一氣生成格)이란 아주 대격에 속하지만 대격이나 귀격이라고 해서 모든게 다 양호한 것은 아니다. 대격이나 귀격에 해당할 수록 한쪽으로 치우치게 마련이다.
　논개 사주에 해당한 진위뢰괘(震爲雷卦)를 지적한다. 따라서 자칫 귀에 걸면 귀걸이, 코에 걸면 코걸이란 객관성없는 억지

☰ ☷ ☶ ☳

   라고 할 수 있기 때문에 가능한 주역원문 그대로 옮기고자 한다.

   '제우구릉 칠일득 진소소진행무생 진축니(躋于九陵 七日得 震蘇蘇震行無生 震逐泥). 지극히 높은 언덕에 올라가 칠일 만에 얻으리라. 우뢰소리가 진동하니 무서워 떤다. 그대로 밀고 나가면 재앙 없으리라. 진동하는 우뢰소리가 드디어 침체하게 된다.

   이상의 내용을 다시 요약해 보면 지극히 높은 언덕에 올라(躋于九陵) 등은 촉석루 높다란 절벽과도 일치하며, 칠일 만에 얻으리라(七日得)는 거사날짜가 칠월칠석과도 일치하고, 우뢰소리가 진동하여 무서워 떤다. 그대로 밀고 나가면 재앙이 없으리라는 것은 논개가 왜장을 절벽으로 밀어 부치니 술좌석에 같이 한 왜장들도 놀랐을 것은 뻔하고 절벽으로 떨어진 왜장은 겁먹은 표정으로 으악 하는 소리를 질러 그 주위가 진동했을 것이며, 또한 왜장을 처음 결심한대로 밀어부쳐 같이 순절한 논개가 만약 중도에 포기했다면 재앙, 즉 죽음을 면키 어려웠을 거란 그 당시의 위급한 상황과 일치된다.

   우뢰소리가 드디어 침체한다 함은 겁에 질린 왜장도 떨어지면서 소리(진동)를 냈을 것이고 그 장면을 보는 왜장들도 소리를 쳤을 것이다. 그런데 그 소리가 침체되었다 함은 소리를 지른 왜장이 그대로 물 속으로 빠져버렸다는 것과 일치하는 것이다.

의리의 사나이 임꺽정(林巨正)

"내가 바로 임꺽정이요."
"으악!"
 임꺽정이란 말에 불한당은 뽑은 칼을 그대로 집어 넣고 줄행랑을 쳐버렸다. 마을 어귀 주막에서 외상술을 마셔놓고도,
'내가 임꺽정이요.'
 산고개를 넘던 장꾼들의 보따리를 빼앗고도,
'내가 임꺽정이요.' 하고 외치면 그만이었다.
 임꺽정이 정의의 칼을 뽑아들고 탐관오리들의 재물을 빼앗아다가 불쌍한 사람들을 돕고다니자, 임꺽정을 흉내내는 소위 가짜 임꺽정이 부지기수로, 온 나라 안은 일약 임꺽정 시대로 접어든 느낌이었다. 임꺽정이 이름만 대어도 무엇이든 무사통과였다. 하지만 진짜 임꺽정은 장날에 짐보따리나 빼는 좀도둑이 아니었고, 술값을 떼먹는 외상꾼도 아니었다.
 오로지 불쌍한 사람들을 위해서 또는 송충이 처럼 남의 피와

☰ ☷ ☱ ☶

　땀으로 만들어 논 백성들의 재산을 지위가 높은 권력을 이용하여 탈취한 고관들의 썩어 빠진 정신과 몸을 도려내는데 박차를 다했던 의리의 사나이였던 것이다. 힘이 장사인 임꺽정은 원래 백정의 아들이란 말이 있지만, 사실은 백정(白丁)이었다가 후일에 갖바치 도사(道士)가 되었던 사람으로부터 키워졌기 때문에 그러한 이야기가 있지 않았나 싶다.
　백정을 하면서도 글 읽은 경륜이 높아 당대의 거목, 조광조 같은 사람들과 교유관계를 갖던 갖바치 도사는 더욱 유명해질 수밖에 없었다. 그러던 어느 날 어린 애를 데리고 와 사람을 만들어 달라고 통사정을 하는 아낙의 간청을 받아들여 기르게 되었는데 그가 훗날의 임꺽정이었던 것이다.
　임꺽정은 갖바치 도사에게 인간이 갖추어야 할 인륜을 배웠고, 그중에서도 인간의 삶에 없어서는 안될 의리(義理)에 대해서 깊은 깨우침을 받았다. 임꺽정은 성장한 자신의 처지처럼 불우한 사람을 볼 때마다 그 사람들을 위해서 어떻게 해야 할 것인가를 생각하게 되었고, 그러한 생각은 한 시대의 의적(義賊)으로서 역사의 한 장을 마련하게 된 것이었다.
　무려 수천 수백 명이란 엄청난 무리를 통솔하게 된 임꺽정은 이미 도사가 돼 있는 갖바치의 비호를 받으며 모사꾼으로 유명한 서림(徐琳)을 참모로 두었다.
　결국 참모인 서림이 관군에게 매수돼 배신하는 바람에 구월산(九月山)에서 붙잡혀 36세란 젊은 나이에 형장의 이슬로 사라지고 말았지만 임꺽정은 주로 탐관오리들이 많이 살고 있는 경기도와 황해도를 종횡무진 하며 개성(開城)까지 쳐들어가 그

의리의 사나이 임꺽정(林巨正)

≡≡ ≡≡ ≡≡ ≡≡

위세가 하늘을 찌를듯 했다. 의적 임꺽정이 죽은 뒤에도 수많은 백성들은 그를 오래도록 가슴 속에서 지우지 못하고, 한 시대의 사나이다운 의리를 오늘날까지도 이야기해오고 있는 것이다. 임꺽정은 천민출생이라서 그의 생년월일 등을 기록한 문헌이 뚜렷하게 없으나 개띠이고 그해 8월에 태어났음이 그나마 남아있다. 병술(丙戌)년 정유(丁酉)월 정사(丁巳)일 경술(庚戌)시가 되므로 불과 쇠(火金)가 왕성하고 낳은 날짜 천간(天干)이 정(丁)이 됨에 따라 신왕재왕(身旺財旺)한 사주에 속하는데, 인간의 운명을 크게 나누면 행복과 불행(吉凶)으로 나누게 되며 행복중에서는 다시 두 가지로 나누어진다. 예를 들면 귀(貴)하다는 것과 부(富)하다는 것, 즉 우리가 일상적으로 흔히 말한 부귀(富貴)가 된다.

그렇다면 부자가 되고 귀하게 되려면 어떠한 사주를 갖고 태어나야 하는가 물론 여러 가지 사주가 있겠지만 그중에서 부자가 되기 위해선 신왕재왕(身旺財旺)으로 사주를 타고나야 하며, 귀하게 되려면 신왕관왕(身旺官旺)해야 한다. 그런데 임꺽정 사주는 사주자체도 강하지만 재물도 강한 사주팔자로서 전자에 속했다. 그래서 많은 재물을 탐관오리들로부터 빼앗아다 백성들에게 나누어 줄 수 있었던 것이다. 이러한 논리에 해당한 사주팔자를 부중취귀(富中取貴)라 하는데 많은 재물을 모으게 되면 그 토대에 귀(貴)가 생성된다는 의미이다. 임꺽정이와 같이 후세에 까지 그 이름이 빛나게 된 경우를 역학에서는 이도현달(異道顯達)이라고 한다. 이밖에 순수한 주역팔괘를 응용하여 몇가지만 지적해보면 과연 임꺽정은 타고난 팔자대로 일

⚊⚊⚊
⚋　⚋
⚊⚊⚊
⚊⚊⚊
⚋　⚋
⚋　⚋

생을 마쳤다는 것을 알 수 있다.
　임꺽정에게 해당한 괘는 사대난괘(四大難卦)에 해당하여 대단히 흉한 편인데 택수곤(澤水困 ; ☱ ☵) 괘로 주역의 원문 일부만 참고해 보면 곤형정 대인무구 입우유곡 삼세부적 비월(困亨貞 大人無咎 入于幽谷 三歲不覿 劓刖) 곤란하면 통하여 잘 이루어질 것이고, 대인됨이 좋아서 허물이 없고 깊은 산꼴짜기에 들어가 삼년동안 보지 못할 것이다. 또한 코와 다리가 잘린다. 이를 다시 설명해 보면 어려운 가운데서 곧고 바른 것을 위하여 실천한다면 큰 사람으로써 자질을 갖출 수 있다는 것으로 당시 어려운 사회적 혼란에서 누구하나 감히 탐관오리에게 대항 하지 못할 때 임꺽정은 그에 대항, 보통사람의 차원을 넘어선 큰 인물이 되었다. 의리를 위해서 칼을 뽑았으므로 백성들은 오히려 탐관오리에게 허물이 있음을 알았으며 깊은 산꼴짜기에 들어가(入山幽谷) 삼년동안 보이지 않는다(三歲不覿) 함은 임꺽정이 깊은 산속에서 은거생활을 하면서 무술을 연마했고, 산적들을 모아 큰무리의 집단으로 이끌었던 시기와 쌍치되고 또다른 한편으로는 동에 번쩍, 서에 번쩍했던 최전성기가 몇년동안 그러했음을 암시한다. 그리고 코와 다리가 질린다 함은 활동하던 임꺽정이 잡혀 가혹한 죽음을 당하였음과 일치한다. 주역괘에서 말한 곤(困)이란 뜻은 쉬운말로 곤란하다는 뜻으로 생각하면 된다. 이밖에도 월락조제 운색시괴(月落鳥帝 運塞時乖)란 문구가 전해오고 있는데, 그 뜻을 풀어보면, 어두운 밤이 지나고, 새로운 아침이 돌아오자 불길하게도 가마귀가 울어 운이 막혔으니 때가 맞지 않는다는 것으로 임꺽정의 비운을 말

☷ ☷ ☷ ☷

하는 것이었다.
 여기서 우리가 알고 넘어 가야할 것은 때가 맞지 않는다(時乖)는 것이다. 임꺽정 같은 의리의 사나이가 외적과 싸우는 전쟁의 시대에 태어났다면 임꺽정의 능력으로 봐서 이름있는 장군이 됐을지도 모른다는 것이다. 역시 시대가 인물을 만든다는 말을 뒷받침하는 예화가 된다.

박소령 역전비화

　소령계급장을 단 젊은이가 묵직한 군용가방을 든 채 풍기역 앞을 서성거리고 있었다. 그 젊은이는 피우던 담배꽁초를 땅바닥에 버리고는 군화발로 휙 돌려 짓이겼다. 그때 마침 중령계급의 상사가 지나자 바른자세로 서서 경례를 부쳤는데 그 중령은 고개만 끄덕거리고는 더 이상 관심도 없이 지나쳐버렸다.
　따분하고 착잡하던 차에 역전 광장 한쪽 구석의 사주, 관상, 손금, 질병 등을 쓴 글씨가 눈에 띄었다. 낡고 헤진 푸대 종이에 앉아 손님과 대화를 나누는 사주쟁이 노인옆로 젊은 소령은 다가갔다. 가방을 깔고 앉아 아래 턱을 받치고 바라보고 있는데 손님을 보낸 사주쟁이 노인은,
　"젊은이 사주 한 번 볼거여?"
하고 운을 떼었다. 그러자 그 젊은 소령은,
　"군인도 이런 것을 봐요?"
하고 말대꾸를 하였다. 노인은 코끝까지 내려오는 안경을 고쳐

쓰고 화를 버럭 내며 꾸짖었다.
　"이봐, 젊은이. 옛날에 제갈공명, 강태공, 무학대사, 도선대사 등은 할일없이 주역공부를 해 천하를 도모한 줄 아는가? 운명이란 보이지 않게 작용하기때문에 인간들의 생각만으로는 도저히 풀어나갈 수 없는 일들이 있게 마련일세. 그래서 그 어려운 일들을 미리 알고 삼가하는 마음과 더 나가서는 자신의 분수를 지켜가며 알맞은 직업을 선택해서 지혜롭게 살아가보자는 것이 아닌가. 예를 들면 옛날 나무꾼에서 하루아침에 임금이 된 철종대왕의 이야기같은 것은 도저히 인간의 힘으로 예측할 수 없는 일 아니겠는가? 혹자는 역학의 역(易)자나 철학의 철(哲)자도 알지 못하고 무조건 미신운운하는데 이것은 큰 잘못이야."
　한참동안 스님이 불법을 설파하듯이 열변을 토하던 노인은 담배를 한대 피워가며 다시,
　"어이, 젊은이! 사실이 이러하니 부담 갖지 말고 생년월일하고 이름만 대주게. 돈은 받지 않을테니 걱정말고."
　노인의 그 같은 성의에 젊은 소령은,
　"예, 영감님. 그렇게 하지요. 저는 1917년 9월 30일 오전 열시에서 열한시 사이에 태어났읍니다. 이름은 박정희(朴正熙)구요."
　노인은 숙달된 필체로 박소령이 불러준 대로 적어 내려갔다. 그리고 얼마후 사주팔자를 다 뽑아놓고는 땅바닥에 깔려 있는 너저분한 책 등을 한쪽으로 치우더니,
　"어이 박소령, 이 늙은이 절 좀 받게나."

≡≡ ≡≡ ≡≡ ≡≡

　　순간 박소령은 얼떨떨한 모습으로 엉덩이를 뒤로 물리면서,
　　"아니 영감님, 왜 이러십니까?"
하며 자신이 큰절을 받게 된 영문을 몰라 몇 차례나 물었지만
노인은 아무 대답도 하지 않았다.
　　여러 사람 눈을 의식한 노인은 박소령을 한적한 곳으로 부르
더니 이렇게 말했다.
　　"박소령은 장차 대통령이 될 수 있는 귀격(貴格)중의 귀격사
주요. 그러니 앞으로 언행을 삼가하고 매사에 신중을 기하도록
하시오."
　　뜻밖에 들은 이야기라서 소령 청년은 멍하니 서있을 뿐인데
노인은,
　　"자, 시간이 거의 다 된 것 같으니 어서 가보게."
하고 독촉했다.
　　박소령은 노인의 그같은 뜻밖의 예언에 무척 감격스러웠으
나 그저 웃음으로만 답하면서,
　　"영감님, 제가 영감님 예언대로만 된다면 그때 영감님께서
소원하는 일을 들어드리겠읍니다."
그 말을 마치자 마자 그는 기다리던 열차가 굉음을 내며 달
려오자 노인에게 인사도 제대로 못하고 열차에 올랐다.
　　그후 세월이 흘러 5·16이 있은 후 민선 대통령으로 취임한
박대통령은 어느 땐가 그 역전에서 만났던 노인과 만나 옛날을
회상했다. 당시 풍기지방은 해마다 큰 물난리가 일어 많은 인
명과 재산피해를 입고 있었다.
　　따라서 그에 적절한 대책과 앞으로 어떠한 홍수가 나도 다시

수재를 입지 않을 수 있는 치수공사가 소원이라는 노인의 말에 따라 대통령은 즉석에서 특별명령을 내려 모든 것을 관계장관이 직접 지휘하는 가운데 끝마무리를 지어줬다. 그리하여 박대통령은 노인의 소원을 들어주었을 뿐 아니라 적중한 예언에도 보답하게 된 것이었다.

하늘은 알고 있었을까

 조선조때의 일이다.
 자연현상을 보고
 "지금 왕실에서는 간교한 무리들이 왕비와 놀아나고 있을 것이옵니다."
라고 사냥나온 임금께 무례하게도 감히 알리는 역관(易官)의 말을 아무도 믿으려 하지 않았다. 그러나 역관의 예언대로 나중에 모든 것이 사실로 드러나자 많은 사람들은 깜짝 놀랐다.
 오래지 않은 일의 일례로 김재규가 박대통령의 머리를 향하여 총성을 내기까지 무슨 조짐이 있었나 살펴보기로 하자. 박대통령은 사고당일 충남 삽교호(揷橋湖) 준공식에 참석했다. 관계관을 대동하고 준공식 "테이프"를 끊고 주변의 제방도로를 한바퀴 돌고난 후 삽교호 기념탑 제막식때 비로소 그날의 일진이 불길할 것이라는 천도적(天道的)인 예지, 우리가 흔히 말하는 불길한 조짐이 이미 있었다.

☷ ☷ ☷ ☷

　　많은 주민들과 관계기관장들이 지켜보는 가운데 제막식을 하는데 박대통령은 기념탑에 드리워진 하얀 커튼이 절반 밖에 내려오지 않아 기분이 씁쓸했다. 이것이 그날 최초로 일어난 불길한 조짐이었다. 준공식을 다 마친 박대통령 일행은 점심 식사를 하기 위해서 도고온천 관광호텔로 자리를 옮겼는데 두번째 불길한 조짐이 일어났다. 박대통령이 탑승한 헬리콥터가 널찍한 호텔 뜰앞에 착륙할때 호텔에서 사육하고 있던 노루 한마리가 헬기 엔진 소리에 이구석 저구석을 날뛰다가 그대로 쓰러져 죽어버렸다. 사실 노루같은 산짐승은 일종의 영물(靈物)이라 하여 함부로 다뤄오지 않았다. 그래서 옛부터 산에서 쫓던 노루가 마을로 들어오면 성역이라 하여 잡지 않고 오히려 보호했던 그러한 짐승이 다른때도 아닌 하필 그날 죽었다는 것은 대단히 불길한 조짐이었다. 일행은 별로 대수롭지 않게 여기며 점심을 먹고는 호텔을 막 떠나려는데 세번째 불길한 조짐이 또 일어났다. 호텔을 떠나기 위해서 출발하던 경호원용 헬기가 고장이 나 얼마간 지체하게 된 것이다.
　　이렇게 세번이나 불길한 조짐이 거듭 있었으나 별것 아닌 것처럼 무심결로 흘려보내다가 끝내 궁정동에서 유명을 달리하고 만 것이다.
　　우리 인간세계에서는 보이지않는 운명체가 자연현상으로 나타나는 기이한 현상이 많이 있다. 예를 들면 우리 현대인이 아침 저녁으로 대하는 은수저만 보아도 집안에 재앙이 있게 되면 그색이 빨리 변질 돼 버리는 것에 반해서 집안이 화목하게 잘 되려면 녹이 빨리 성하지도 않는 것이다. 그러므로 옛날 선비들은 우리가 흔히 말하는 징조란 것을 보고 진퇴를 결정했고 스스로 자중할 줄 알았다. 그러나 요즘 현대인들은 일방적인 추진력만이 제일이란 식으로 밀어부치기를 좋아한다. 낭패를 초래하여 끝내 눈물을 보고 마는 저돌성이 강한 것이다.

팔괘(八卦)로 본 고(故) 박대통령 사주

　박대통령이 태어난 해는 뱀띠해이고 낳은 날자는 원숭이(庚申)날이므로, 간지를 보면 역마살이 중중하고 주역팔괘로 작괘해보면 중인의 스승이자 통솔자란 의미를 상징한 지수사(地水師) 괘가 된다. 본래 명리학(사주학)에서는 사주내에 역마살이 중중(여러개) 하면 뛰는 말과 같다하여 아주 어린 시절이나 늙었을때 또다시 역마운을 만나는 것은 그다지 바람직하지 못한 일이라고 전하기도 한다. 물론 대통령이 될 수 있었던 이유중의 하나가 사생국(四生局 사주의 격을 말함)이란 독특한 일면이 있었던 때문이기도 하나 주역팔괘의 비중만큼은 광범위하지 않다. 그러나 여기에서 주의할 점은 박대통령 사주와 같은 유형은 범, 뱀, 원숭이, 돼지(寅巳申亥)해를 초년이나 중년에 만나면 절대 불길하다.
　그러한 예로 74년에는 범의해로 갑인(甲寅)이 되는데 이 갑인은 역리학상(낳은 날자기준) 모두 부인이 된다. 그런데 이 부인이 천지가 무심하다는 엄청난 살성(殺星) 세개로 구성되었던 것이다.

낳은 날자가 경신(庚申)이므로 갑경충 인신충(甲庚冲 寅申冲)이 돼 이런 경우를 소위 하늘도 충(冲)하고 땅도 충(冲)했다 하여 천극지충(天克地冲)이라 하는데 그 강도는 마치 하늘이 흔들리고 땅이 울릴 정도였다. 이밖에도 삼형살(三形殺寅巳申)이란 극악난폭한 살성이 구성되는 등 그야말로 불속에서 화약을 짊어지고 서있는 것이나 마찬가지인 악운이었다. 사실 79년도 10월 26일의 일진도 병인(丙寅)이 돼 지충(地冲)을 맞았던 것이다. 이러한 면을 다른 각도로 설명한다면 우리의 일상에서 흔히 있는 일로 대수롭지 않게 떠밀었는데 상대가 죽었다든가 죽일려고 칼을 뽑아댄 것 뿐인데 이상하게 숨을 거두는 경우를 종종 본다. 그런 것을 사람들은 살(殺) 맞아서 그랬다며 살(殺)이 내릴때는 바늘로도 묶일 수 있다고 하는 예가 바로 그런것이다. 그게 역학에서 말하는 충살(冲殺) 즉, 죽일 살자(字)라는 살성을 의미하고 충자(字)는 맞았다. 부딪쳤다는 의미로 활용되는 것이다. 물론 또다른 원인도 있겠지만 생략하고 주역 팔괘를 통하여 좀더 알아보고자 한다.

지수사(地水師)란 여러 사람들(무리)을 통솔한다하여 그 뜻을 한글자로 표시할 때는 중(衆)자로 하기도 한다. 따라서 주역원문(周易原文)을 토대로 설명한다면 다음과 같다. 사중야, 정정야, 능이중정, 가이왕의, 강중이응, 행험이순, 이차독천하, 이민종지길, 우하구의…(師衆也 貞正也 能以衆正 可以王矣 剛中而應 行險而順 又何咎矣 …) 군사는 대중이요, 마음이 곧은 것은 바른것이다. 대중을 바로 잡을수 있으면 왕노릇을 할 수 있고 강하고 중립하여 응하고 위험할 일을 행하여 순종한다. 이러한 행위로 천하를 이롭게 해도 백성들이 복종한다면 길리(吉利)할 것이며 또한 무엇을 허물이라 하겠는가? 즉, 군사는 군중을 지적하는 것이고 곧다는 것은 마음이 바른것임을 말하는 것이다. 만약 군중이 마음을 바르게만 할 수 있다면 그 사람은 그 나라의 왕(통치자)이 될 수 있다.

일국의 왕은 강한면도 있어야지만, 어떤 파벌에 쏠리지 않는 중립적 자세를 갖추기도 해야 백성들(국민들)은 스스로 따르게 된다. 본괘(지수사괘)는 보다 객관성을 높이고자 필자의 주관을 개입시키지 않고 가능한 원문을 직역한 것이다. 따라서 여러분의 이해를 돕고자 필자가 보충 설명을 해보겠다. 사(師)란 통솔한다는 뜻도 있지만 대중이란 뜻도 된다. 뿐만 아니라 군부(軍部)란 뜻으로 중국 주나라때 병제(兵制)에서 인용한 것이다. 그러므로 박대통령이 군장성 출신임을 나타낸 것이며 아울러 독단이 아니고 수많은 집단들과 행동하는 일면도 있음을 지적한다. 곧고 바른것이 대중을 통솔할 수 있다함은(貞正也 能而衆正) 옳은 일에 혁명을 이룬다면 국민들은 따를 것이다란 진실성을 지적하고 있다.

또한 통치자로서 자질이 있고 백성들이나 인재들이 스스로 추앙하게 되면 대통령의 권좌에 오를 수도 있다(可以王矣)는 지적이다. 대통령이 돼서 국가를 강건하게 보존할 의무와 특정한 정파에 쏠리지 않는 소위 중도총치(中道總治)를 하면 국민은 외적이 쳐들어와도 충성을 다 바쳐 싸우며 순종하게 될 것이다.

☰ ☷ ☵ ☳

　그리고 대통령의 허물을 파헤치는 것이 아니고 오히려 덮어주는 국민이 있어 누가 감히 탓하겠는가?
　이상의 내용을 견주어 보면 박대통령은 천도(天道)의 윤회에 따라 통치자가 되겠지만 가장 큰 덕목이라 할 수 있는 행험이순 강중이응(行險而順 剛中而應)에는 미흡했기 때문에 더 큰 불행을 초래했을지도 모른다. 혹자는 박대통령과 한날 한시에 태어나게 되면 모두가 대통령이 되던지 아니면 장차관이라도 될게 아니냐고 의혹의 눈으로 반문할수도 있지만 천도가 윤회되는 법칙은 그러하지 못하다. 자연계(自然界)란 우매한 인간들이 잘 헤아리지 못해서 그렇지 그 정밀도가 마치 머리카락에 구멍을 뚫는 것과 같이 정확무비(正鶴無比)하다. 이러한 까닭에 같은 시간에 태어난 인간이지만 결코 운명이 동일한 것은 아니라고 본다.

괴사를 울린 한탄강의 물귀신

내가 사는 삼각산 중턱은 20호가 옹기종기 모여 살고 있는 아주 작은 마을이다. 흔히 '대문과 담장이 없는 곳' 하면 제주로 알고 있으나 내가 살아가고 있는 곳은 대문은 물론이고 담장까지도 없는, 또한 상수도가 아닌 자연수를 먹고 사는 서울 속의 자연마을이다. 그래서 사람들에게는 언제나 산동네나 꽃동네로 통하고 있다. 지역환경이 이렇게 이루어짐에 따라 항간에서 말하는 이웃도 모르고 사는 서울이란 말이 무색할 정도로 마을사람끼리 무척 화목하게 살아가고 있다.

지금부터 4년 전으로 거슬러 올라간다. 여름철이라 마을 사람들은 친목도 도모할 겸 서울근교로 나가 이삼일간 물놀이를 갔다오기로 했다. 그러나 그 당시 나의 가정형편으로는 물놀이란 것을 전혀 생각할 수 없을 만큼 빈곤했다. 뿐만 아니라 이상하게도 가고 싶은 생각이 썩 내키질 않아 몇 번 포기했지만 명색이 반장이 빠지면 되겠느냐는 마을 사람들의 권유에 못이

☰ ☷ ☰ ☷

겨 반허락은 했으나 어쩐지 시간이 가까와 올수록 안된다는 생각이 짙어졌다.
　마음이 하도 불안하여 물놀이를 가도 별탈이 없겠는가 주역팔괘를 뽑아 보았다. 한데 공교롭게도 익사(溺死)를 상징한 화수미제(火水未濟)괘가 나왔다.
　화수미제란 글자 그대로 작은 불꽃이 큰 바다를 건너는데 돌풍을 만나 끝내 건너지 못하고 사나운 파도가 불꽃을 격렬하게 덮어씌워 불꽃이 꺼져버린다는 의미였다. 뿐만 아니라 뜻밖의 놀람을 상징한 등사(騰蛇)란 것이 움직여(動) 천군 만마를 얻는 상으로 엎친데 덮친 격이었다. 또한 나를 상징한 세효(世爻)에 물귀신을 상징한 관효(官爻)가 숨어있는 데다 세효를 수극화(水克火) 즉, 물귀신이 나를 물로 덮어씌우는 격이었으니 이는 필시 물에 빠져죽는다는 흉조가 예견된 것이므로, 나는 물놀이 가는 것을 포기하기로 했다. 하지만 마을 사람들이 불같은 성화를 대는 바람에 할 수 없이 가게 되었다.
　주역 팔괘에 나타난 익사괘를 뻔히 알면서도 물놀이를 가야하는 것으로 봐 옛말의 친구따라 강남 간다는 말이 결코 무리는 아닌가 싶은 생각이 들었다. 도살장에 끌려가는 기분이랄까, 아니면 마을 사람들을 따라 죽음을 강요당한다고나 할까. 나의 이와 같은 마음을 이해하는 사람은 단 하나도 없었다. 아마 과학적인 것만을 추구하는 요즘 사람들에게 주역에서 그런 뜻이 나와서 놀러를 못간다면 비웃으며
　'요즘같이 밝은 세상에 수천년이나 케케묵은 주역팔괘를 믿고 놀러가는 것을 포기한다는 것은 미신을 믿는 어리석음이다'

괴사를 울린 한탄강의 물귀신/273

☷ ☷ ☷ ☷

라고 비아냥거릴 것이 뻔했으나 명색이 주역을 연구한 내 판단은 달랐다. 그런 끝에 일단 물놀이를 가되 물을 절대 조심하고 그래도 한순간에 실수할 것을 대비하여 손발이 쥐가 날때 필요한 칼과, 전기줄, 노끈등을 지니고 목적지로 향했다. 한탄강물이 흐르는 연천수력발전소가 위치한 강에서 짐을 풀었다. 땅과 물이 오색으로 물들 정도로 형형색색의 사람들은 그야말로 인산인해를 이루어 바야흐로 피서철임을 실감할 수 있었다. 일행은 조그마한 나룻배를 타고 수력발전소가 있는 근처에 자리를 잡아 탠트를 설치한 후 점심을 먹기까지 상당한 시간이 흘렀으나 그때까지만 해도 내 머리에서는 주역패가 연상되어 물이 두려웠다. 이러한 생각을 잊지않고 있었으므로 물에 절대로 가지 말아야 겠다는 경계심을 갖고 있었다. 마을 사람들은 모처럼 온 나들이라서 남녀노소를 불문하고 수영복차림으로 물놀이를 즐기고 있었다. 그러한 광경만 보고있던 내가 갑자기 물속으로 뛰어든 것은 실로 놀라운 일이었다. 잠시 전까지만 하더라도 물속에 가면 죽는다는 생각에서 물을 잔뜩 경계하던 사람이 대담하게 물로 뛰어든 그 순간 근처 발전소에서 수문을 열어 물이 갑자기 불기 시작한 것이다. 내가 물속에 가면 죽을 것이라는 경계심을 잠깐 망각했던 것이다. 평상시에도 물길이깊은데다 내가 수영을 하고있던 옆쪽에서 일시에 많은 물이 밀려와 금새 강 한가운데까지 밀려갔다. 바로 그때서야 내가 물에 가면 위험할거라던 패가 떠올랐다. 순간 방향을 바꾸어 오던 쪽으로 가려고 안간힘을 다해 헤엄을 쳤지만 그때는 이미 죽음 직전에 놓인 위기일발의 순간이었다. 강 한가운데서 방향을 바꾸어 아무리 헤엄을 쳐도 발전소에서 쏟아져 나오는 큰 물줄기 때문에 도저히 나올수가 없었다. 밀려오는 파도에 눈 코 입을 통해 물만 먹게되니 마음은 더 급해져 긴장할 수밖에 없었다. 이제는 물거품을 내며 물속으로 가라앉았다 떠올랐다 하며 죽을 힘을 다해서 손을 내밀어 살려달라고 손짓을 했다. 물론 처음 한순간에는 입으로도 사람 살려달라고 고함을 쳤지만 물만 더 먹게 될뿐 효력이 없었다. 이렇게 익사직전에 놓여있자 저 위쪽에서는 사람들이 나룻배를 타고 구출하러 왔고 또다른 쪽에서는 구명튜브를 가지고 구출작전을 시도해왔다. 그때 마침 낚시하고 있던 청년 하나가 구명튜브를 가지고 능숙한 수영솜씨로 나에게 다가와 뭐라고 했다. 나는 그때까지도 밑으로 가라앉아 들어가면서도 죽을 힘을 다해서 순간순간 손과 머리를 물위로 떠올렸기 때문에 그 청년의 말이 잘 안들렸지만 본능적으로 튜브를 잡으라는게 아닌가 싶어 튜브를 꽉 잡았다. 그 순간

　'아휴 이젠 살았구나.'

하는 생각이 들었다. 청년의 도움으로 강가 백사장으로 나온 나는 얼마간 뱃속에 들은 물을 빼내고 정신을 차렸다. 처음 나의 그같은 모습을 본 사람들은 장난을 하는지 알고 별 신경도 안 썼다는 것이었다. 그러나 시간이 흐를수록 장난이 아님을 알고 같이 온 마을 사람들은 물론 수천명에 이르는 물놀이 왔던 사람들은 발을 동동 구르며 고함을 쳐대며

　'어머, 저어 어쩌나 죽겠는데…. 아직은 젊은데 아이유우 불쌍해라.'

☷ ☷ ☷ ☷

하고 안타까워 했다고 한다. 수천명이나 되는 물놀이꾼들은 나를 에워싸고
 "그래도 살았으니 다행이다.'
며 위로했다. 정신을 차리고는 조금전 나를 구해준 생명의 은인인 그 청년에게로 다가가 인사를 하고 헤어졌다. 내 전화번호를 가르쳐주면서 서울에서 한번 만나기로만 했지 그 청년의 주소나 연락처를 알지 못한채 그대로 헤어진 것이 너무 아쉽다. 죽을고비를 넘긴 나는 많은것을 생각하게 되었다. 인간이 산다는 것은 이미 하늘에서 정해준 천리적(天理的)인 이치에 따라 생로병사(生老病死) 희노애락(喜怒哀樂)이 있게 되고 그 천리를 초월해서는 살아갈 수 없다는 것을. 또한 그 천리를 미리 예지하는 방법중의 하나가 신묘(神妙)하달 수밖에 없는 주역팔괘란 것을 다시한번 대각(大覺)하는 기회가 되었다. 또한 주역팔괘를 연구하여 천문지리(天文地理)를 아는 것은 낙타가 바늘 구멍을 통과하는 것만큼이나 어렵지만 천문지리를 알고 그것을 실천에 옮기기는 더욱 어려움을 알게 되었다. 나 역시 물에 빠져 죽을 운이란 것을 알고도 그에 상응한 구명줄 오륙십미터와 칼을 준비해갈 정도로 신경썼으나 한순간 망각하는 바람에 죽을 뻔했던 것이다. 생각해보면 망신도 그런 망신이 없었으나 사람이 죽고 사는데 그 어찌 망신운운 할 수 있겠는가? 더구나 괘를 판단했을때 빠져 죽을 것으로만 예지했지, 젊은청년이 구해줄 것은 예지하지 못했던 터라 아직도 더 익히고 배워야 한다는 내 자신을 알 수 있었다. 지금도 마을 사람 그때의 추억을 되새기며 내가 물속에서 허우적대던 모습을 흉

☰ ☷ ☵ ☳

내내가며 웃기도 한다. 그때 그일에 대해서 한가지 바람이 있다면 나를 구해준 젊은이와 선술 집에서·소주 한 잔이라도 꼭 나누고 싶은 간절한 마음이다.

내 동생이 남편과 불륜을

　지금으로부터 사오년전 어느 가을 날이었다. 몸매 날씬하고 얼굴 갸름한 여인은 누가 봐도 아무 걱정없이 살아가는 사람같아 보였다. 더구나 손이며 귀에는 금제의 악세사리가 주렁주렁 매달려 있고 그것도 부족해서 큼지막한 팔찌까지 차고있어 속세말로 부티나는 부인이었다. 내 앞에 정숙한 자세로 앉아있는 그 여인은 답답해서 그런지 자신의 운명을 좀 봐달라고 몇번이나 했다. 나는 그 여인의 생년월일 등을 기준하여 사주팔자를 뽑아놓고 대뜸 그 여인에게
　"일남자매지투(一男姉妹之鬪)구만."
하고 쏘아붙였다. 그러자 그 여인은 이해를 하지 못하고
　"무슨 말씀이신지요?"
하고 조심스레 물었다. 그때 나는 이렇게 설명했다.
　"한 남자를 가지고 두 자매가 싸움을 하는 것으로 이럴 때에는 대개가 형제간에 한 남자를 놓고 서로 차지하기 위해서 다

투게 되는 패요."
라고 했다. 듣고 있던 여인은 자세를 고치며 엉덩이를 내 책상 앞으로 더 끌어 앉고서는
 "선생님, 그러면 그게 제 팔자에 나와있단 말인가요?"
 여인은 무엇인가 확인하고자 하는 자세로 같은 질문을 되풀이했다. 나는 투명한 목소리로
 "그럼, 지금 당신 사주팔자를 보고있지, 황진이(黃眞伊) 사주라도 본단 말이요? 그러므로 만에 하나 그런일이 있다하여도 상대방을 원망할 것도 없고 모름지기 자신의 운명에 비롯된 것임을 알고 스스로 자중해야 할 것이오."
라며 나도 모르게 언성을 높였다. 그때서야 여인은 혼자만의 가슴속 깊이 간직하고 있던 비밀을 털어놓기 시작했다.
 "아주 오래전에 시골에 있던 여동생에게 후한 봉급을 주어가며 가정부로 쓰고 있었어요. 어느때부터인지 형부인 제 남편과 불륜의 관계를 맺어온 것을 눈치 채고 몇번이고 타일렀는데도 소귀에 경읽기예요. 그때마다 '언니 내가 죽을 죄를 졌어. 용서해줘.'라며 애원하는 척하다가 돌아서면 언제 그랬더냐는 식으로 매번 되풀이 할 뿐 몇개월 지난 요즘에는 아예 '형부는 내가 모시고 살테니 언니가 나가주세요.'라며 큰소리를 쳐요."
 참으로 어처구니 없는 말을 내뱉으며 여인은 어린애처럼 엉엉 울어댔다. 그리고는 갑자기 머리를 내 앞에 숙이고서,
 "선생님 좀 봐주세요."
하고 하소연을 했다. 머리를 보니 여기저기 뽑혀있는 자국이 금방 표가 났다. 한참을 머리숙인 채로 있던 여인은 목메이

☷ ☷ ☷ ☷

는 소리로
 "그 년이 이렇게 쥐어뜯어 놓았어요."
라며 동생 이야기를 했다. 동생은 날이 갈수록 자신의 남편과 죽고 못사는 사이로 변해 이젠 남편이 싫어하고 좋아하는 관계를 떠나 형부는 내 것이다는 식으로 큰 소리를 치고 언니인 여인의 머리채를 잡는 것도 보통으로 안다고 했다. 동생이 하도 남편을 죽고 못살게 굴고 난 후부터 집안 오빠들까지 동원해 혼을 내보기도 했지만 아무 소용이 없다고 자탄하고 있었다. 남편의 바람은 이전부터 이미 어느 다방 마담과 정을 통한 비인간적 행위까지 한 적이 있었다한다. 흥신소를 시켜서 여관에서 두 남녀가 알몸으로 있는 현장을 급습해 간통죄로 고발을 해버렸으나 너무하는 일이 아닌가 싶어 다시 풀어내 놓았더니 요즘은 동생과 그런다는 사연을 안타깝게 하소연했다. 나에게 뭔가 가슴이 툭 트이는 말을 듣고 싶어했다. 그러나 인간의 운명을 헤아려 본다는 것은 그때그때 분위기에 따라 속시원한 말을 하다 보면 필연적으로 거짓말이 들어가야 하므로 나는 모든 것이 본인의 사주팔자에서 기인되는 것이니 남을 원망하기 전에 내 자신을 반성해야 할 것이며 잘못된 액운(厄運)을 미리 알고 피하는게 최선이라고 내 특유의 언변을 늘어놓았다. 수출용 의류제품 회사를 직접 경영하고 있는 그 여인의 사주에도 역시 금전(제물)운이 양호하여 무엇을 해도 돈은 벌 수 있는 대운(大運)이 들어 있었고 동생이 남편과 좋아할 수 있는 희귀한 사주로 구성돼 있었다. 역리학상 여러가지 원인이 있었지만 가장 결정적인 것은 낳은 날자의 천간(天干)이 기토(己土)인데 이 기

≡ ☳ ☵ ☶

 토는 일간(日干)이기 때문에 소위 아신(我身), 즉 내 자신이 됨에 따라 그 여인이 되고 남편은 갑목(甲木)이 되었다. 사주를 일견하면 내 자신과 남편의 갑기(甲己)는 중정(中正)에 있어서는 최고의 기준이 된다. 그래서 이런 경우에 여자는 남편에게 희생적으로 내조하게 되고 자신의 남편을 이 세상에서 가장 믿음직한 사람으로 여기게 된다. 그렇다면 그 여인은 왜 그런 비운을 겪어야만 했는가? 우선 그 여인의 사주팔자부터 알아보면 띠는 기묘(己卯)이고, 월은 경오(庚午), 낳은 날은 기해(己亥), 시는 갑술(甲戌)이다. 여기에서 남편이 갑목이라는 것은 이미 아는 일이고, 돈은 낳은 날짜 기해중에서 해수(亥水)가 되고 명예와 공부를 상징하는 것은 월지(月支)에 있는 오화(午火)가 해당되고 남편을 괴롭히는 것은 월간(月干)인 경금(庚金)이다. 여기에서 우리 인간이 추구한 명예와 돈 그리고 여자로써 남편 등 모든것을 갖고 있어 결코 나쁜 사주라고 볼 수는 없다. 한가지 흠이라면 연간(年干)인 기(己)자와 일간인 기(己)자가, 같은 토성(土性)이므로 형제에 해당한다. 더우기 그 기(己)자 중에서도 년간에 있으므로 집안에 형제임을 단언할 수 있다. 한편 월간인 경(庚)자는 남편을 상징한 갑목(甲木)과는 갑경충(甲庚沖)이란 대살성(大殺星)이 구성되므로 엎친데 덮친격으로 불길한 것이다. 또하나 남편인 갑목(甲木)이 자신을 뜻한 기(己)자와 형제를 뜻한 년간인 기(己)자와도 합을 이루고 있기 때문에 소위 삼각관계가 형성된 것이다. 원래 역학상 누구나 생년은 조상과 부모가 되고 생월은 형제, 생일은 자신과 부부 생시는 자녀를 가리키고 그밖에 갑목이 남편이란 말은 육신(六

내 동생이 남편과 불륜을 /281

☰☰ ☰☰ ☰☰ ☰☰

神)이라고 해서 육친관계를 세분화한 방법이다. 이상과 같은 내용을 종합해보면 금쪽같은 남편을 형제중 하나가 빼앗아가는 아주 기구한 팔자이다. 나로부터 자세한 말을 듣고있던 여인은 어려운때 좋은 이야기를 많이 해주어 고맙다는 말을 남기고 자리를 떠나간후 얼마간 전화연락이 있었는데 지금은 정확한 소식은 알 수 없고 그 여인의 사주팔자로 미뤄보면 이혼을 했을 것이라 여겨진다.

옥근을 씻는 남자

　84년 어느 겨울날 내 방문을 노크하는 여인이 있었다. 얼굴은 둥글고 눈은 큼지막해서 시원스러운데 몸은 약간 뚱뚱한 여인이었다. 몇백만원이나 하는 밍크코트로 몸을 둘러쌌는데 짐승 털가죽만 해도 내가 살고있는 집 보증금의 몇배는 될 것같이 보였다. 누가 봐도 호감있게 보이는 그 여인은 멀리서 소문을 듣고 찾아왔다며 자신의 생년월일을 가르쳐 주고는 특별히 잘 좀 봐달라고 했다. 나는 써내려가던 원고를 제쳐놓은 채 여인의 사주를 백지에 써놓았다. 그 여인의 사주를 보면 을유(乙酉)년 기축(己丑)월 기사(己巳)일 병인(丙寅)시로 남편은 나무, 즉 년간인 을목(乙木)과 시지인 인목(寅木)이 되었다. 그러므로 을목이나 인목이 잘살아 나가기 위해선 물(水)이 있어야 하는데 물은 약간 숨어있을 뿐 (지장간) 뚜렷하지 않아 실용성이 없었다. 그러니 남편운이 없을 수밖에. 따라서 한두 번은 반드시 이혼을 해야 하는 그 시기가 다가왔던 것이다.　나는 쥐고 있

던 붓을 벼루위에 내려놓고 대뜸
"또 가시려고요?"
그러자 여인은
"어디를요?"
하고 반문했다. 나는 여인의 얼굴을 쳐다보며
"이혼할려고 온것 아닙니까?"
그때야 비로소 여인은
"예예, 맞아요. 초혼에 실패하고 두번째 동거를 하는데 또 헤어지려 마음을 굳혔는데 그래도 일이 일인만큼 혼자서 결정하기에는 너무 벅차 선생님의 자문을 듣고자 왔읍니다."
여인은 그러면서도 별로 대수롭지 않은 듯한 면을 보였다. 나 역시 항시 그랬듯이 이혼문제를 물어올때는 언제고 상대방의 사주를 뽑아 신중한 결정을 내렸기 때문에 그날도 일단 그 여인의 남편 사주를 보기로 하고 다시 붓을 들어 써보았다. 남편의 사주 역시 부부관계만큼은 제로였다. 을축(乙丑)년 기축(己丑)월 신해(辛亥)일 무술(戊戌)시 등으로 아주 차가운 사주였다(寒沒四柱). 남녀를 불문하고 사주가 차가우면 몸이 차갑고 그로 인해서 소화불량과 피부병이 발병한다. 그래서 여자는 자궁냉증이 있게 되고 남자는 사타구니가 차가워 옥근(玉根)이 좋지 않은데 대개는 성병에 걸려 고생하게 된다. 그래서 나는 여인을 쳐다보며
"아빠께서 피부로 고생하시는군요. 그러므로 이혼 하고픈 생각이 더 나시겠군요."라고 말하자
여인은 내 말이 떨어지기가 무섭게 그때부터 솔직하게 털어

☰ ☷ ☴ ☳

놓았다. 이야기인 즉슨 남편은 치과 의사를 하면서 돈이 많아 자신도 모학교 감투까지 쓰고 있고 사회적으로도 부러울게 없는데 육체적 욕구의 갈증 때문에 탈선하기 일보직전이라는 것이었다. 남편은 성병이 있어 아침 저녁으로 옥근(玉根)을 소금물에 씻는데도 마음은 있어 밤이면 통사정을 하지만 전염될 것을 우려해서 거부하면 아침에 일어나 정색을 하며 행패를 부린다는 것이었다. 물론 여인 자신도 마음의 욕구가 없는 것은 아니나 웬지 그 남편과는 오래가지 못할 거라는 느낌이 들어 억제하고 있자니 속이 메스껍고 소화도 잘 안돼 당장 젊은 남자와 몸을 풀고 싶은 충동이 있다는 것이었다. 그런 식으로 이야기를 하던 여인은 끝내 이혼을 결심했다. 주역을 연구한 나의 기본입장은 그런 문제는 신중히 다루기 마련이라 만에 하나 오판을 해서 이혼이란 아픔을 강요하거나 불화를 초래할 경우 보이지 않게 죄를 짓는다는 생각에서 보다 세심한 신경을 써왔는데 그 여인만큼은 어짜피 이혼을 해야할 운명에 처해있어 바로 정리하라고 권유했다. 그리고 한 열흘 있다 다시 찾아온 여인은 어처구니 없는 제의를 해왔다. 이미 이혼을 결심했으나 남편이 순수하게 들어주지 않아 도망을 치려고 하는데 그것도 상당한 현금과 가재도구를 가지고 나가야 한다는 것이었다. 나는 그자리에서

"인간이 어디 그럴 수 있오."

호통을 치며 당장 나가라고 했으나 그 여인의 끈기와 사교술은 대단했다. 그러니까 여인이 나에게 요구한 것은 그렇게 도망을 가도 무사하겠는가, 만약 무사하지 않다면 무사하게끔 비

☷ ☷ ☷ ☷

방을 가르쳐 달라는 부도덕한 애원이었다. 나는
 "그런 식으로 살아가려면 당장 저 눈밭에 고꾸라져 죽으시오."
라고 큰소리를 쳤지만 여인은 눈하나 깜짝하지 않고
 "이 엄동 설한에 여자가 몸 하나만 갖고 일전한푼 없이 어떻게 살겠어요."
라며
 "비방을 가르쳐 주든지 아니면 나를 이 자리에서 죽여주든지 마음대로 하시오."
라고 그야말로 생떼를 썼다. 나는 여인의 간절한 호소에
 "그럼. 생각을 해볼테니 며칠간 여유를 주시오."
라며 자리를 떨구고 일어섰다.
 여인은 일주일 동안에 다방이며 통닭집에서 맥주를 사줘가며 내 마음을 사로잡기 시작했다. 솔직히 그 당시 여인의 태도는 이브를 유혹하는 뱀의 간교와도 같았다. 통닭집에서 취기가 오르자 그 여인은
 "선생님 이 근처에 깨끗한 여관이나 호텔이 없읍니까?"
하고 내 마음을 떠보기까지 했다. 그러나 그 당시의 나로선 곧이곧대로
 "예에, 이 근처에 무슨 여관이 있나요?"
하고 사실대로 말을 했다. 그런면에 너무나 무디었던 나는 한참 후에서야 그 여인이 왜 그런 질문을 했는지 깨닫게 되었다. 여인의 수단과 아량에 못이겨 할 수 없이 비방을 해주었다. 사실 돈을 훔쳐가고 가재도구를 싣고 나가도 무사할 수 있는 날

☰ ☷ ☵ ☶

짜와 부적 등을 이용하여 만에 하나 있을지도 모르는 관재구설(官災口舌) 등이 일어나지 않도록 최선을 다해주었다. 그 효력이 있어서 그런건지 아니면 운이 닿아서 그랬는지 분명치 않으나 그 여인은 그 집에서 무사히 빠져나올 수 있었고 돈도 꽤나 가지고 나왔다. 한가지 내가 자신있게 장담할 수 있는 것은 내가 비방을 해주지 않았어도 그 여인은 어차피 그러한 행동을 할 수 있는 운에 놓여 있었다는 점이다. 그래도 어딘가 모르게 양심이 꺼림칙해서 그 이후부터는 찾아온 사람들을 여러가지 이유를 들어 운명을 쉽게 평가해주지 않게 되었고 오늘날까지도 그 결심은 계속 된다. 여인은 이사를 하고도 몇차례 전화를 걸어서 만날 것을 요구했지만 자칫하면 지금까지 쌓아온 청빈한 나의 신념이 무너질 수도 있다는 생각에서 계속 거부하자 그 후부턴 여인 스스로 소식을 끊었다. 아침 저녁 끼니를 제대로 잇지 못하던 내가 돈을 벌 수 있는 기회가 왔음에도 굳이 회피한 것은 돈이 있게 되면 경거망동하고 삿된 마음을 가질 수 있다는 생각에서 스스로를 자제했던 것이다. 청빈한 나의 생활이야말로 나를 선행으로 이끌어주는 원동력이라고 생각하고 앞으로도 그렇게 살아가야 했기 때문이었다.

죽음 앞에서의 아쉬움

 따르릉 따르릉 전화벨 소리가 계속 울려 밖에 있던 나는 뛰어와 수화기를 들었다.
 "백선생님이세요? 집으로 빨리좀 오셔야 겠읍니다. 어머니께서 위독하셔요."
 "네네. 알았읍니다. 지금 바로 가겠읍니다."
 통화가 끝나자 마자 나는 부리나케 제자인 송기준의 집으로 달려갔다. 송기준은 시흥에서 가게를 하고 있었는데 그 어머니가 병이 나자 그의 누이가 당황해서 연락을 해왔다. 집안에는 아이들만 있었는데 그나마 다들 등교한 후라서 옆집 사람이 시집간 큰 딸을 급히 불러와 큰 딸이 오빠인 송기준과 나와의 관계를 잘 알아 전화를 하게 되었던 것이다. 집안에 들어서자마자 악취가 풍기고 기준어머니와는 의식불명에 탈진상태였다. 나는 처음 당해본 일이라서 급한 마음에 환자를 등에 업고 골목길을 빠져나가 큰길에서 택시를 잡아타고 현 대한병원 응급

☰ ☷ ☱ ☷

실에 도착했다. 병원의사와 간호원들이 환자의 눈과 맥등을 진찰해보고서는 고개를 설레설레 흔드는 태도로 보아 소생하기가 힘든 것으로 여겨졌다. 그러는 사이에 아들인 송기준이 병원에 도착했으므로 나는 예정했던 주역강의를 하기 위해서 집으로 돌아왔다. 집에서 한 두세 시간 강의를 하고 있는데 송기준에게서 전화가 걸려왔다. 떨리는 목소리로 말하고 있는 기준은 병원에서 '전혀 소생할 가능성이 없으니 집에 가서 임종이나 지켜보라'고 했다. 또한 병원에 모여있는 친척들까지도 그러는데 내 생각은 어떠냐고 물어왔다. 참으로 중대한 질문이 아닐 수가 없었다. 나는 기준에게 우선 전화를 끊으라고 부탁하고서 환자에 대한 생사여부(生死如否)를 알아보기 위해서 주역팔괘로 생사정단(生死正斷)을 해보았다. 그 결과 보통사람이 생각하는 절망감에 비유하면 괘의(卦意)에 나타난 현기(玄氣)는 다소 낙관적이어서 뜻밖이었다. 괘명(卦名)은 풍천소축(風天小畜)으로 그다지 좋은 괘는 아니었으나 온갖 풍운조화를 부려가며 인간을 돕는다는 청룡(青龍)이 종횡무진(動) 구하려고 활동을 하고 있고 병마를 상징한 관효(官爻)가 숨어있어, 활동이 약한 반면 병마를 억제하는 손효(孫爻, 의약. 병원 등을 상징)가 왕성하여 무척 다행스러운 현상이었다. 이러한 괘를 골똘히 판단하고 있는동안 송기준이 다시 전화를 걸어와 나의 확답을 듣고자 했다. 따라서 나는 최종적인 단언을 했다.
 "지금 당장 환자를 정남쪽이나 동남쪽에 위치한 병원으로 가 입원하게 되면 소생할 수도 있으니 빨리 옮기도록 해요."
라는 확답을 내렸다. 기준은 보다 기쁜 마음으로 환자를 데리고 동남쪽에 있는 모대학 부속병원으로 갔으나 받아주지 않자 거의 같은 방향에 있는 백병원으로 가 다행히 입원을 했다. 그로부터 이삼일이 지나서 문병을 가보니 뜻밖에도 기준의 어머니는 정신이 회복돼 사람을 알아보았다. 환자는 내 손목을 꼭 잡고 여러가지로 애썼다고 격려까지 해가며 고마워했다. 그 자리에서 나는 이삼분간 내 특유의 십자공법(十字空法)을 응용하여 환자의 쾌차를 빌었다. 이 십자공법은 일종의 기학(氣學)으로 두손에 힘을 모아 십자모양으로 자세를 갖춘후 자신이 원하는 기원을 하는 것으로 내몸에 있는 기(氣)를 상대방에게 전달하는 것이다. 이러한 나의 기법이 도움이 됐는지 안됐는지는 잘 모르겠으나 어쨌든 퇴원도 내가 예지했던 그 날짜에 하게 되었다. 건강을 완전히 회복한 기준어머니는 앞으로 몇년간이나 더 살 수 있는지 사주를 좀 봐달라고 독촉해서 할 수 없이 사주를 뽑아보았다.

"점명은 칠십세이시나 잘하시면 팔십세 이상 살수도 있읍니다."
라고 말하자 눈치빠른 기준 어머니께서는
"그러니까 칠십살은 살겠구만. 그러면 앞으로 5년, 아이구 그만 하면 됐지."

그러면서도 말끝을 흐리는 것으로 보아 서운한 눈치였다. 그후 삼사년은 무사하게 살다가 1988년 그러니까 그로부터 꼭 오년을 더 사시다 세상을 떠나게 되었다. 돌아가시기 얼마전에 병문안을 갔을때 내 손목을 꼭 잡으며
"내가 더이상 살것같지 않네. 가는 길에 서운해서 양복 한

☰☰　☷☷　☱☱　☴☴

벌 맞추어 놓았으니 그리 알고 입도록 하게나."
며 못내 아쉬운 임종의 말을 했다. 그 당시에 나는 마음 속으로 돌아가시기 전에 문안을 한 번 더 와야겠다고 다짐하였으나 그렇지 못한 채 세상을 떠나셨으니 지금도 그 아쉬움을 생각하면 눈물이 핑 돈다.
　주역팔괘로 환자가 죽을지 살지를 판단하고자 할 때에는 관효(官爻, 질병상징)와 손효(孫爻, 의약품 및 병원) 등을 봐서, 치료를 할 경우는 손효방향에서 해야한다.　필자가 기준의 어머니를 동남쪽이나 남쪽으로 가게했던 것도 관효는 유금(酉金)이고 손효는 사화(巳火)가 되었기 때문에 손효가 관효를 화극금(火克金)으로 치고 있어 화기(火氣)가 강한 동남쪽이나 정남쪽을 택해 치료의 상징인 손효를 왕성하게 하고 병마의 상징 관효는 기운을 못차리게 억제한 역리(易理)를 응용했던 것이다. 하지만 모든게 다 그런것은 아니고 누가 환자가 되느냐에 따라서 달라질 수도 있으므로 경솔하게 그런 방법을 써서는 안된다. 만약 잘못 응용하여 관효가 왕성한 방향으로 입원을 하면 치료가 되기보다는 더 악화되는 것이다. 그렇다고 일률적으로 그런 것은 더더욱 아니다. 왜냐면 남편이나 직장상관이 환자일 때에는 오히려 관효방향에 입원을 해야하기 때문이다. 그러므로 아무나 묘리(妙理)를 부린다고 하다간 자칫 실수하여 보이지 않는 죄를 범하는 일이 있게 된다. 주역괘를 자주 대하는 나도 사람이 죽고 사는데 확신을 갖고 말하기가 어려운 때가 한두 번이 아니었다. 그러나 기준 어머님의 죽음을 계기로 좀더 확신을 갖게 된 것이다.

지옥문을 두드리는 사람들

 "쟁쟁쟁…, 쩽그랑. 쉬이~이, 잡귀야 물러가라! 어서 물러가아. 동대문 ○○번지 김병주(가명) 몸 건강하고 하는 일마다 술술 풀리게 하고 액땜은 눈녹듯이 싹싹 녹아떨어지소서. 무등산 신령님 지리산 신령님, 한라산 신령님, 오대산 신령님, 삼각산 신령님, 이못난 중생을 굽어 살피옵소서!"
 "아~아 그래 응~응"
 "할아버지가~ 아~ 오시다니."
 "야이놈, 병주야 나를 몰라 보느냐아~? 내가~아 바로 너의 아버지를 낳아준 할아버지다. 왜 나를 박대하여 제사도 안 지내주느냐? 다음 정월달에 밥 한그릇하고 옷한벌 해주어."
 "예~예 할아버지 죽을 죄를 지었사옵니다. 정월달에 꼭 오지요."
 이런 대답을 한 김병주는 합장을 한 채 동서남북을 번갈아 가면서 절을 하고 있었다. 한편 코앞에 두손을 세운 모습으로

신중하게 기원을 하고 있는 김병주에게 옆구리를 쿡쿡 찌르면서
"정월달에 또 온다고 해 어서."
경험이 부족한 김병주는
"예~예, 그러지요."
　김병주로부터 말이 끝나기가 무섭게 큰무당은 징을 다시 당당당 두드리면서
"아무 염려 마세요. 손자 김병주가 정월에 다시와 옷한벌 해 준답니다아~."
　그리고는 삼십여 분간 작은무당(큰무당을 따라다니면서 배우는 사람)과 함께 징과 꽹가리를 두들기며 기도를 하니 천신(天神)은 물론이고 동서남북에 있는 명산들의 신령과 조상신들의 이름을 줏어섬겨 복덩이를 던져 주는것 같이 흐뭇한 마음을 가질 수 있는 환상에 빠져들도록 한다.
　이상은 필자가 무당들의 세계를 좀더 깊이 이해하고자 그들이 점(占)을 하고 있는 현장을 누비기도 하고 좀더 깊이 그들만이 가려진 생리현황을 알고자 수년에 걸쳐 그들이 굿을 하고 있는 산신당이란 곳에서 뒷심부름을 해줘가며 그들의 실태를 보아 오던중 소위 산신기도를 하고 있는 어느 무당의 굿하는 모습을 그려본 것이다. 굿하는 가격을 보면 작게는 이삼만원에서 부터 일이백만원이 보통이고 심한 경우에는 기천만원을 하는 경우도 있다.
　그런가하면 용왕제를 지낸다거나 특별한 기도를 할 경우에는 이삼백근 짜리 통돼지도 땅에 묻기도 하고 살아있는 채로

바다 속에 처넣어버리기도 한다. 참으로 어처구니 없는 일이다. 기도란 기본 목적은 깨끗한 마음으로 성의껏 하는게 제일 으뜸인데 이는 마치 피의 현장이나 아니면 세상의 재물이 쓸곳이 없어 버려진 현장 같다. 어느 무당은 살아있는 닭을 칼로 목을 쳐 피를 봐야 효험이 있다며 서슴없이 그런 살육을 자행한다. 한편 일이십만원을 들여 산에서 굿을 한다고 하면 그것은 이미 몇십만원 짜리로 둔갑하는게 기정사실이다. 왜냐면 겨울철 같은 때는 구십구프로가 '다음 정월달에 할아버지 아니면 집안 어느 조상이 오라고 하니 꼭 한번 더 와야한다'고 엄포를 놓는다. 그러한 행위는 사실 기도에 목적이 아니고 다음에 돈을 더욱 빼내야겠다는 속셈에서 무당 자신이 만들어낸 이야기일 뿐이다.

"예~예."

무당들도 여러 계층이 있지만 그중에서 가장 보편적인게 굿을 할때에는 적어도 무당이외에 한 두 명의 제자를 데리고 다닌다. 말하자면 바늘과 실같은 존재랄까, 아니면 모양새를 갖춘다고 할까. 아무튼 그들은 박자를 맞추는데 전력을 다한다. 예를 들면 큰무당이 '산신령님이 오셨어.'
하면 작은 무당은

'예~예 산신령님 오셨군요. 여기 누구누구가 산신령님에 기도하오니 소원성취하게 하옵소서.'
하고 바람을 잡는다. 그러면 다시 큰무당은 산신령님이 자신의 입을 통해서 말한 것처럼

'오냐 금년에는 너희들에게 만사가 형통하게 해주지.'

하고 구술한다. 이렇게 해서 한 두 시간 당당당 하여 적어도 몇 만원에서 수십만원을 거둬들인다. 굿이 끝나면 돼지머리 고기와 술 한 잔씩을 먹고 하산하는 것으로 산신굿을 마친다.

　요즘은 무당들을 전문으로 확보해놓고 자가용을 타고 다니며 굿만 전문으로 맡아 그 이익금을 나눠 먹는 신종 직업인도 있고, 부처나 산신등을 모셔놓고 ○○○ 간판을 붙이고 굿거리를 맞는데 대개는 '조상 누가 방해를 놓고 있으니 조상을 달래야 한다'
며 굿을 하라고 은연중에 강요한다. 그런가 하면 건강이 나쁜 사람에게는 약을 먹어야 한다며 이대로 두면 큰 변고가 생길거라고 엄포를 놓아 손님이 무슨 약을 써야겠느냐고 하면 마치 이때다는 식으로 약 몇첩을 주문 받는다. 무당들의 생리를 잘 알지 못하는 사람은 단순히 약을 소개하는 정도로 보이지만 사실은 무당자신이 단골로 다니는 약방과 이미 4,6제란 엄연한 약조로 십만원짜리 약을 지어가면 육만원은 약방이 사만원은 무당이 나누어 갖는 것이다.

　각종 굿을 하려면 무엇보다 그들은 점(占)이란 것을 하지 않으면 안된다. 일단 점상을 벌여놓고 쌀이나 동전을 던지게 되는데 으레히 공통적으로 나오는 점괘가 있다. 바로 그것은 각종 신에게 굿을 해주어야 한다는 것이다. 이보다 또다른 방법은 부적(符籍)이란 것인데 부적에는 우리 인간들이 추구하는 모든 삶의 형태에 맞춰 다양한 종류가 있다. 그러므로 어떠한 경우에도 그에 상응한 부적은 있게 마련이다. 부적은 무당이외에도 역술가들도 많이 활용하는데 비용도 적게 들고 굿을 하는 것처럼 자리를 비워놓는 예도 없어 대개가 그런 방법을 사용한다. 그중에서도 어떤 무당은 워낙 저학력자로 부적을 그리지 못해 국민학교를 다니는 아들에게 그려달라고 견본을 주기도 하고 백장에 몇천원씩 받는 기계로 인쇄된 부적을 활용하거나 특정인에게 싼값에 그려다 팔기도 한다.

특히 역술인이나 무당들이 교묘하게 활용하는 부적은 이럴 때 사용된다. 예를 들면 다음달에 틀림없이 집이 팔릴 수 있는 운인데 일단 팔리지 않는다고 공갈위협을 한후 부적을 얼마에 써붙이면 팔릴 수 있다고 한다. 손님은 빚은 불어나도 일단 집만 팔리만 모두가 풀려갈거라고 생각한 나머지 무당이나 역술인이 시키는대로 부적을 현저히 비싼 가격에 써달라고 한다.

사실 팔릴 운이라면 부적을 붙이지 않아도 당연히 팔리는게 곧 천리(天理)이다. 그런데 이 천리를 악용하는 역술인이나 무당들은 천리를 거역하였으니 당연히 지옥행이 될 수밖에 없는 것이다. 그러나 어느 무당이나 역술가가 모두 그러하다는 것은 아니고, 다만 일부에서만 그럴뿐이다. 참으로 진정한 역술가나 무당들도 많다는 것을 알아야 한다.

예를 들어 인간에게 죄를 짓게 되면 정신력이 약화되고 그 피해가 결국 자신에게 돌아온다하여 철저한 수도인으로서 빈곤하게 살아가는 이들도 있어 그들은 끼니 이을 걱정을 할 정도이다. 물론 어리석은 역술가나 무당들이 볼때는 요령과 수단이 없는 것같이 보이겠지만 진정한 순리는 마음에 있는 것이지 물질에 있는 것이 아님을 알아 남이 피땀 흘려 번 돈을 피땀 흘리지 않고 자신의 어떤 전문적 지식을 이용하여 부당하게 긁어

☰ ☷ ☲ ☶

모으려 하지 않는다. 그래서 지옥문에 들어갈 업보를 짓는 역술가나 무당들의 가정을 살펴보면 그만한 댓가의 숨은 고통이 뒤따르는데 대개는 부부불화나 가족중 누군가 건강악화나, 자녀들에게 뜻밖의 사고, 이밖에 자신이 뜻밖의 급사를 하는 경우가 있다. 그렇다면 왜 하필이면 역술가나 무당들에게는 그 형벌이 더 가혹한가 ? 그것은 본시 역술가나 무당이란 직업은 인간이 비참하고 불행하여 마치 풍랑에 파산된 일엽편주에서 생명을 구걸하듯 어려운 처지에 놓인 사람들을 구원하는게 본분이다. 그런데 상대방의 그러한 난점이나 약점을 이용하여 재산을 모은다는 것은 악질중의 악질이 틀림 없기에 죽어 지옥에 가는 것만으로도 인과응보론 부족하여 살아생전에도 그 댓가의 현상이 있는 것이다. 그대신 인간에게 희생하는 마음으로 살아간 역술가나 무당들은 비록 풍부하지 못하고 어렵게 살아가지만 가정이나 사회적으로는 무난한 것을 알 수 있다. 그렇다면 한마디로 그런 팔자를 타고난게 아니냐고 반문할 수도 있겠지만, 그것은 절대 그렇지 않다. 우리 인간들이 깊은 천리를 잘 헤아리지 못해서 그렇지 사실은 직업에 따라 그 사람이 타고난 사주팔자를 가늠할 수도 있다.

　예를 들면 승려나 역술가 무당등은 대개가 부모형제 처자 금전 운이 약하여 사십대 전에는 고생을 많이 하게 마련이다. 이를 다시 사람 몸으로 비유하면 팔자를 잘 타고난 사람은 건강한 체질에 해당되나 역술가나 무당은 허약한 체질에 해당 하므로 같은 힘의 주먹에 맞아도 건강한 체질은 그대로 유지되고 회복이 빠르지만 허약한 체질은 회복이 늦거나 그 충격이 커

헤어나지 못하는 것과 같다. 그러므로 체질이 허약할수록 몸조심을 해야하고 분수를 지켜야 한다. 건강한 체질을 가진 사람은 부정한 방법으로 돈을 벌어도 끄떡하지 않고 살아가지만 역술가나 무당 팔자(직업)를 가진 사람은 그렇지 못한 것이다.

　아무튼 역술가나 무당의 팔자가 기구하게 태어남은 천리(天理)에 해당하므로 거역하지 말고 순리에 따라야 한다. 또한 인간들이 하늘의 조화에 따라 태어났다고 하지만 어차피 그 운명을 제일 가까운 곳에 운행관리하는 것은 인간이며 자신이다. 따라서 선천적 악운(先天的惡運)에 태어났다 하더라도 후천적 노력(後天的努力)여하에 따라 운명이 다소 달라질 수는 있다. 어려운 가운데서도 선행을 하여 지옥문을 서성이는 역술가나 무당들이 단하나도 없기를 바랄 뿐이다.

괴짜 인생 괴사(怪師)의 괴담

　소낙비가 줄줄 내리고 가끔 불어오는 바람에 나뭇잎이 우수수 쏟아지며 썩은 나무가지가 뚝하고 부러져 창문옆에 떨어져 삼각산 숲속의 오막살이임을 그대로 드러내주는 광경이었다. 몸도 피곤하고 나른하여서 낮잠을 한숨 자려고 책상을 웃묵으로 옮기려고 할무렵 밖에서는
　"아유우 웬비가 이렇게 오는지? 원참, 선생님 계십니까?"
　"저 박선준(가명)입니다."
　"아! 그러세요. 어서 들어오세요."
　박선준 씨는 마른 안주와 술한병을 봉지에서 꺼내며 나에게 권했다. 박선준씨는 몇년전에 시내 모 관인 철학교육원을 마치고 쌍문동에다 철학관을 개관 했지만 주역팔괘(周易八卦)에 대해서는 전혀 문외한이라 나에게 지도를 받겠다고 쫓아다니던 친구였다. 그러나 단순한 사주학이 아니고 주역팔괘는 마음과 몸을 깨끗이 하지 않으면 무용지물인데 박선준 씨는 외도를 하

⚌ ⚌ ⚌ ⚌

는 스타일이라 가르쳐 봐야 헛일이라고 생각되어 차일피일로 미뤄오던 중이었다. 두 사람이 술 한잔씩을 마시고 평소처럼 얘기를 나누는데 대뜸 박선준이

"아! 선생님 저 주역괘 좀 가르쳐 주세요."
"그러지요. 뭐 그게 그렇게 어려운 일입니까?"
"왜 그런 말씀을 하시면서도 안가르쳐 주시지요?"
"글쎄요. 빨리 가르쳐드려야겠지요."

이런 식으로 대화의 꽃을 피우고 있을 때 사십대 후반으로 보이는 부부가 내 책상앞에 다가와 앉았다. 그 당시에 내가 주로 활용하던 방법은 사주가 아닌 주역괘를 많이 응용하고 있던 터라 앉아 있는 사람들을 쳐다보며 아무말 없이 주역괘를 뽑기로 하고는 박선준 씨에게 담배 한개비를 청한후에 나도 한대 피워 물고 평소와 같이 괘를 응시한 연후에 앉아있는 부부에게 느닷없이

"아들이 가출했군요."

하고 그들이 찾아온 목적을 생년월일등 어떠한 질문도 하지 않고 괘만 보고 이같은 이야기를 하자 그들 부부는 깜짝 놀랐다.

"아니 아무것도 묻지 않고 어떻게 아시지요? 글로 보지 않고 신(神)으로 보셔요? 아니 신으로 보셔도 그렇지, 생년월일 등은 물을 텐데."

사실 그렇다. 신(神)으로 인간의 운명을 본다해도 아주 높은 경지에 이르기 전에는 대개가 해당인의 생년월일등을 물어야 한다. 이와 같은 광경을 지켜보고 있던 박선준도 신기하다는 듯이 백지에 그려진 괘를 눈이 빠져라 쳐다보고 흡족해 하는

태도였다. 하지만 나로서는 조금도 신기할 것도, 이상하게 생각할 것도 없는 몸에 밴 익숙한 일이었다. 두 부부는 언제까지 아들이 돌아오겠다는 내 이야기를 듣고는 한숨을 몰아 쉬며 자리를 떠나갔다. 그러자 박선준은 나에게 바짝다가와

"선생님 정말 신기(神奇)합니다. 아니 진짜 선생님은 신들린 게 아니고, 주역괘로 그러셔요. 참 신기하네요."

그리고는 그와 같은 이야기를 할 수 있었던 비술(祕術)을 가르쳐 달라고 했다. 나는 조금 남아있는 술잔을 마저 비우고 이렇게 설명했다.

"주역괘가 뇌화풍(雷火豐)이었는데 이 괘는 하늘에서 음극과 양극이 상충(相冲)하면서 번개불이 번쩍이는 뜻이라 소위 마른 하늘에 날벼락 같은 흉사를 의미하고 집안의 자식을 상징한 손효(孫爻)란 것이 무력함을 뜻하는 공망(空亡)이었소. 옛날 제갈공명이 자주 사용했던 육임정단(六任正斷)괘에서는 천방지축 날뛰던 원숭이가 묶여 있다는 결원(結遠)괘가 구성 되어 아들이(孫爻) 나가(가출) 죽어서 묶여 있거나, 아니면 감옥살이를 하고 있음을 짐작했듯이 지금 밖에서 비가 이처럼 거세게 쏟아지는 것도 불구하고 두 부부가 이 삼각산 중턱까지 오는 것을 참작한다면 능히 아들이 가출했음을 알 수 있지 않겠읍니까?"

이와 같은 나의 설명에도 다소 이해가 안가는지 박선준은 넌지시

"선생님 그러지 마시고 진짜를 가르쳐 주세요."

하고 재차 독촉했다. 그래서 나는 백지에 이렇게 써내려 갔다. 「만술이 불여일성(萬術而不如一誠)」 즉, 아무리 훌륭한 재주를

가졌다 할지라도 교만하고 정신력이 없이는 안된다는 뜻이었다.

 이어서 나는 밤에는 화개동자통령법(華蓋童子通靈法)으로 새벽에는 삼각산 정상에 있는 천태석굴(天台石掘)에서, 낮에는 은성거사(隱成居士)로부터 전수받았던 일종의 응경통신법(應鏡通神法)으로 정신력을 연마하고 있다는 것을 솔직하게 말해주었다. 내말이 끝나자 박선준은 여러 가지 정신연마법중 응경통신법에 대해서 다시 물었다. 이처럼 물고 늘어지는 박선준에게 좀 더 구체적으로 이야기를 할 수 밖에 없었다. 이 응경통신법이란 글자 그대로 자신의 몸전체가 다 보일 수 있는 큰거울에 밀감크기만한 둥근 백지를 상층부에 붙이고 눈과 눈사이 즉 미간(眉間)에 정면으로 조절하여 그것을 바라보고 두 시간 정도를 눈하나 깜짝하지 않고 있어야 하는데 처음에 할때에는 눈이 깜짝거려지고 눈물이 쏟아지며 급기야는 눈에 통증까지 오는 고역이 있지만 이렇게 백일정도씩 세번, 그러니까 약 일년정도의 시일이 지나면 어느 누구나 나중에는 눈을 깜짝이지 않고도 두어시간 이상 있을 수 있게 되며 상대방이 눈만 쳐다보아도 무섭다고 할 정도로 광채가 나는 내가 이런 설명을 하고 있는 동안 박선준은 내눈을 몇번 훑어 보더니
 "아! 그러니까 선생님 눈이 그렇게 무섭게 느껴지는군요."
라며 신기해 했다.
 그후 나에게 주역팔패를 배워 지금은 모절(사찰)을 운영하고 있는 박선준은 아직도 외도(外道)의 늪에서 벗어나지 못하고 있어 무척 아쉬울 뿐이다.

어느 해 겨울의 일이다. 함박눈이 내려 삼각산 정상의 천태굴로 기도를 하러 다니기에는 너무나 힘겹고 고통스러운 일이었다. 그것도 낮이 아니고 새벽이기 때문에 비장한 각오가 없이는 도저히 불가능했다. 한가지 더 큰 걱정이 있다면 눈밭에 신고 다닐만한 적당한 신발이 없었기 때문이다. 물론 돈만 있다면 해결될 문제이나 사실 끼니 걱정하는 형편에 믿는 것이라곤 설마 죽기야 하겠는가 하는 정신력뿐이었다. 천태굴에서 기도를 하고 나오면서 신발 걱정을 마음 속으로 하고 있는데, 이상하게도 쌍문동을 가면 신발이 있을 거라는 느낌(神氣)이 들어 돌아오는 길에 쌍문시장을 갔다. 그곳을 거쳐 우이(牛耳)동 시장골목을 가는데 쓰레기통 위에 헌장화(長靴)가 놓여있는 것이었다. 집으로 가지고와 한해 겨울은 그 신발로 천태굴을 무난히 왕래할 수 있었다. 한번은 어느 봄이었는데 천태굴로 기도를 가려고 눈을 지그시 감아보니 틀림없이 스님 한 분이 찾아올 것만 같아서 작은 흑판에

"스님 기다리세요."

라고 써놓고 갔다. 천태굴을 갔다와보니, 아무도 오질않아 이상하다고 생각하던 차에 노 비구니 한분이 오셔서 인사를 건네면서

"삼성암(三星庵)이란 절을 갔다 오는데 이상하게도 들러보고 싶은 마음이 있어 나도 모르게 여기까지 왔읍니다."

라면서 옛날 이야기를 슬슬 풀어놓는 것이었다.

십대 젊은 나이로 입산(入山)하여 비구니가 되어 오십년을 지나오는동안 자신의 후계자라고 할 수 있는 상좌승을 두어 같

☷ ☷ ☷ ☷

이 동고동락을 해왔다. 그러나 상좌승이 남자를 알게돼 환속하여 결혼하고 살다가 다시 머리를 깎고 승려가 되었다는 것이었다. 그런데 그 상좌승의 남편이 재물에 탐이나 노스님 명의로 돼 있는 절(사찰)을 빼앗으려고 갖은 수단방법을 다 쓰다가 제대로 되지 않자 이제는 노골적으로 쫓아내려고 명색이 주지스님인 자신의 방까지 들어와 행패를 부린다는 것이었다. 사정이 이렇게 되므로 그 절을 팔아 나누어주고 자신도 다른 곳에 거처를 마련해야겠다는 절박한 이야기를 털어놓으며 그 절을 좀 팔아 달라는 것이었다.

그러고 보면 그 노스님이나 내가 그런일로 만날 것이란 인연이 이미 천리(天理)에 따라 정해져 있었다고 할 수밖에 없다. 필자가 지금으로 부터 약 6~7년 전에 65세 가량 되는 이정식(가명)이란 노인에게 역학을 가르치던 어느 날이었다. 그때 마침 주역괘를 가르치고 있던때라 정숙한 마음으로 흑판앞에 서 이정식을 바라보았는데 안색으로 보아 무엇인가 나에게 하고자 하는 말이 있는것 같이 보였다. 그래서 나는 그 자리에서
"이선생님, 저에게 무엇인가 하고싶은 말씀이 있는 것 아닙니까?"
하고 물었다. 그러자 이정식은 사실 그렇다고 솔직이 말을 했는데 그 말이 결국 눈물의 전주곡이 되고 말았다. 참으로 인간 세상이란 이해하기 힘들때가 많다. 이정식 씨는
"나의 여식이 하나 있는데 나이차가 열두살이나 돼서 좀 뭐하기는 하나 부부가 되었으면 어떨까하고 생각해보던 차였읍

니다. 헌데 마침 미리 꿰뚫어보고 계시니 다 털어놓습니다."
라고 얘기하는 것이었다. 하지만 그당시 나로서는 확답을 하기
가 어려웠다. 그것은 열애(熱愛)중인 여인이 있었기 때문이다.
그러니 여러가지 복잡할 수 밖에 없던 나는 말미를 두고 생각해
보기로 했다.

 상황이 묘하게 돌아가자 이정식씨의 딸과 만나볼 마음을 먹
고 나는 연애중인 상대여성 정민자(가명)와 일단 헤어지기로
했다. 그런데 정작, 확답이 늦자 이정식씨는 며칠간 오지 않아
나는 매도 놓치고 꿩도 놓친격이 돼 여러 가지로 고민했다.

 한달이 지나도 이정식씨가 나타나지 않아 소식은 끝내 끊기
고 말았다. 생각다 못해 주역팔괘를 뽑아본 결과 땅위에 물임
을 상징한 수지비(水地比)괘가 나왔다. 이를 자세히 살펴보니
쌍문동쪽 개천가 다리 있는 곳에 이정식씨가 살고있다는 것을
알 수 있었다.

 그때만 하더라도 나는 쌍문동이란 동명도 모를 때여서 괘에
나타난 방향만 가지고 가보았다. 어느 만큼 가다보니 쌍문국민
학교가 나왔다. 학교 개천가 다리위의 호떡집 포장마차에서
이정식씨의 집은 몰라도 딸이 다니는 회사는 알 수 있다며 친
절하게 가르쳐 주었다.

 호떡집 포장마차를 막나와 종이에 적혀 있는 주역괘를 다시
한번 쳐다보고 좀더 정확한 위치를 확인하고 있는데 때마침 이
정식씨가 오고 있는 것이었다. 눈치로 봐서 단념을 한 것 같았
으나 내가 나타나니 매우 즐거운 표정을 지었다. 그리고는 얼
마후 자신의 딸을 다방에서 만나게 해주었다. 다방에서 결혼이

☷ ☷ ☳ ☱

되겠는가를 괘로 뽑아보니 너무나 의외로 불길한 괘였다. 중국의 문왕이 자신의 누이 동생을 당당한 왕권의 세도로 결혼을 시켰지만 끝내 못살고 돌아왔다는 뇌택귀매(雷澤歸妹)라는 결혼불성괘(結婚不成卦)가 나왔다. 그러나 나는 그녀와 처음 만나는 자리였지만 가부간 결론을 짓도록 독촉하자 그녀도 좋다는 승락하에 결혼할 것을 약속했다. 이런 약속이 있고 한달쯤이 지나 우선 동거를 시작했다. 그러나 동거한지 두서너 달째 되면서부터는 불화가 끊임이 없어 약 일년정도 될 무렵 헤어지고 말았다. 처음 그녀를 다방에서 만나 주역괘가 불길한 괘가 나왔으나 '인내하고 살면 되겠지.' 생각하고 또다른 한편으로는 '명색이 주역을 안다고 하는 내가 그 정도도 조절할 수 없겠는가? 하고 자신만만하게 여겼던 것이다. 그리고 최후에 가서 못살고 헤어져도 어차피 내자신의 운명은 세여인과 헤어져야 할 기구한 팔자이니 하나의 순서라고까지 생각하며 설마하고 시작한 삶이었다. 그러나 끝내 헤어지면서까지 원수처럼 생각할 정도였으니 한편으론 인간의 보이지 않는 사주팔자는 얼마나 불가사의하고 그 한계를 벗어나지 못하는 것인가를 그녀나 내가 언젠가 한번 겪어야 할 운명의 장난을 실현한 것이라는 것을 생각하면서 수도(修道)의 마음으로 깨닫게 되었다.

내가 본격적인 작가 활동을 하기전 어느 겨울철이었다. 혜화동에 산다는 김정자(가명)가 찾아와 사주팔자를 봐달라고 통사정을 했다. 사정에 못이겨 사주를 써놓고 대뜸 이렇게 쏘아부쳤다.

"귀중한 곳에 검정 사마귀가 있군요."

☰ ☷ ☵ ☶

그러자 김정자는
"예? 무슨 말씀이신지요."
어리둥절한 김정자는 나를 쳐다보며 무슨 말인지 이해를 못하는 눈치여서
"아! 거기에 있지 않아요. 옥문말이여! 옥문. 자궁도 몰라요?"
그때야 정자는
"아아, 예 정말 있는데요. 아이 사주에 그런 것도 나옵니까? 정말 전 이상해요. 그곳에 검정사마귀가 있어요. 참 선생님 귀신이시네."
솔직히 말해 사주로 그런 말을 하기는 힘들다. 다만 관상학상 입술에 검정 사마귀가 있으면 반드시 그곳에도 검정사마귀가 있다는 「여유순치 음문필유(女有脣痣 陰門必有)」란 말이 전해 내려오고 있음을 알기 때문이다. 이런 일이 있고 얼마후 50대 초반으로 보이는 부인 한사람이 와서 하도 사주를 뽑아달라고 사정을 해서 판단해보니 몸이 피부병으로 매우 고생함을 알 수 있었는데 난처한 것은 하필이면 옥문이 가려워서 못견디는 것으로 판단되어 그 여인에게 큰 소리로
"가려워요?"
하고 다짜고짜 묻자 깜짝 놀라며
"뭘요?"
하고 의아해 했다.
"아! 그곳 있잖아요."
그때서야 여인은 알아들은 듯

☷ ☷ ☷ ☷

"예, 그래요."
하고 대답을 했다. 그날은 그렇게 하고 갔는데 다음날에는 다시 찾아와 어떻게 하면 나을수 있느냐며 비방을 가르쳐 달라고 하기에 주역팔괘를 뽑아서 약방문을 만들어 주었는데 이후로 말끔히 나았다는 소식을 전해왔다.

어느 광인(狂人)의 회상(回想)

"아줌마, 왜 그렇게 울고 계십니까?"
"아니요, 왜 제가 울어요. 저 울지 않아요."
"그래요? 그런데 마음은 울고 계시는군요."
"그것은 모르지요. 아저씨는 사람 마음을 보시는군요. 사실 그래요. 요새같으면 죽고 싶은생각 뿐이어요."
 이상은 몇년전에 봄바람이 들어 가출을 해 버린 30대 여인과 주고 받은 대화중의 일부이다. 그 여인은 눈물을 흘리면서 자신의 지금까지 살아온 눈물겨운 과거를 털어놓았다. 울릉도에서 어렵지 않은 집 맏딸로 자라오다가 한 마을에 사는 정길원(가명)과의 연애 결혼에서 두 아들을 얻어 행복에 젖은 생활을 했는데 남편이 사업에 실패하는 바람에 덜렁 몸만 가지고 서울로 와서 남편은 막노동을 하고 자신(여인)은 어느 공장 식모로 일하고 있다며 눈물을 흘렸다. 이러한 생활을 해오다가 언제부터인가 남편이 정신이상이 돼 치료비를 대랴, 중학교와 국민학교를 다니는 애들 학비를 대랴 하다보니 한두 달치 월급을 미리 가불해 써야할 형편이라는 말을 하면서 목이 메어 제대로 말끝을 맺지 못했다. 게다가 남편은 정신이상 중세가 심화돼 어느 때에는 길거리에서 옷을 벗고 춤을 추기도 하고 고향인 울릉도를 간다고 코흘리개가 생떼를 쓰듯 할 때는 '죽고 싶은 생각 뿐이라는 것이었다. 고향을 간다고 남편이 법석을 떠는 통에 아는 세탁소에서 급전을 빌려 울릉도를 간다고 갔는데 제대로 갔는지 아니면 중도에 어떻게 됐는지? 알 수가 없어 가슴이 메어질 것만 같다며 나에게 좀 알아봐달라고 사정을 했다. 나는 주역팔괘를 응용하여 그 여인의 남편이 무사한가를 알아보기로 했다. 괘에 나타난 것으로 보아 별탈은 없는 것으로 판단되었고 16일 오후 3시경에는 집에 도착할 것이니 염려말라고 했다. 눈물을 닦고 있던 여인은

"그럼 선생님 말씀만 믿고 이만 가봐야겠읍니다."

며 자리를 떠나갔다. 그후 한 열흘이 지나 돌아온 남편과 같이 인사차 찾아와 어쩌면 오는 날짜까지 그렇게도 딱 맞게 맞추느냐며 감탄을 연발했다. 그리고는 사람 하나 살린폭 잡고 우리 남편을 살려달라고 애걸복걸 하기 시작했다. 그러자 곁에서 나를 물끄러미 쳐다만 보고 있던 남편은 내가 무섭다며 엉…엉 울어댔다. 우선 남편이 정신이상이 될 수 있던 여러가지 원인 중에 무엇 때문에 그런가 하고 주역팔괘를 뽑아보았더니 서울에서는 상상할 수 없는 일들이 나타났다. 그 첫째가 집앞에는 큰 무덤이 있어 귀작(鬼作, 귀신의 장난)이 있고 그 다음에는 측신(廁神) 즉 변소간 귀신이 방귀(房鬼 ; 방안의 귀신)와 합작하

☰ ☷ ☵ ☶

여 남편의 정신을 분열케 하고 있었다. 주역괘에 이렇게 나타나므로 어느 정도 자신을 갖고 그 여인에게 남편의 병을 고쳐준다고 선언한 후 그 집을 가 보았다. 말이 집이지 다 쓰러져 가는 슬레이트 집에 역시 주역에서 나타났듯이 집앞 상당한 거리에 큰 무덤이 있어 그 무덤의 기(氣)에 억압당한 상이었다. 집으로 돌아온 나는 날짜를 받아 목욕재계를 하고 주역괘를 다시 뽑아 약방문을 냈다. 이 약방문이란 것은 주역괘에 질병을 상징한 것과 의사나 약등을 상징하는 것이 있게 마련이다. 이것을 기준하여 약을 지어 어느날 어느시간에 달여 먹어야만 신효(神效)가 있게 되므로 그리하라고 일렀다. 약방문은 이렇듯 옛날부터 비방(秘房)중에 비방으로 전해 내려오고 있다. 그렇다고 많은 양을 이용한 치료는 아니고 다만 하나의 수단일뿐이다. 약방문을 써주고 부적(符籍) 기타 복숭아 나무 등등을 이용하여 일단 잡귀의 침범을 막았으며 약의 효험을 더하기 위해서 비방의 부적을 같이 삶도록 했다. 이처럼 하나에서 열까지를 역리(易理)에 따라 하도록 하고 완치가 되면 곧바로 이사를 하라고 했다. 그 여인은 내가 시키는대로 모든 것을 다하더니 최선을 다한 덕에 여인의 남편은 삼사일 동안 의식불명이다 할 정도로 잠만 자더니 일주일 가량이 지나면서부터는 정신이 회복되기 시작했다. 정말 기적같은 일이었다. 천방지축 그렇게 날뛰던 정신질환자가 회복되다니 참으로 놀라운 일이었다. 어쨌든 거의 정상인으로 돌아오자 그 여인으로서는 더없는 행복이 아닐 수 없었다. 그러나 정신이 회복되고 그렇게 신신당부했던 이사를 가지 않고 그 자리에서 계속 살더니 다시

≡≡ ≡≡ ≡≡ ≡≡

 발병하여 전과 같이 길거리에서 춤을 덩실 덩실 추어대고 울릉도에서 가져온 수석(기암괴석 등 작은 것)을 길 가는 사람에게 안가져가면 죽인다며 어처구니 없는 짓을 하자 그 여인은 다시 나를 찾아와
 "이제는 이사를 꼭 갈테니 한번만 더 손을 써 주십시요."
하고 매달렸다. 할 수 없이 나는 손을 써 주었고, 그 여인의 남편은 완전히 회복돼 그 가족은 기쁨을 되찾았다. 정상으로 돌아온 여인의 남편은 여인을 끔찍히 사랑했다. 두 부부가 가정에 더욱 충실하여 손수레를 가지고 주택가를 다니며 장사를 하는 모습은 누가봐도 행복하게 보였다. 그런 두 부부는 나에게 은혜를 갚아야 한다며 어떻게 하면 보답이 되겠느냐 물어 왔으나 어려운 형편을 누구보다 잘 아는 내가 댓가를 바라는 것은 도리가 아니었으며 애초부터 댓가를 바라고 최선을 다했다면 그 또한 더욱 도리가 아니었다. 사실 돈으로 따진다면 일이천만원이 될 수도 있지만 만약 내가 그러한 목적하에 노력을 했다면 치료가 안되었을지도 모른다. 아뭏든 두 부부는 행복한 삶을 영위하면서 나름대로 살아가고 있었는데 뜻하지 않은 사건이 일어났다. 완전히 정상적인 생활인으로 돌아가 생활한 이삼년 되던 어느 겨울 날이었다. 막내 아들 생일이라며 나를 초대한 두 부부가 그렇게 살아가는 것이 무엇보다도 뿌듯하여 사양하지 않고 초대에 응했다.
 겨울철이라 남편은 집에서 쉬고 여인은 식당 일을 봐 주고 있다며 여느때와 같이 나에게 고마운 마음을 표현했다. 내가 본 여인의 얼굴은 어느때 보다도 화색이 좋아 보였고 건강도

☰ ☳ ☵ ☷

　아주 좋아 보였다. 하지만 그 이면에는 배신의 두 얼굴이란 것이 역리(易理)를 통해 여실히 나타났다. 다시 말하면 바람 기운이 든 얼굴이었다. 하지만 그 바람은 어느 누구도 걷잡을 수 없는 무서운 태풍이어서 역리(易理)로도 막을 수가 없었다. 집으로 돌아온 나는 남편에게 알릴건가도 생각했지만 이미 불가능한 상태에서 그래봐야 불화만 더 심할 것이라고 생각돼 그대로 두기로 했다. 그로부터 약 일주일이 지나 남편은 나를 찾아와 부인의 가출을 알려왔다. 얼마 후 알게 된 일이었지만 기사식당에서 일하다가 연하의 주방장과 눈이 맞아 도망을 쳐버린 것이었다. 이러는 동안 세월이 흘러 그 여인은 나를 찾아왔으나 차마 만나지 못하고 그대로 돌아갔다.
　지금도 그 당시 그들로부터 받은 울릉도산 향나무(香木)가 집 뜰에서 자라고 있다.
　그 남편은 수유리에서 엿장수를 하고 있는데 인간은 자신이 갖고 태어난 사주팔자를 크게 벗어나지 못하는 것이 확실하다. 그 두 사람의 사주를 보면 그런 비운이 있게끔 구성이 되었는데 신비스럽다 할 만큼 한치의 오차도 없이 맞아떨어진 것이다.

하늘천(天)자와 순자의 운명

83년 여름이었다. 평소 안면이 있는 김순자(가명)가 찾아와 앞으로 자신의 운명이 어떻게 될지를 봐달라고 해서 바쁜 중에서도 순자의 생년월일로 사주를 설정하고 기타 이름까지도 참작하여 주역팔괘를 만들어 보았다. 주역팔괘를 보니 항시 그랬듯이 뜻하지 않은 괘의 뜻이 발견되었다. 그것은 순자의 남편이 머지않아 죽게될 것이어서 나로서는 그 이야기를 해야할지 아니면 그대로 덮어두어야 할지를 놓고 한참을 생각한 끝에 생각해낸 것이 괘에 나타난 뜻을 글로 적어줘야겠다는 것이었다. 그래서 하얀 종이에 성격, 건강, 부부, 가정, 기타순으로 적어주고는 종이 맨끝 좌측 상단부에 하늘천(天)자를 써놓고 그 바로 옆에 87~88이란 숫자도 써놓았다. 바로 이 두 숫자와 하늘천자가 문제였다. 87~88이란 수의 의미는 년도를 암시하고 하늘천자는 남편의 죽음을 뜻한 것으로 남편이란 뜻을 한글자로 줄일 경우 지아비부(夫)자로 표기하는데 이 지아비부자가 맨

☰ ☱ ☲ ☳

윗부분이 없으므로 남편의 목이 달아달 상으로 남편의 죽음을 뜻하는 것이었다. 그러므로 1987~88년 사이에 남편이 죽는다는 비록(秘錄)을 한 것이었다. 그러나 그러한 사실을 미리 발설하여 한시간이라도 더 고민을 주어서는 도리가 아니라는 생각에서 그렇게 표기(비록)한 것이어서 오직 나만 알고 있었지 아무도 그 사실을 알 순 없었다. 그후 세월이 흘러 남편을 병원에 입원시켜놓고 다시 찾아온 순자는 남편이 위급하므로 죽을지 살지를 물었다. 역시 주역팔괘로 판단해 본 결과 머지않아 황천객이 될 수밖에 없는 비운(悲運)에 놓여있음을 알게 돼 생명이 위태로운 시간과 날짜 등을 가르쳐 주었다. 그리고 몇개월이 지난 어느 추운 겨울에 다시 찾아온 순자는 평소와 같이 남편이 어떻게 될지 궁금하다며 생사를 다시 물었다. 그래서 여느 때처럼 주역팔괘를 뽑아놓고 이렇게 말했다.

"지금 애아빠가 병원에 계신다고요?"
라고 묻자 순자는
"예."
하고 대답했다. 나는 곧이어서
"그래도 무척 다행한 일이요. 사실 전번에 봤을 때에는 아빠가 죽을 것으로 판단되었는데 이젠 그 날짜를 넘겼으니 어려운 고비는 넘겼잖아요."

이 말이 끝나기도 전에 순자는 어느새 눈가에 눈물이 고여있는 모습으로
"우리아빠 돌아가셨어요. 선생님이 말씀하신 날짜와 시간에 딱 맞았어요."

설마했던 내 마음도 한순간 철썩 내려앉는 느낌이었다.
　주역의 풀이가 아무리 똑소리가 날 정도로 적중률이 높다하여도 인간의 도리상 그런 일에는 맞지않고 틀려주기를 바라는게 사실이었다. 물론 사주와 성명 등을 참고한 기록에는 죽음의 시기가 87~88년으로 돼있어 운명보다 조금 앞서 갔지만에 뽑은 패에서는 죽음의 일시까지 적중했다니 주역은 참으로 인간을 놀라게 하고 울리고 웃기는 요술단지와 같은 존재가 아닌가 하고 생각해본다.

저자 후기

 필자를 보통 사람이 객관적으로 말할 때 대부분 이렇게 비아냥거릴 수 있다.
 "쥐뿔이나 아무 것도 없는 놈이 무슨 놈의 도(道)는 도? 지가 무슨 놈의 통뼈라고 문인이니 작가니 창작운운하며 저 혼자 독야청청(獨也淸淸)해봐야 백년하청(百年河淸)이지."
 그도 그럴 것이. 땡전한푼 없는 내가 내 자신보다 남을 먼저 생각하고 호의호식보다는 왜 살아가는가, 무엇때문에 사는가, 앞으로 어떻게 살 것인가를 생각하는 게 곧 진리이며 도(道)라고 주장하며 살기 때문이다.
 내 사고방식이 이러해서 나와 같은 생각을 바탕으로 출판사를 경영하는 분을 찾기도 대단히 힘들었다. 물론 원고를 넘겨주고 그에 상응한 댓가만 지불받으면 되지 않겠느냐고 반문할 수도 있겠지만 책이라면 한때의 인기위주로만 만드는 것보다는 가슴 속에 은은하게 풍겨주는 지혜의 뿌리가 있어야 하기 때문에 상업적 욕구에 급급하여 책이 돈으로 변해서는 아니된다고 생각했기 때문이다.

그래서 필자 같은 경우에는 원고를 쌓아두고 출판사를 선정하는데 몇 개월 또는 일년 이상이 걸리기도 한다. 따라서 백방으로 알아본 끝에 나와 같은 생각으로 도서출판 명문당의 김동구 사장님을 만날 수 있었다. 그 결과 「人生 60진 秘法」을 발간한 데 이어 본서를 출간하게 되었다.

특히 「人生 60진 秘法」을 의외로 몇개월 사이 연속 중판을 해야 하는 바쁜 가운데서도 본 「주역비전(周易秘傳)」이 큰 차질없이 출간되도록 힘써주신 김동구 사장님 이하 직원 여러분께 감사를 드린다. 끝으로 필자를 아껴주시는 독자 여러분의 많은 지도 편달을 바라는 바이다.

1994年 1月
怪師 白耘鶴

周 易 秘 傳

初版 印刷 ● 1994年 3月 20日
初版 發行 ● 1994年 3月 25日

著 者 ● 백 운 곡
發行者 ● 金 東 求

發行處 ● 明 文 堂
서울特別市 鍾路區 安國洞 17~8
對替   010041-31-0516013
電話   (營) 733-3039, 734-4798
       (編) 733-4748
FAX   734-9209
登錄   1977. 11. 19. 第 1~148號

● 落張 및 破本은 交換해 드립니다.
● 不許複製

값 5,000원
ISBN 89-7270-367-2   13140

家庭作名法

본서는 글을 읽을 줄 아는 사람이면 누구나 쉽게 作名을 할 수 있도록 엮은 것으로, 성명학의 실용가치를 인정하는 현실에서 누구나 꼭 필요한 책이다.

金栢滿 著 신5×7판/262쪽/

사랑의 男女宮合

전통적으로 내려오는 궁합법을 누구나 알기쉽게 엮은 것으로 특히 미혼남녀들은 굳이 별도의 궁합을 볼 필요가 없이 본서 한권이면 충분하게 이상적인 배우자 선택을 할 수 있게끔 편집했다.

韓重洙 著 신5×7판/322쪽/

이제 易書도 어려운 책이 아니다./ 본사가 독자 여러분들의 요청으로 쉽게 풀이한 명해설 책!

전생을 봐 드립니다

심령학자 安東民 先生이 직접 체험을 통해 얻은 지식을 엮은 것으로 우주의 진리를 깨닫게 되고, 행복한 생활을 해 나가는데 하나의 지침서가 되며, 내용도 아주 재미있고 호기심있게 되어 있다.

安東民 著 신5×7판/338쪽/

家庭人相學

본서는 인상학의 모든 것을 누구나 쉽게 알 수 있도록 썼을 뿐만 아니라, 관상학의 기초에서 성공법·얼굴·성격·품행·신체 각부분에 따른 운세를 상세히 그림을 통해 설명한 것으로 올바른 처세술을 제시해 줄 것이다.

崔榮純 著 신5×7판/288쪽/

마인드콘트롤에 의한 꿈의 활용법

꿈을 최대한 활용해서 증권시세 전망이나 복권 당첨 여부, 질병의 예비진단 및 기타 일상생활에서 해결하기 어려운 수많은 문제를 해결하려면 이책을 읽어 보라!

韓建德 著 신5×7판/252쪽/

명문당 733-3039 / 734-4798

우표

보내는 사람 :

☐☐☐ — ☐☐☐

서울시 도봉구 쌍문5동 502-1

백　　운　　곡

1 3 2 — 0 7 5

독자를 위한 카드 (선착 2000명에 한함)

성명	한글		아호	
	한자		상호	
주소			전화	
출생	(남·여) 년 월 일 시		음력	년 월 일 시
			양력	년 월 일 시
비고				
알고 싶은 운명의 내용				

- 다음과 같은 내용을 적어 보내 주시기 바랍니다.
1. 모든 운명에 대한 궁금한 것 — 예 : 이사, 결혼, 궁합, 연애 등
2. 이름의 모든 것 — 예 : 인명, 아호, 상호, 회사명 등
3. 저자의 휘호 — 예 : 저자가 쓴 붓글씨 가훈, 명언 등
4. 특설상담 — 예 : ① 풍수지리(집터, 묘터) ② 교통사고(예고 및 예방법)
    ③ 이성문제(결혼, 이혼, 연애 등)
    ④ 각종 부동산(매매 시기예고와 달성 비방)
5. 역학을 배우려면 — 예 : 사주학, 성명학, 주역 등
6. 회원이 되려면 — 예 : 일정한 구성 요건

※ 주의 1~4항까지 각각 선착순 2000명에 한하고 1매 1인 1항을 원칙으로 하고 우표를 동봉해야 한다. (예 : 운명에 관해선 이사, 결혼 중 한가지)

보내실 곳 : ① 이름에 관한 상담 — 한글·한문 바른 이름 연구회
   ② 특설상담 — 특설담당자앞 ③ 기타 — 대한 역학 교육학회 회장 백운곡
   (주소 : 서울시 도봉구 수유 5동 502-1 전화 : 904-3375)